누가 왕따를 만드는가

HAIJO NO GENSHOGAKU

Copyright © Norio Akasaka 1995
All Rights Reserved.
Original Japanese edition published by Chikumashobo Ltd.
Korean translation rights arranged with Chikumashobo Ltd.
through Timo Associates Inc., Japan and PLS Agency, Korea
Korean edition published in 2014 by UI Books

누가 왕따를 만드는가

아카사카 노리오(赤坂憲雄) 지음 | **최지안** 옮김

uj 유아이북스
For The Ultimate Information

누가 왕따를 만드는가

1판 1쇄 발행 2014년 8월 10일
1판 2쇄 발행 2014년 11월 15일

지은이 아카사카 노리오
옮긴이 최지안
펴낸이 이윤규

펴낸곳 유아이북스
출판등록 2012년 4월 2일
주소 서울시 용산구 효창원로 64길 6
전화 (02) 704-2521
팩스 (02) 715-3536
이메일 uibooks@uibooks.co.kr

ISBN 978-89-98156-22-0 03330
CIP제어번호 CIP2014020934

값 14,500원

왕따는 옛날부터 있었다.

하지만 이렇게까지 모든 아이들을 꼼짝 못하게 만들고,

끝도 없는 상호폭력과 희생양 게임의 소용돌이로 몰아넣고 있는 시대는

현재 외에는 없을 것이다.

— 본문 중

한국과 일본은 같은 병을 앓고 있다

나는 30대 초반부터 글을 쓰기 시작했다. 1980년대 중반 일본에서는 포스트모더니즘이라 불리는 사조(思潮)가 유행현상으로 자리 잡고 있었다. 나의 처녀작 『이방인론 서설異人論序説』은 그 유행의 일부분과 맞닿아 있어 다행히도 많은 독자들의 관심을 얻을 수 있었다. 이 시기에 나는 이방인·경계·배제라는 테마에 심취해 있었고, 『이방인론 서설』은 그것의 이론편이라 해도 좋을 만한 저서였다. 그리고 이 책은 나의 두 번째 저서로 이른바 그 실천적인 검증서라 할 수 있다.

본서에서 필자는 당시 미디어에서 많이 다뤄지던 사건을 소재로 하여 왕따현상·차별문제 등의 사회현상에 대해 사색을 거듭했다. 자료나 정보의 대부분은 주변에서 쉽게 접할 수 있는 신문이나 잡지에서 얻은 것으로, 특별한 것 다시 말해 잘 알려지지 않은 사건이 아니었다. 당시는 아직 인터넷이 등장하기 전이었고, 나를 비롯한 대부분의 사람들은 신문이나 텔레비전을 통해 정보를 얻던 시대였다. 따라서 이 책은 오로지 사색이라는 지적인 작업으로 이루어진 것이다.

　나는 나름의 이론적인 구조를 확실히 정립했고, 미디어를 떠들썩하게 만든 사건의 대부분은 그것으로 해석할 수 있다고 생각했다. 그 해석력은 제법 예리한 것이었다. 그래서 이 책 역시 많은 독자들에게 호응을 얻었던 것이다. 때문에 젊었던 나는 겸손하지 못했다. 지금 생각해보니, 당시의 필자는 마치 앞에 앉아 있는 환자에게 즉각적으로 병명을 진단해주고 약 처방도 해주지만, 병은 말끔히 고쳐주지 못하는 정신과 의사 같은 면이 있었던 것 같다. 그로부터 몇 년 지나지 않아 연구에 힘쓰기 위해 도쿄를 떠나, 도호쿠 지방(東北地方, 일본을 이루는 가장 큰 섬인 혼슈[本州]의 동북부에 위치한 지방)으로 거처를 옮겼다. 이론 따위가 호락호락 먹혀들지 않는 세계로 자신을 밀어 넣는 것이 젊은 나에게는 필요한 일이었기 때문이다.

　확실히 세상이라는 현실은 아주 복잡하고 기괴했다. 그럼에도 불구하고 20년 남짓 연구 여행을 마치고 도쿄로 돌아왔을 때 필자는 도처에 왕따 · 차별 등 배제를 둘러싼 사회현상이 두루 퍼져 있음을 깨닫게 되었다. 그런 의미에서 본다면, 이 책은 현재 진행형인 사건에 대해서도 충분히 유효하다고 생각한다.

　지금 이 책을 손에 들고 계신 한국 독자 여러분은 실제로 경험한 적은 없어도 이미 겪어 본 것 같은 달갑지 않은 사건들을 이 책 여기저기서 발견할지도 모른다. 요즘 같은 네트워크 시대에는 손쉽게 다른나라의 정보를 얻거나 이용할 수 있는데, 한국에서도 일본 못

지않게 왕따라는 이름의 배제현상이 만연한 듯하다. 휴대전화의 보급이 특히 아이들의 세계에 보이지 않는 배제현상을 확산시키고 있는 것 같다. 한국에서 늘고 있는 다문화 가정에 대한 차별과 배제도 일본과 매우 닮아있다.

일본은 최근 들어, '재일(在日)'이라는 문제를 둘러싸고 매우 뒤틀린 상황에 직면해 있다. 네트워크 사회는 헤이트 스피치(hate speech) 같은 편파적 발언을 옹호하는 '일본형 배제주의'를 낳고 말았다. 전후(戰後) 오랜 기간에 걸쳐 차근차근 쌓아올린, 비록 완벽하진 않지만 신뢰와 화해를 지향하던 사회 구조가 최근 들어 크게 흔들리기 시작했다. 이 책의 연장선상에서 그 문제에 대해서도 깊이 고찰해볼 필요가 있다.

마지막으로 한국 독자 여러분들과 결실을 맺을 수 있는 대화의 싹이 움트기를 내심 꿈꿔본다. 문화적으로 국경을 뛰어넘는 것. 새삼스런 말이지만, 우리는 앞으로도 인내를 갖고 화해를 위한 시나리오를 써나가지 않으면 안 될 것이다.

5월의 어느 맑은 날 아침에
아카사카 노리오(赤坂憲雄)

배제의 시대를 살아가는 우리들의 초상

하나의 공동체에서 누군가를 배제한다. 그리고 그를 이방인이라 부른다. 산 제물, 스케이프고트(scapegoat)라고도 부르는 인간집단의 이 시스템은 공동체가 성립하는 한 반드시 발생한다. 왜일까?

70년대 후반부터 매스컴에 화제로 오르내린 왕따 문제를 다룬 이 책은, 르포르타주도 아니지만 그렇다고 왕따를 둘러싼 교육론에 관한 책도 아니다. 그런 것들은 10년쯤 지나면 새로운 사건을 소재로 해서 다시 써야 하지만 이 책은 10년, 20년 후에도 낡지 않는다. 저자가 아이들의 세계에서 일어나는 왕따를 배제의 현상이라 바꿔 말했을 때, 도마 위에 올려진 현재의 사건이 과거의 전설이나 신화와 마찬가지로 풍부한 이야기를 뿜어내고 있었기 때문이다.

에필로그에서 저자는 날카로운 지적을 하고 있다. 『남자는 괴로워』가 은폐하고 있는 현실은 바로 주인공 도라지로가 성적 불능이라는 것이다.

국민영화로 불리는 이『남자는 괴로워』시리즈는 95년까지 매년 신작이 공개되었다. 그러나 시리즈 초기에 떠었던 왠지 모를 향수는 서서히 퇴색되어 갔다. 또한 주인공의 리얼리티도 잃었다. 그것에 대한 이유가 성적 불능이라는 한마디로 들춰내지고 있다.

서민동네를 무대로 한 휴머니즘 영화라고 하는 표면적 이야기의 이면에는, 집단에서 튕겨져 나온 한 사람을 희생양으로 삼은 공공 희생양의 실상이 그려져 있다. 이것은 영화평이 아니라 영화를 통해 본 고고학이다.

현재의 희생양은 도라지로처럼 공동체로부터 배제되어도 밝은 미소를 띠지 않으면 안 된다. 고통의 내면을 보여줘서는 안 된다. 희생양을 요구하는 게임은 순진한 자연스러움 하에서 성립하고 있으며『남자는 괴로워』라는 영화는 그것을 잘 보여준다.

이 책은 뛰어난 분석력 통해 현재의 사회현상인 왕따 문제에 다가서고 있다. 영화 속에서 희생양을 요구하는 게임은 영화가 끝나면 관객 누구나가 잊을 수 있다. 그러나 같은 일이 학교라는 공동체 속에서 일어난다면 아이들은 거기서 피할 방법이 없다.

방랑자 도라지로는 서민 공동체에 의해 지탱되고 있었다. 산 제물로서 공공의 희생양이 되었다고 해도 서민들은 그를 배제할 뿐만 아니라 동시에 환대하기도 한다. 도라지로라는 이방인은 항상 공동체의 내부와 외부를 왕래할 수 있었다. 그 자유성을 옛날 서민들이 사는 마을에서는 보증했다.

그러나 지금의 학교라는 공동체에서 아이들은 내부에 틀어박힌 채로 외부와의 왕래가 제도적으로 금지당하고 있다. 학교 외의 세계가 있다는 것을 어른들은 아이들에게 가르치지 않는다. 아우트로(outlaw, 사회에서 추방된 자)는 예전처럼 이방인으로서의 성스러운 위치를 갖지 못하는 것이다. 따라서 여기서의 산 제물은 배제되기만 했지 환대받은 일은 없다.

동시에 산 제물을 요구하는 게임을 방해하는 사람도 공동체로부터 배제 당한다. 배제되지 않기 위해서는 공동체 안에서의 규범, 혹은 금지제도를 자연스런 광경으로서 받아들이는 것이 요구되고 있고, 거기에 바짝 다가서는 것이 당연시되고 있다. 학교에서의 왕따는 아주 쉽게 산 제물을 죽음으로까지 내몬다. 게다가 그것으로 끝나는 것이 아니라, 공동체의 내부에서 다시 새로운 산 제물을 요구하는 게임이 자연스럽게 시작된다. 이 반복과 계속되는 경로가 정말이지 무섭다.

일본의 1980년대는 지금 돌이켜보면 왕따라는 말이 신문지상에서 유행어처럼 번지던 시기였다. 저자는 '1979년에 양호학교(한국의 특수학교에 해당)가 의무화되고, 분명한 차이가 보이는 아이와 그렇지 않은 아이의 분리가 공공연히 자행되었다'고 말하면서, 신문의 사회면에 왕따에 관한 기사가 실리기 시작한 것이 1979년이라고 지적하고 있다.

이 양호학교 제도에 의해 학교라는 공동체 내부에서는 아이들 사이에서 나타나던 가시적인 차이가 사라졌다. 학교는 아주 비슷한 아이들이 모이는 균질적 공간이 되어버린 것이다. 차이의 소멸은 아이들 사이에서 질서에 대한 위기감을 초래하였고, 그 위기를 뛰어넘기 위해 작은 차이를 찾아 산 제물을 만들어내게 되었다.

70년대 후반부터 서서히 진행되기 시작한 이 시대의 병리는 80년대 중반에 들어서면서 일제히 사회의 주목을 끌게 된다.

86년 2월, 중학교 2학년 남학생이 왕따를 견디지 못해 자살하는 사건이 발생한다. 담임교사를 포함한 '장례식 흉내'라는 처참한 놀이가 이 소년에게 자행되고 있었다. 학교라는 현장에서 멀리 떨어져 있는 나에게도 사건 당시 느낀 생생한 기억은 선명하게 남아 있다. 그러나 비슷한 왕따에 의한 자살은 그 이후에도 끊이지 않고 계속되어 현재에 이르고 있다.

그 당시 저자는 도쿄의 외곽에서 작은 규모의 교육 기관을 운영하고 있었다. 거기에 모인 아이들을 보고 왕따가 예전과는 근본적으로 다름을 깨달았다고 한다. 그는 그것에 관해 아사히저널(1986년 6월호)에 「왕따의 현재를 철학으로 살피다」라는 제목을 붙여 발표한다. 그 논고는 후에 수정되어 본서에 포함되었다.

저자의 시점은 단순한 사건의 추적으로 끝나지 않기 때문에 잡지에서 처음 이 논고를 봤을 때, 배제의 현상을 검증하는 방법이 다양한 의미에서 내게 자극을 주었다.

하나 예를 들자면 당시 도쿄에서 공연되던 연극을 떠올려보면 된다. 일본 소극장 운동의 제 3세대라 불리던 젊은 극단은 80년대 중반 즈음에 그 실력을 나타내기 시작했다. 연출가도 배우들도 20대의 젊은이들이었다. 극 안에는 산 제물을 요구하는 테마가 기본으로 깔려 있었던 것이다.

안드로이드가 등장하고 투명인간이 등장했다. 그것들이 인간 대신 자살을 시도한다. 혹은 핵전쟁 후의 지구라는 종말론이 극의 설정으로서 유행했다. 약자, 환자, 불구자를 죽음이라는 막다른 지경에까지 몰아넣었다. 게다가 배우들의 똑같은 연기는 아이들의 차이를 인정하지 않고 소멸시켜버린 학교라는 공간을 떠올리게도 했다.

학교를 떠나 자유로워야 할 젊은이들의 연극공간에도 배제의 현상은 있었다. 나는 거기서 그들이 깨닫지 못한, 정체를 알 수 없는 시대의 낙인을 보았다. 왕따, 부랑자, 예수의 방주사건, 자폐증, 정신분열병, 소녀와 오컬트, 신체장애자…. 이 책에서 다뤘던 어느 주제에서나 현재라는 병리가 보인다.

이방인이 표류와 공동체 사이를 왔다갔다하는 시대는 멀어졌다. 그럼 어디로 가야하는가? 확실한 것은 그것은 결코 공동체로부터 격리된 장소여서는 안 된다는 것이다.

왜냐하면 우리들 인간은 이방인과의 만남을 통해서, 그리고 그 만남의 순간마다 내재되어 있는 타인을 발견해야만 다시 살아갈 수 있기 때문이다.

저자는 이방인과의 그 우연한 만남의 장소를 '표류와 공동체라고 하는, 언제까지나 쌍을 이루는 고풍스런 풍경의 저편'이라고 말한다.

사사키 미키로(佐々木幹朗)
음악, 문학 등 다양한 분야를 넘나드는 일본의 지성인으로
현재 평론가 · 시인으로 활약하고 있음

차례

세 번째 이야기

예수의 방주에 몸을 맡긴 여성들

여섯 번째 이야기

 가상 세계에 빠진 젊은이들

왕따 없는
사회는 없다

왕따의 대상은 더 이상 특정한 아이가 아니다.
극단적으로 말하면 그 어떤 누구도 왕따에서 완전히
자유롭다고 할 수 없는 상황, 이른바 '내일은 내 차례'
라는 일상적인 불안감이 서로의 왕따 행위를
음습하고 뿌리 깊게 만들고 있는 것이다.

학교에 쫓기는
아이들

문득 떠오른 광경이 있다.

중학교 때의 일이다. 나를 비롯한 몇 명의 소년들이 3층 창가에서 운동장 쪽을 바라보고 있었다. 키가 큰 한 소녀가 학교 건물 앞의 좁은 길을 지나가고 있었다. 곁에 있던 소년이 갑자기 큰 소리로 외쳤다.

"얘들아, 기무라 지나간다. 얼른 봐봐."

우리는 동시에 소녀에게 시선을 돌렸다. 그 아이의 옆모습은 멀리서 봐도 알 수 있을 만큼 어두운 기색을 띠고 있었다.

옆 반 애가 틀림없는 그 소녀는 '못난이 기무라'라 불리고 있었다. 귀엽지도 예쁘지도 않았지만 특별히 못생겼다고도 할 수 없는 그 여학생이 왜 집요하리만큼 못난이로 찍혀 혐오감을 받으며, 스치는 것은 고사하고 옆에 다가오는 것조차 기피의 대상이 되었는지 나는 모른다. 학년 전체에 못난이로 알려지고, 지나갈 때마다 아이들이 얼굴을 과장되게 찌푸리며 자신을 피해가는 것을 보아야 했던 그 애의 마음이 어땠을까? 사실 그 당시 나는 단 한 번도 그런 생각을 한 적이 없다.

지금 돌이켜보면 몇십 명, 아니 몇백 명이나 되는 남학생들의 그런 시선이 얼마나 견디기 힘들고, 가혹했을까 하는 암담한 심정에 부닥친다. 중학생이었던 나는 분명 그 집단폭력의 포위망의 한쪽 끝을 맡고 있었으면서 한 번도 그것을 이지메(한 집단에서 다수의 구성원이 소수의 약자를 집중적으로 괴롭히고 소외시키는 행위 즉, 집단따돌림을 일컫는다. 1990년대부터 우리나라에서도 이지메가 심각한 사회문제로 대두되면서 고유명사처럼 소개·사용되기 시작했고, 근래에 들어서는 '왕따'라는 용어로 사용되고 있다. - 역자 주)라고 인식하지 못했다. 그런 까닭에 죄책감 따윈 손톱만큼도 느끼지 않았다.

요즘 들어 자꾸만 내 주변에서, 그리고 잡지나 텔레비전 같은 매스컴을 통해서 지금까지 숨죽이며 참고 견뎌온 왕따 피해 학생들의 생생한 목소리가 들려온다. 기억의 어둠 속으로 사라져갔던 한 소녀를 에워싼 그 광경을 끄집어낸 것은, 여태껏 묵살당하다 결국은 비어져 나온 피해 학생들의 신음과 비명이었다. 그 여학생도 아마 신음소리를 내면서 익명화된 눈초리의 폭력과 고독에 맞서 싸웠을 것이다.

저는 이따금 학교에 가고 싶지 않을 때가 있습니다. 운동장을 걷고 있으면 같은 반 남자애들 대부분이 내 쪽을 바라보며 "시바 뚱땡이, 시바 뚱땡이"라고 장단에 맞춰 노래합니다. 교실에 들어가면 "앗, 시바 뚱땡이다~ 웩"이라는 소리를 듣습니다. 제 성(姓)이 시바오(柴尾)이고 뚱뚱하기 때문에 시바 뚱땡이라는 별명이 붙은 것입니다. 그런 말을 들을 때마다 가슴이 조여드는 것처럼 괴롭고 고통스럽습니다. 제 기분을 이해할 수 있나요?

– 아사히신문, 1985년 12월 10일

왕따를 윤리나 도덕 수준에서 단죄하는 것은 쉽지만, 아이들의 현실 속에서는 거의 소용없다고 해도 과언이 아니다. 왕따 문제가 학교 현장에서 끊임없이 재생산되는 한, 학교라는 현장에 맞춰 문제를 읽어내지 않으면 안 된다. 이 때, 아이들의 세계가 우리들의 현실 그 자체를 투영한 거울이라는 것을 잊어서는 안 된다.

등교를 거부한 아동이 자신이 입원해 있는 병원의 공중전화로 몇 번씩이나 경찰에게 구조 요청을 한 적이 있다. "학교에 쫓기고 있어요. 살려줘요!"라고. 이에 대해 병원의 카운슬러는 "학교에 쫓기고 있다고 온몸으로 느끼는 것이죠"라고 말한다.

전국의 학생들이 아침에 일정한 시간이 되면 일제히 학교를 향해 행진하기 시작한다. 오전부터 오후에 걸쳐, 밝은 낮 동안의 길거리에 아이들의 모습이 사라진다. 이 소름끼치는 광경이 당연한 것처럼 여겨진다. 그렇기 때문에 토할 것 같은 기분을 억누르고 자기 방 침대로 기어들어가는 아이와 길바닥에서 꽁꽁 묶인 것처럼 꼼짝도 못하는 아이에게는 이단아 낙인이 찍힌다. '등교거부'라는 병이다.

스스로 학교를 거부한 학생들이 사실은 학교와 그 가치규범에 가장 철저하게 갇혀 꼼짝달싹 못하게 되었음을 알았을 때, 그들의 내면에서 차지하는 학교의 비중은 우리의 예상을 훨씬 뛰어넘을 정도로 크다. 아이들은 학교 밖의 세상은 잘 모르고, 학교라는 것에 의심의 눈길을 보내는 것도 허락되지 않는다. 그들에게 내재된 풍경을 나는 '학교의 내면화'라 부르고자 한다.

음습한 왕따가 자살이나 살인을 야기하는 사례가 무수히 보고되고 있다. 학교의 내면화가 깊지 않았던 시절에는 교실에서의 소외·배제가 한 아이를 자살로 내모는 사태 같은 것은 상상할 수도 없었다. 학교가 아이들의 생활, 특히 심적인 면에서 차지하는 비중은 지금과는 비교도 할 수 없을 만큼 사소한 것으로, 학교 외의 장소로 얼마든지 도망갈 방법을 찾아낼 수 있었다. 어린 학생이 자살이나 살인으로 막을 내릴 수는 없다. 이것은 분명 비정상적인 현실로, 요즘 아이들의 미숙함, 잔혹성, 인내심 부족을 따지며 끝낼 수 있는 문제가 아닌 것이다.

초등학교에 들어가서 중학교를 마치는 꼬박 9년이라는 오랜 기간에 걸쳐, 학교 이외에는 생존의 길이 완전히 봉쇄되어 있다. 그것은 의심할 필요가 없는 당연지사라 여겨지지만, 그 유일하게 허용된 장소에서 극한의 상황까지 내몰린 아이는 여전히 등교의 의무라는 족쇄를 풀지 못하는 한 자살이나 살인 또는 등교거부라는 비상수단을 쓸 수밖에 없는지도 모른다.

　일본 경찰청의 실태조사에 따르면, 1984년에 왕따와 관련하여 초등학생 1명과 중학생 6명이 자살했다. (아사히신문, 1985년 4월 19일)

중2 남학생
선천적 시각장애인으로 왕따를 당해 학교의 체육관에서 목을 매 자살(시즈오카현 1월)

중3 남학생
같은 반 친구들에게 돈을 요구당해 괴로워하다가 자살(야마가타현 1월)

중1 남학생
내성적이고 얌전함. 같은 반 친구가 자신을 조롱하자 이를 비관해 자살(사이타마현 4월)

중3 남학생
같은 반 친구에게 게으름을 피운다는 이유로 심한 욕설을 듣고 자살(후쿠시마현 7월)

중3 남학생

얌전하고 내성적인 성격으로, 같은 반 친구에게 놀림을 당해 자살(이시카와현 10월)

중1 여학생

친구와 싸우고 왕따를 당해 자살(지바현 11월)

초등학교 4학년 남학생

소심한 성격으로 따돌림을 괴로워하다 자살(시즈오카현 11월)

7명이라는 숫자가 빙산의 일각이라는 것은 굳이 언급할 필요도 없다. 그 후로도 왕따에 의한 자살자는 확실히 증가 추세에 있다. 그것은 아마 지금까지 왕따에 의한 자살로 처리하기 애매했던 사례가 이제는 조금이라도 따돌림의 그림자가 발견되면 즉각 왕따에 의한 자살로 처리되기 때문이다. 그들의 죽음이 정말로 왕따에 의한 것인지 실제로는 아무도 알 수 없지만, 아이든 어른이든 사람이 죽음을 선택하는 것에 특권적인 이유 따윈 존재하지 않는다고 생각한다.

1985년에 들어서면서 보도된 예를 몇 가지 들어보겠다.

이바라키현 미토시에서 중학교 2학년 소녀가 '거짓말해서 미안해', '더 이상 왕따시키지 말아줘'라는 유서를 남기고 목을 매 자살했다. 필통을 도난당하고 교과서에 '바보', '멍청이', '너 같은 건 없어져야 해'라는 낙서가 쓰여 있고, 친구들로부터 철저하게 유령취급을 당하는 등 왕따로 괴로워하고 있었다. 소녀는 사소한 약속을 깬 것뿐인데 거짓말을 했다며 심하게 질타를 받고 죽음으로 내몰렸다. 1학년 여름에 이 중학교로 온 전학생으로, 어머니와 단둘이 살고 있었다. 어머니는 담임선생님에게 상담을 요청했지만, "아무런 도움도 받지 못했다"고 말한다. 당시 이 중학교는 이바라키현에서도 손꼽힐 만큼 거칠기로 소문난 학교로, 왕따나 교사에 대한 폭력이 일상다반사였다고 한다. 여학생의 담임도 사실은 교내폭력의 피해자였다.

— 아사히신문, 1985년 1월 23일

후쿠시마현 이와키시에서 중학교 3학년 소년이 자택 부근에 있는 산 막사에서 목을 매 자살했다. 소년을 노린 왕따는 화장실 안에서 자행되었다. 바닥 청소용 솔로 얼굴을 문질러 상처투성이가 되었고, 쇠사슬로 얼굴 등을 가격당해 피멍이 들고 부어올랐다. 가해학생들은 돈을 갖고 오라든가 오토바이를 훔쳐오라며 위협했고, 억지로 잡초를 먹이거나 세제를 마시도록 강요하는 등 그 실태는 폭행사건이라 해도 과언이 아닐 정도로 가혹한 것이었다. 가정에서는 여러 번 학교와 상담을 했지만, 학교 측은 관여하지 않으려 했다고 한다.

— 아사히신문, 1985년 9월 27일

도쿄도 오오타구에서 중학교 2학년 소녀가 왕따를 하도록 강요당해 아파트 10층에서 뛰어내려 자살했다. 남겨진 노트에는 학급내 왕따의 정황과 본인이 거기에 휘말려 괴로워한 일이 쓰여 있었다. '나는 A와 B에게 하녀가 되도록 강요받았다. 거스를 수 없었다. 그들로부터 어떤 아이를 괴롭히라는 지시를 받았지만, 나로서는 할 수 없었다. 이런 일들이 없어지기를 바란다'라는 글이 쓰여 있었고, 마지막은 '미안해'라고 맺고 있었다. 이 중학교는 이번 사건 외에도 왕따에 의한 것으로 보이는 자살이 또 있었고, 폭력사건이 끊이지 않는 학교로 소문이 자자하다.

– 아사히신문, 1985년 11월 21일

왕따를 당하는 아이가 더 약한 아이에게 공격의 창끝을 들이대는 경우도 많다. 후쿠시마현 사례, 즉 왕따 학생에게 쇠사슬로 얼굴을 가격했던 아이들은 고등학생으로, 교내에서는 왕따를 당하는 아이였던 모양이다. 학교에서 왕따를 당하는 울분을 풀어내려고 귀가하던 중에 초등학생이나 중학생을 때리고 발로 차는 난폭한 짓을 저질렀다. 게다가 현금까지 갈취했다. (아사히신문, 1985년 11월 8일) 통학 전철 안에서 고등학생의 자상(刺傷)사건도 일어났다. 왕따를 당하는 아이들끼리 분풀이로 왕따 놀이를 하다가 발생했다고 한다. (아사히신문, 1985년 10월 24일)

도망갈 길 하나 없는 꽉 막힌 곳으로 내몰린 왕따 피해 아이가 결국 역습으로 돌아서는 경우도 최근 두드러지고 있다. 압도적인 힘의 관계를 단번에 뒤집기 위해서는 필연적으로 과격해지지 않을 수

없다. 피해자든 가해자든 이들은 나약하고 얌전한 아이라는 공통점
이 있다.

같은 반 친구들로부터 왕따를 당해 온 중학교 2학년 소녀가 자신
을 왕따시킨 아이의 집에 몰래 숨어들어가 라이터로 불을 질렀다. 이
소녀의 범행으로 보이는 방화사건이 이것 외에도 10건 정도는 더 있
는 것 같다. 체구가 작은 데다가 성격이 얌전해서, 초등학교 2학년
때 전학 온 직후부터 신발이 없어지는 등 같은 반 아이들에게 왕따를
당했다. 소녀는 조사에서 분하고 억울해서 자신을 왕따시킨 학생들
의 집에 불을 질렀다고 말했다.
– 아사히신문, 1984년 7월 10일

오사카의 한 고등학교 1학년 학생이 얼굴과 머리 등을 쇳덩이로
얻어맞아, 눈이 찌부러진 상태로 강에 던져지는 참혹한 살해를 당했
다. 범인은 같은 반 친구 두 명으로, "평소에 왕따를 당해 보복하기
위해 죽였다"고 자백했다. 그들은 수업 중에 교실 안에서 자위를 하
도록 강요당하거나 자전거를 훔쳐오라고 명령받기도 했다. 게다가
가끔씩 얻어맞는 등 괴롭힘을 당해 왔다. 담임을 포함한 몇몇 교사에
게 알렸지만 받아들여지지 않아 "직접 해결할 수밖에 없다"며 살해
를 결의한 것이다.
– 아사히신문, 1985년 11월 12일

이렇듯 일상에서 왕따에 대한 직접적인 보복행위로 치닫는 경우는 상해나 살인사건처럼 극적으로 표면화되는 경우가 많다. 왕따를 주도하는 아이의 급식에 독극물을 섞고, 교실에서 쇼트건을 쏘거나 자신을 괴롭히는 학생의 집에 몰래 들어가 야구방망이로 머리를 내려치고, 부엌칼로 자고 있는 아이의 머리에 칼질을 하는 등 일일이 셀 수 없을 정도다. 내성적인 아이들이 왕따를 참고 억눌러오다가 증오나 불만을 폭발시킬 때, 그것은 비극적인 사건으로 드러나게 된다. 왕따가 주도면밀하게 계산된 다음 장기간에 걸쳐 음습하게 이루어지는 폭력임에 반해, 왕따의 반격은 단번의 돌발적인 폭력으로 분출되는 것이다.

학교, 교실, 학원…. 아이들이 집단을 이루는 곳에서는 어떠한 형태로든 왕따가 일어나고 있다고 해도 과언이 아닐 정도로 왕따는 일상화되어 있다. 그렇지만 그것 자체는 특별히 논점화 할 사항은 아니다. 오히려 인간이 집단을 형성하는 현장에서는 아이든 어른이든 왕따와 비슷한 배제현상이 날마다 발생하고 있기 때문이다.

왕따는 교실의 한쪽 구석 어디서든지 일어나고 있지만 자살, 살상, 방화 등의 사건으로 막을 내리는 경우는 극히 일부이다. 적어도 등교거부, 심신의 병, 가출 또는 전학·퇴학이라는 형태로 사건을 간신히 회피하고 있는 것이, 왕따를 당하는 대부분의 아이들이 스스로를 지키는 행동임에 틀림 없다.

집단을 위한 희생양,
왕따

'왕따는 아이들 사회에서 흔한 일'이라는 말은 어떤 면에서는 사실이지만, 그 가혹함을 목격한다면 그렇게 말하고 끝낼 일이 아니라는 걸 알게 된다. 집단 따돌림의 특성을 나타내는 몇 가지 사항들이 있다. 왕따는 일대일의 싸움이 아니라, 일대 집단이라는 형태로 이루어진다. 그리고 이 집단적인 왕따는 매우 음습하고 길게 이어진다. 왕따는 아마도 현재 그 뿌리부터 모습을 바꿔가고 있는 중일 것이다.

왕따를 시키는 아이는 그저 재미삼아 할 생각이었는데 당하는 아이는 그것을 가벼운 장난으로 흘려보낼 수 없기 때문에 더욱 진흙에 빠지게 된다. 이렇듯 왕따는 장난(왕따시키는 아이)과 진지함(왕따당하는 아이)이라는 구도가 일반적이다. 실제로 왕따를 시키는 아이와 그 주변의 아이들은 이렇게 말한다.

"난 장난이었는데, 저 녀석은 정색을 한다니까. 그냥 재미삼아 한 건데."

문화인류학에서 말하는 '농담관계'(joking relationship, 서로 놀리거나 농담을 주고 받을 수 있는 관계. – 편집자주)를 떠올려보라. 그것은 두 사람 사이의 관계이고, 한쪽이 다른 쪽을 조롱하거나 심심풀이로 놀리는 것이 용인된다. 어떤 때에는 그렇게 하는 것이 필요하다고 여겨지는 관계이기 때문에, 그런 취급을 받는 쪽은 화를 내지 않도록 요구받는다. 그런 관계는 일방통행식으로 고정된 경우도 있고, 서로 입장이 뒤바뀌는 경우도 있다. 바꿔 말하면 농담관계라는 것은 우정과 적의가 묘하게 뒤섞여 있고, 거기에는 중대한 의미가 담겨져 있는 것이 아니라 심각하게 받아들여서는 안 된다는 불문율이 자리하고 있다. 겉으로 보면 적의와 진정한 우정이 혼합되어 있는 것이다.

왕따 현상에 대해 생각할 때, 이 농담관계는 시사하는 바가 매우 크다. 왕따라 불리는 현상 속에는 분명 농담관계라고 판단할 만한 것들이 포함되어 있다. 예를 들면 한 소년이 분위기 메이커 역할을 맡고 있기도 하고, 집단 내 다른 사람들에게 조롱당하기도 하고, 심심풀이 상대가 되기도 하고, 집단을 밑바닥에서부터 떠받치는 장치가 되기도 하는 예가 바로 그것이다. 어떤 사정으로 인해 그가 집단에서 떠나면 남겨진 자들은 말로는 다 하지 못하는 공허함 속에서,

그 익살을 부리던 소년이 자신들에게 얼마나 중요한 존재였는가를 알게 된다.

예전부터 어떤 교실에서든 그러한 분위기 메이커 역할을 하는 아이가 있었다. 거기에서는 농담관계라 불러도 지장 없는, 겉으로 봐서는 적의와 진정한 우정이 뒤범벅이 된 이상한 광경이 연출되었을 것이다. 농담관계에서는 조롱당하는 쪽이 화를 내거나 심각하게 받아들여서는 안 된다.

왕따를 시키는 아이들은 자신들의 행위를 이와 같은 암묵적 약속의 기반 위에 성립하는 농담관계의 일종이라 주장한다. 왕따를 당한 아이가 화를 내며 심각하게 받아들이면 나머지 아이들은 게임의 규칙을 이해하지 못하는 꽉 막힌 애라고 비웃으며 더욱 심하게 왕따시킨다.

그렇지만 현실은 어떠한가? 오히려 왕따시키는 아이는 대개의 경우, 매우 진지하고 또한 놀이의 개념과는 거리가 먼 심리상태 속에서 남을 괴롭히는 행위에 나선다. 왕따가 맹위를 떨치고 있는 현장은 그만큼 집단의 아이덴티티(동일성)가 불안정하고, 위기에 처해 있다고 봐도 좋다. 어쨌든 왕따시키는 아이들과 왕따당하는 아이들은 농담을 매개로 한, 적의와 진정한 우정이 혼재된 관계로 성립하고 있지는 않다는 것이다.

요즘 왕따의 특이한 점은 왕따가 일대일이 아니라, 일대 집단이라는 형태로 이루어진다는 것이다. 결국 왕따는 매우 엄숙하게, 전원일치의 의지로 바쳐지는 산 제물로서 집행되고 있다. 왕따당하는 아이는 집단의 아이덴티티의 위기를 구제하기 위해 바쳐지는 희생양인 것이다.

관서지방(오사카·교토를 중심으로 한 지방. - 역자주)에 위치한 한 중학교에서 스포츠 동아리에 소속되어 있던 여학생이 같은 동아리 친구 7명으로부터 열흘에 걸쳐 매일 왕따를 당했다. 소녀는 궁지로 내몰린 끝에 손목을 긋고 자살을 시도했지만 미수로 끝났다. 학교 측이 작성한 비밀 보고서에 따르면 왕따의 정황은 다음과 같다.

피해 학생: 반론한다.	전원: "아냐, 네가 틀렸어."
피해 학생: 뭐라고 말한다.	전원: "순 거짓말쟁이."
피해 학생: 변명한다.	전원: "정색하는 것 좀 봐."
피해 학생: 침묵한다.	전원: "아 답답해. 짜증나."
피해 학생: 피한다.	전원: "뭐야, 도망치는 거야?"
피해 학생: 남에게 도움을 요청한다.	전원: "고자질이라도 하려고?"

이 왕따 사건은 자살미수로 그친 이튿날 아침, 어머니가 학교로 달려와 마침내 교사들이 알게 되었다. 소녀는 마지막까지 학교에 알려지는 것을 거부했다.
– 아사히신문, 1985년 7월23일

전모가 드러나면 일대 전원이라는 왕따의 특징적인 구조가 파악된다. 그 구조라 함은, 왕따를 행하는 쪽이 시종일관 전원일치의 의견을 보이는데 반해 왕따를 당하는 쪽은 한 사람이라는 것이다. 게다가 이 사례에서는 왕따를 당한 아이가 처한 상황이 소위 더블 바인드(이중구속)적이었다는 것을 미루어 짐작할 수 있다. 희생자에게는 반론도 도망도, 혹은 변명도 침묵도 허락되지 않았다. 나갈 수도 물러설 수도 없이 공중에 매달린 채로 산 제물이 되어야 했던 소녀는 스스로를 자책하지 않을 수 없었을 것이다. 다가가는 것은 거부당하고 떠나는 것은 허락되지 않는 더블 바인드적 상황 속에서 그 여학생은 자신의 존재 자체를 없애려고 시도했던 게 분명하다.

이른바 왕따를 농담관계로서가 아니라, 전원일치의 폭력이 관철된 제단 위에 놓일 희생양을 만드는 과정으로 파악하고 아이들을 둘러싼 상황의 변화를 읽어내지 않으면 안 된다. 이제 그것은 놀이라 하기에는 너무 가혹하고, 진퇴양난의 상황 속에서 전개되어 가는 부정적 축제라 해도 될 것이다.

우리는 이 전원일치의, 배제를 위한 폭력을 왕따라 부른다. 왕따에 관한 매스컴의 보도를 자세히 살펴보면 거기에는 상호간 교통(커뮤니케이션)의 한 형태라고 할 수 있는, 예전부터 존재했던 왕따와 전원일치의 폭력 또는 산 제물(희생양)로서의 왕따가 혼재되어 있다는 것을 알 수 있다. 후자 즉 산 제물로서의 왕따야말로 아이들의 현재를 해석하는 데 유효한 단서임은 두 말할 필요도 없다. 우리는 기본적으로 전자를 대상에서 제외한다. 폭력이 없는 사회가 존재하지 않는 것과 마찬가지로, 커뮤니케이션의 한 형식으로서 왕따가 존재하지 않는 집단도 역시 없기 때문이다. 여기에는 인간이 영위하는 공동성 그 자체가 자연스레 기인하고 있다. 왕따가 아이들 세계에서 근절되거나 사장될 일은 없다. 이런 종류의 왕따에 관한 고찰은 아동학에서 다룰 영역이니, 여기서는 주된 관심사로는 다루지 않겠다.

왕따, 그 누구도
자유롭지 않다

왕따의 표적이 되는 아이에게는 일반적인 이미지가 있다. 예를 들면 성격이 어두운 아이, 제멋대로인 아이, 자기주장이 강한 아이, 혼자서 노는 아이, 몸이 약한 아이, 몸집이 작은 아이, 뚱뚱한 아이, 자주 우는 아이, 동작이 둔한 아이, 지저분한 아이들이다.

이렇듯 부정적 아이덴티티를 갖고 있는 아이들은 성인 사회에서의 낙오자처럼 '어른의 축소판'이라 할 만한 측면을 갖고 있다.

학교라는 울타리 속에서 눈에 보이지 않는 규범에 약삭빠르게 행동하지 못하는 아이들이 있다. 그들은 교사에 의해 음지로 소외되기도 하고 나아가 친구들에게 바보 취급당하며 왕따의 표적이 되기도 한다.

한 초등학교 교사가 행동발달 사항에 '이 어린이는 체육복으로 갈아입는 것이 느려 수업에 피해를 줍니다'라고 의견을 적었다. 교사가 아이를 바라보는 시선이 투영되어 있다. 이처럼 똑같은 규칙에 적응하지 못하는 아이에게 불만을 품고 있는 것은 다름 아닌 학교와 교사이며, 반 아이들은 교사를 따라 동조하고 있는 것에 불과하다. 다행히 그 학생은 머리가 좋고 힘도 세서 왕따를 면할 수 있었지만, 대체적으로 그런 아이는 왕따의 표적이 될 운명에 처해진다.

'왕따를 시킨다/왕따를 당한다'는 관계는 집단적인 힘의 정도에 따라 형성되어 간다. 대개의 경우 왕따 현장은 학급의 리더를 중심으로 하나의 축을 이루고, 그 반대편에 왕따를 당하는 아이가 있는 구도다.

특히 초등학생의 경우에는 리더의 배후에 교사의 그림자가 보이기도 한다. 옷을 갈아입는 게 느린 아이를 포함하여 숙제를 안 해오는 아이, 공부를 못하는 아이, 먹는 게 느린 아이처럼 교사의 지도에 따르지 않거나 따라가지 못하는 아이들에 대한 교사의 조바심은 민감한 아이들에 의해 예리하게 포착된다. 아이들은 전능한 권력자인 교사의 의향에 전적으로 따른다. 체육복으로 갈아입는 것이 조금 느린 것은 절대 '악(惡)'이라고 할 수 없다. 그러나 그런 외부의 상식은 통용되지 않는다. 학교에서는 용서하기 어려운 악의 상징으로 여겨진다. 학급의 리더를 중심으로 악을 저지른 자를 둘러싸고 왕따의 포위망이 만들어져 간다. 그것은 해당 교사의 의식과는 상관없이 그의 숨은 의향에 의해 조직되는 것이다. 다음은 이와 관련된 한 남학생의 이야기다.

> 초등학교 2학년 때의 일이다. 여선생님이 친구들 앞에서 "얘한테 냄새나", "매일 샤워는 제대로 하는 거니?"라고 말했다. 같은 옷을 이틀 연속 입고 갔더니 "집에서 깨끗이 빨아주시기는 하니?"라고 말하며 보건 선생님을 불러와서는 "얘 냄새나지 않아요?"라고 물었다. 반 애들이 "맞아요. 냄새나요"라고 요란스럽게 맞장구를 친다. 반 친구들이 매일 하교길에 숨어서 나를 기다리고 있다가 책가방을 빼앗아 내동댕이쳤다.
>
> – 아사히신문, 1985년 10월 26일

반항적인 아이, 잔손이 가는 아이, 문제를 일으키는 아이 등 교사가 무의식중에 이분자(異分子)로 여기는 아이를 배제하는 것은, 아이들로서도 교사와 보조를 맞춰가는 일임과 동시에 집단 내에 있는 이분자를 적발하는 셈이기도 하다. 조금이라도 다른 행동·다른 모습을 하고 있는 아이는 가차 없이 제재하고, 배척하는 집단심리가 작용하는 게 아닌가 싶다.

그러나 아이들을 둘러싼 상황은 이미 반 바퀴 정도 비틀려져 왜곡된 광경을 드러내고 있다. 이제는 단순히 성격·신체 내지는 가정적으로 마이너스 요소를 가진 아이들만 왕따로 선택되는 것이 아니다. 교사에게 소외당하는 아이가 표적이 되기 쉬운 것은 물론, 정반대로 예쁨을 받는 아이가 표적이 되는 경우도 흔히 볼 수 있다.

> 초등학교 때 선생님께 예쁨을 받고 있는 아이를 그렇지 못한 아이들이 단결해서 왕따를 시켰다. 시험 점수는 자기보다 훨씬 나쁜데 생활통지표에 선생님이 칭찬일색으로 써주거나 하면, 한 아이가 5~6명을 꼬드겨 그 아이를 무시하거나 이상한 별명을 붙여 놀렸다.
> – 아사히신문, 1985년 10월 26일

현장에 있는 한 교사의 보고에 따르면 이전에는 신체나 가정형편의 핸디캡을 찾아내 왕따를 시켰지만, 최근에는 오히려 뛰어난 점을 갖고 있으면 왕따가 집중되는 경향이 보인다고 한다. 성실한 아이가 착한 척, 잘난 척한다고 비난을 받거나 예쁜 아이, 집이 잘사는 아이, 공부 잘하는 아이가 왕따를 당하는 예도 많다고 한다. 소외나 배척의 화살촉이 긍정적이든 부정적이든 묻지도 따지지도 않고 집단 내에서 어떤 식으로든 일탈한 사람에게 향한다는 것을 알 수 있다.

실제로 왕따의 대상은 더 이상 특정한 아이가 아니게 되었다. 극단적으로 말하면 그 어떤 누구도 왕따에서 완전히 자유롭다고 할 수 없는 상황, 이른바 '내일은 내 차례'라는 일상적인 불안감이 왕따 행위를 음습하고 뿌리 깊게 만들고 있는 것이다.

누차 말하지만 왕따의 표적은 더 이상 특정한 누군가가 아니다. 쉽게 말해 누구든 상관없는 것이다. 왕따는 정말로 사소한 것에서 비롯된다. 피아노를 잘 쳐 눈에 띄어서, 요리를 잘한다고 선생님께 칭찬받아서, 감기로 콧물을 줄줄 흘려서, 수업 중에 방귀를 뀌어서…. 이유가 안 될 만한 것들이 왕따의 절대적인 이유가 된다. 학급에서 몇 명이 "저 녀석 요즘 짜증나"라고 속닥거리는 순간, 왕따는 시작된다. 감기로 결석한 다음날부터 왕따를 당하는 경우도 있다. 이유 없는 왕따로 양상이 바뀐 것이다.

왕따를 당하는 아이의 스타일은 유동적·상대적이지, 결코 절대적인 기준은 없다. 평균치에서 벗어난 것을 유일한 기준으로 삼아, 아이들은 교실 안 자신의 위치(아이덴티티)를 계속 가늠하면서 왕따시킬 아이를 물색해 낸다. 예를 들면 성격이 아주 어두운 아이가 표적으로 선택되기 쉬움과 동시에 반대로 너무 밝은 아이도 '눈에 띄고 싶어 한다', '가식덩어리다'라는 이유로 표적이 될 수 있다. 혹은 소심해서 쉽게 움츠러드는 아이가 표적으로 선택되기 쉬움과 동시에 반대로 자아가 너무 강해서 튀고 싶어 하는 아이도 표적이 되기 쉽다. 평균치에서 플러스 방향이든 마이너스 방향이든 편향되지 않는 것, 그것이 왕따로부터 자신을 지키는 아이들의 처세술이 되고 말았다.

그런데 초등학교 때의 왕따 체험을 통해, 대개의 경우 중학교에 올라갈 즈음에는 왕따를 당하는 아이에게 특유의 특징이 생긴다. 그 독특한 퍼스낼리티는 왕따를 초래하기 쉬우며, 대개 주변의 눈치 빠른 아이들에 의해 민감하게 탐지된다. 왕따를 당하던 아이의 불쾌한 과거는 순간적으로 아이들의 정보망에 걸려든다. 아이들은 적당한 표적을 발견한 것이다. 이와는 반대로 중학교 입학을 기회로 단번에 관계를 뒤엎을 작정으로, 적극적으로 왕따를 시키는 아이로 위치를 탈바꿈하는 경우도 소수지만 있는 모양이다.

지금 아이들에게 학교는 성인 사회 이상으로 끊임없이 신경을 곤두세우고 있지 않으면 안 되는 곳이 돼버렸다. 왕따를 당하지 않기 위해서는 어떻게 하는 게 좋을까라는 질문을 하면 튀지 않을 것, 남과 다른 행동을 하지 말 것이라고 대답하는 아이들. 끊임없이 교사나 학급 리더의 안색을 살피고, 눈에 띄지 않도록 무의식적으로 행동을 규제하지 않으면 안 되는 아이들의 현실이 지금 우리들에게 무엇을 말하고 있는 것일까?

교실 속
투명인간

아이들이 왕따시키는 방법이 다양화되고 있다. 이전의 왕따와는 질적으로 다른 것이 보인다. 학교라는 곳에서 용인되는 선까지, 왕따의 테크닉은 고도화되고 교묘해지고 있다.

짚고 넘어가고 싶은 것은 장난(농담관계)인지 왕따(전원일치의 폭력)인지를 변별하는 지표는 그 행위 자체가 아니라는 것이다. 그 현장을 구성하는 성격만이 장난과 왕따에 선을 긋는 지표가 될 수 있다. 예를 들면 성적 호기심을 소소하게나마 만족시켜 주던 치마 들어올리기도 특정 소녀를 표적으로 반복되면, 심한 성적 모욕으로서 곧 왕따가 되는 것이다.

초등학교 3학년 소녀에게 여러 가지 방법으로 가해진 비참한 왕따의 장면을 떠올려보려 한다. 곱게 딴 머리를 엉망진창으로 헝클어뜨리고, 머리카락을 가위로 싹둑 잘라버리고, 커터칼을 들고 교실 안을 뛰어다니며 쫓아오고, 신발주머니를 버리고, 꼬집고 발로 차 멍투성이로 만들고, 급식을 주지 않고, 잔반을 식판 위에 뿌리고, 책상과 의자를 교실 밖으로 빼낸다. 사물함으로 떠밀어 왼쪽 귀 위쪽으로 5센티의 상처를 입히고, 마룻바닥에 세워놓고 좌우로 다리를 잡아당긴다. 아마 왕따의 실태는 이것이 다가 아닐 것이다. 그렇지만 채 10살도 안 된 소녀가 혼자서 짊어져야 하는 무거운 짐은 이것만으로도 충분히 우리에게 납득될 것이다.

왕따는 단순히 아이의 심신에 가해지는 폭력에 그치지 않는다. 그 아이에게만 급식이 배급되지 않는다거나 교실에서 책상과 의자를 들어내는 것은 무엇을 의미하는가? 일상적인 학급운영에서 소외되어, 소녀는 결국 살아갈 장소를 박탈당하는 것이다. 비록 그것이 악의 없는 장난에 불과하다고 해도 소녀가 전원일치의 폭력에 의해 추방 내지는 말살당하기 직전이라는 것은 부정하기 어렵다. 책상과 의자가 교실 밖으로 내팽개쳐진 소녀는 누구에게도 말할 수 없는 마음의 고통으로 인해 열이 38도까지 올랐다고 한다. (도쿄신문, 1983년 2월 18일)

왕따가 급속도로 진행되면 희생자가 된 아이는 침착한 상태로 수업을 받는 것도, 쉬는 시간에 복도를 걷는 것도 제대로 할 수 없는 상태로 내몰린다. 소녀는 장난으로 위장된 폭력이 언제 덮쳐올지 모르기 때문에, 늘 벽을 등지고 복도를 게처럼 옆으로 걷는다고 한다. 급식조차 배급되지 않으니 계단 옆의 후미진 곳에서 어쩔 수 없이 뭐라도 혼자 먹어야 하고, 더욱이 화장실에서조차 안심하고 볼일을 볼 수 없다고 한다(화장실 문 틈새로 소녀의 모습을 엿보며 상황을 생중계한다).

그 결과 왕따를 당하는 아이들은 교실 안은 물론 학교라는 장소에서 머물 곳을 잃어간다. 가까스로 보건실로 피하거나 교무실 앞을 기웃거리곤 한다. 표정이 사라지면서 어두워지고, 말이 없어지면서 정서불안이나 신경성 위염 등의 심신증상이 나타난다. 그리고 결국에는 등교거부로 이어진다. 물론 그 과정이나 결과는 각양각색이라서 일률적으로 말할 수는 없지만, 그 어느 것이든 궁지로 내몰린 아이들이 자신을 지키기 위해 취하는 자위 수단임에는 틀림없다.

세균, 이(사면발이), 못난이, 거지, 인간쓰레기, 역귀(疫鬼)…. 왕따를 시키는 아이들이 왕따당하는 아이들에게 내뱉는 말이다. 이러한 별명에는 일정한 패턴이 있다. 더러운 것, 불결한 것, 냄새나는 것 등 굉장히 기피되고 있는 것들이 대부분이다.

실제로 왕따를 당하는 아이가 불결한지 아닌지는 관련이 없다. 부스스한 머리에 자랄 대로 자란 손톱과 땟국이 좔좔 흐르는 손발, 청결과는 완전히 동떨어진 아이도 드물게는 있을지 모른다. 그러나 대부분 표적이 되는 아이는 청결면에서 지극히 평범하다. 그럼에도 불구하고 그들은 "더럽다, 냄새난다"라는 소리를 들어야 하고, 쓰레기니 세균덩어리니 하는 별명이 붙여진다.

그때 쏟아지는 말, 다시 말해 모멸어는 의미하는 내용과 그 대상이 부합하지 않는다. 그들은 진짜 불결하기 때문에 더럽다, 냄새난다는 말을 듣는 것이 아니다. 단순히 배제라고 하는 현실이 자리하고 있는 것이다. 그것을 뒷받침하기 위한 주문(呪文)과도 같은 것으로서, '더럽다', '냄새난다'라는 모멸어가 생성되는 것이다. 그때 주문처럼 외쳐지는 말에는 감춰진 의미가 있다. 그렇게 해야 비로소 그 말이 생생한 리얼리티를 획득하는 것이다. 이로써 배제라는 단 하나의 현실을 향해 집단적으로 더욱 기피하는 현상이 형성되는 것이다.

혹은 아주 사소한 차이로 인해 집단 주변을 맴도는 아이들에게 종종 "올라올 것 같아"라는 역시 판에 박힌 거부의 말을 던진다. 그것은 이물질에 닿았을 때의 메슥거림, 소름이 돋는 식의 불안이나 신체생리 차원에서 나오는 표현이다. 냄새난다, 더럽다 등의 모멸어도 신체·생리적 불쾌감의 표명이라는 점에서는 아주 비슷하다. 그러나 그것 자체가 반드시 요즘 아이들만의 고유한 표현이라고는 할 수 없다. 특히 사춘기에 접어든 소녀들의 이물(異物) 기피는 요즘 시작된 현상이 아니다.

세계대전 끝나고 그 이후로 위생관념이 어떻게 변화되어 왔는가는 흥미진진한 테마다. 일상 생활권에서 쫓겨난, 또는 쫓겨나가기 일보직전에 놓인 존재들의 이력을 살펴보면 알 수 있다. 벼룩, 사면발이, 진드기, 쥐, 기생충, 파리, 모기, 세균, 오물, 쓰레기, 악취,

땀 냄새, 구취, 소음 등. 고도 경제 성장기를 거쳐 일본의 생활환경은 굉장히 청결해지고 투명화 되었다. 지금 우리는 남은 모르는데 자신만 감지하는 체취를 추방하는 단계까지 와 있다. 이 시대의 아이들에게는 진흙투성이의 야성미 넘치는 이미지 따윈 어울리지 않는다. 아이뿐만이 아니다. 교사 역시 아이가 몸에서 이상한 냄새를 풍기고 있지 않은지 신경을 곤두세운다. 나중에 다시 말하겠지만 1980년 대 중학교 교칙에는 머리 정돈은 매달 1회, 머리감기는 주 2회 이상으로 정해져 있는 등 더럽고 냄새나는 것을 몰아세우는 단계에까지 이르렀다.

어째서 왕따를 당하는 아이에게 붙이는 별명이 파리나 바퀴벌레가 아니고, 이나 세균인 것일까? 1950년대에 태어난 나조차 이와 벼룩이 구별되지 않는데 70~80년대에 태어난 아이들이 이를 생생하게 체험했을 리가 없다. 이는 이제 추상적인 존재가 되었고, 세균과 마찬가지로 일종의 상징적인 기호로서밖에 통용되지 않고 있다. 파리나 모기, 그리고 지금도 여전히 우리들의 위생관념에 과감하게 저항하고 있는 바퀴벌레라면 또 모르겠는데, 이라든가 세균을, 다시 말해 현실감이 좀 더 떨어지는 추상성이 높은 말(기호)을 선택하고 있는 것은 암시적이라 말할 수 있다.

게다가 무엇보다도 모멸어로서 자주 등장하는 세균이 '호빵맨'이라는 애니메이션에서 사랑스런 캐릭터로 아이들에게 받아들여지고 있는 이 기이한 현실은 대체 뭐란 말인가? 학생들이 사용하는 책가방이나 연필, 필통 등에 그려진 세균맨의 모습을 접할 때마다 아이러니컬하다. 아이들이 누군가에게 "더러워, 넌 세균이야!"라고 비난하는 장면을 상상해보라. 세균과 관련된 이 이중적인 광경. 우리는 비록 그것이 절반은 자본의 연출이라 하더라도 순진함과 못된 성격이 혼재되어 있는 아이들의 세계에 대해 잠시 생각해보지 않으면 안 될 것이다.

세균은 왕따를 당하는 아이에게는 자신을 닦달하는 회초리처럼 무서운 것이기도 하고, 또한 귀여운 캐릭터로서 예뻐하는 것이기도 하다. 쉽게 말해 왕따가 추상화되고 있다고 할 수 있다. 아니면 왕따의 간접화 내지 투명화라 해도 좋을 것이다.

도쿄에 있는 한 중학교에서 실시된 앙케트 조사에 따르면, 왕따의 방법은 3학년 남학생의 경우 ❶ 조롱하기 ❷ 물건 감추기 ❸ 무시하기 ❹ 불쾌감을 주는 행동 및 험담하기 ❺ 때리기·발로 차기의 순서였고, 여학생의 경우 ❶ 불쾌감을 주는 행동 및 험담하기 ❷ 무시하기 ❸ 따돌리기 ❹ 조롱하기 ❺ 때리기의 순서였다고 한다. (아사히신문, 1985년 11월 5일) 도교육위원회의 조사 결과에서도 거의 비슷한 경향이 보인다. 초중고 전체를 놓고 봤을 때 상위를 차지하고 있는 것은 말로 위협하거나 짓궂게 괴롭히는 것, 따돌리기나 무시, 조롱이나 놀림, 물건을 빼앗아 감추거나 더럽히기와 같은 심리적인 고통을 주는 형태고, 때리고 발로 차는 식의 신체적인 고통을 주는 형태는 상위에 들어가 있지만 의외로 많지는 않다.

무시하거나 유령 취급하기, 물건을 감추거나 더럽히기, 불쾌감 주거나 험담하기, 따돌리기…. 이것들이 주로 왕따의 방법으로 선택되는데, 그것은 왕따의 행위자를 특정한 누구라고 정하는 것이 곤란하거나 또는 불가능하기 때문이다. 굳이 말하자면 희생자를 제외한 모두인 셈이다. 악의의 소재는 불투명해서 명확하게 딱 잘라 뭐라고 단정하기가 어렵다. 악의는 전원일치의 배후에 숨어 있는 익명의 모두이면서 동시에 애매하게 흩어져 있기도 하다. 그런 까닭에 왕따를 당하던 한 소녀가 반격을 결의하고 왕따를 시킨 아이들의 집을 하나하나 찾아가 방화를 저지르는 사태가 벌어지게 된 것이다.

교사의 눈에는 왕따가 잘 보이지 않는다. 아이들이 보여주지 않기 때문이다. 교사의 눈에 띨 만한 왕따를 할 정도로 요즘 아이들은 어리석은 존재가 아니다. 설령 교사가 왕따 현장을 목격하게 되었다 해도 아이들은 확실한 변명거리를 준비해 두고 있다. "장난 좀 친 거예요", "진짜 농담이에요", "프로 레슬링 흉내 낸 거예요"라고. 왕따를 당하는 아이도 왕따가 더 심해질 것을 두려워하기 때문에, 아니면 그것이 자신에게 주어진 슬픈 역할이라는 체념의 결과로 가해 아이들의 변명에 동의한다. 교사도 얼버무려진 그 상황에서 고개를 갸우뚱하며 맥없이 한발 물러나지 않을 수 없게 된다. 교사의 눈에 띄게 왕따가 행해진다면 그것은 교사의 무력함에 대한 도발이라 생각하는 편이 좋다.

왕따가 불행한 사건으로서 표면화될 때, 하나같이 가족 측으로부터 "교사나 학교가 아무것도 해 주지 않았다"라는 비난이 쏟아져

나온다. 아이를 잃어 상처받은 부모의 심정으로서는 지극히 자연스러운 말이겠지만, 부모 자신도 왕따가 눈에 보이지 않았던 것처럼 교사에게도 보이지 않는다는 것을 알아둘 필요가 있다.

신체에 가해지는 폭력이라면 신체로 반격할 수도 있다. 언어에 의한 폭력이라면 말로써 되받아칠 수도 있다. 그러나 집단적 무시는 눈에 보이지 않고 간접적이기 때문에 반격할 일체의 수단이 아예 봉쇄되어 있다. 그런 의미에서 본다면 무시는 가장 잔혹한 배척 행위임에 틀림없다. 아마 이 무시라고 하는 이름의 왕따가 무대 위에 등장했을 때부터 왕따는 이미 근본부터 변용되기 시작했을 것이다.

무시는 일대일의 상황에서는 이렇다 할 효과를 갖지 못한다. 일대 집단이라는 불균형을 배경으로 할 때, 비로소 유효한 수단이 될 수 있다. 가장 고도로 상징화된 전원일치 폭력의 형태가 바로 무시인 것이다.

등교하여 친구들에게 말을 걸어도 아무도 대답을 해주지 않는다. 쉬는 시간에 같이 놀려고 해도 끼워주지 않는다. 급식도 무리로부터 떨어져 혼자 먹어야 한다. 교실에도 교정에도, 학교 어디에도 있을 만한 곳이 없다. '이럴 바엔 차라리 두들겨 맞는 쪽이 훨씬 낫지' 그렇게 왕따를 당하는 아이는 쓸쓸히 혼자 중얼거린다. 그는 투명 인간인 것이다.

무시는 어디까지나 간접적이고 추상적이다. 직접 손을 쓰지 않고도 매우 효과적으로 희생자를 말살할 수 있는 집단폭력이다. 현장의 바깥에 있는 사람에게는 보이지 않고, 눈치 채는 경우도 드물다.

현장에 있는 아이들도 절대 외부로 누설하는 짓은 하지 않는다. 무시의 대상이 되고 교실 내에서의 모든 커뮤니케이션을 차단당한 아이는 어디에도 갈 수 없는 상황으로 내몰린다. 정신적으로 말살되고 있는데도 거기에 대항할 만한 수단이 없다. 오로지 참고 견디는 수밖에 없다. 다음날도 그리고 또 다음날도, 반(半)죽음 상태나 마찬가지인 모진 고통이 이어진다. 왕따를 당하는 아이가 '자신이 너무 튀는 행동을 했다. 기분을 상하게 해서 미안하다'고 빌어 무리들로부터 인정받을 때까지는 계속된다. 그러나 그 명확한 때를 아는 것은 어느 누구도 불가능하다. 무시라고 하는 이름의 규칙 없는 게임은 무척 변덕스러워 바람의 방향에 따라 옮겨진다.

아이들이 그런 공동적인 배척행위를 '무라하치부'(村八分. 마을 법도를 어긴 사람에 대하여 마을 사람 전체가 그 집과 왕래를 끊고 따돌리는 것. - 역자주)라 부르게 된 것이 언제부터였던가? 봉건사회의 제도로서 잊혀져 가던 무라하치부라는 말을 자신들의 상황을 드러내는 표현으로 사용하는 데까지 생각이 미친 아이들의 사악함에는 혀를 내두르지 않을 수 없다.

무라하치부는 본래 촌락 공동체의 규정을 깬 자에 대한 제재 조치였다. 촌락 내에 사는 것은 허락되었지만, 화재나 장례에 도움을 받는 것 외에는 일체 마을 사람과의 교섭이 단절되었다. 공동작업의 의무를 게을리 한 경우처럼, 성문화(成文化)된 마을의 규범을 위반한 것뿐만 아니라 촌락 내의 이른바 암묵적 상식에 가까운 규범

위반도 무라하치부의 대상이 되는 것은 주목할 만하다. 어쨌든 그 것은 공동체로부터의 일탈행위에 대한 제재 조치인 것이다. 적어도 아이들의 무라하치부가 교실 내에서 일탈성을 띤 아이에게 향하는 전원일치의 의지에 근거한 제재라는 점은 놀랄 만큼 촌락 공동체의 그것과 닮았다.

약속을 깨는 등 아주 작은 위반과 일탈이 친구들로부터 철저하게 따돌림 당하는 이유가 되는 것은 공동성을 유지하기 위한 질서 메커니즘(무라하치부)임을 상징하고 있는 것이다. 학교라는 공간이 촌락 공동화되고 있다고 말할 수 있지 않을까? 공동체(촌락·교실)의 균질화와 이방인의 배제라는 주제에서 말이다.

그렇다 해도 아이들이 왕따를 무라하치부라 부르는 것은 그 용어가 갖는 잔혹하고 사디스틱한(학대성) 울림 때문임에 틀림없다. 사어(死語)나 다름없는 이 단어는 탈색되어, 배제라는 단 한 가지의 현실을 장식하는 상징적인 기호가 되었다. 무라하치부의 대상이 된 자는 집단 내부에 있으면서도 공동체의 보호를 받지 못하는 사회적인 진공지대에 고립무원(孤立無援) 상태로 내던져진다. 교실이라는 일종의 위계질서를 가진 현장에서 무라하치부의 대상이 된 왕따 학생은 역시 집단 내부에 있으면서도 모든 커뮤니케이션을 차단당해 홀로 배제라는 현실을 견뎌낸다.

80년대 학교의 내면화가 한계선까지 치달았던 사회에서는 모든 아이가 학생이라는 역할로부터 벗어나는 것은 허용되지 않았다. 이 역할은 더욱이 그들의 존재를 거의 전적으로 포섭하고 있는 것이었다. 가장 구체적으로 아이들이 살아가는 모습을 알 수 있는 학교(교실)에서 무라하치부의 대상이 되는 것은, 아이에게 존재 자체의 말살과 같은 타격을 가하는 것이나 다름없었다.

차이를 인정하지
않는 학교

일본의 민속학에서 '괴이한 사람'이라 칭하는 무리의 사람들이 있다. 서민사회에서는 보통 평범한 것이 지배적이고, 약간의 이상(異常)이나 편향이 주목을 끄는 경우가 많았다.

그렇듯 그 어떤 일탈성을 띤 자는 괴이한 인물로서 공동체 안에서 특별한 위치를 차지했다고 한다. 서민사회에는 또한 공동체의 아이덴티티를 유지해나가기 위해 끊임없이 이질적인 것을 고발하고 배척하는 장치인 마귀 신앙이란 게 있었다. 촌락 내부의 벼락부자나 부유한 타관 사람들이 마귀라고 공격당하는 경우가 많았던 것 같다.

서민사회뿐만 아니라 하나의 폐쇄된 질서공간은 반드시 이방인 배제라는 장치를 숨기고 있다. 지금의 과제인 왕따 문제도 그런 민속학상의 테마와 공통성을 갖고 있고, 배제의 구조라는 주제의 변주로서 해독할 수 있다.

학교는 지극히 폐쇄적인, 굳이 표현하자면 사회로부터 격리된 질서공간이다. 학교라는 제도 혹은 교육 그 자체가 강박성을 본질적으로 취하고 있으면서 그것을 쏙 감추고 있다. 그 강박성은 학교 바깥에 있는 우리들의 상상을 훨씬 뛰어넘는 힘으로 아이들을 꼼짝 못하게 하고 있다. 예컨대 '학교란 서민(착한 학생)이라는 평범함을 강박적으로 재생산하는 곳이다'라고 정의하고 싶다.

편식을 고친다는 이유로 급식을 남기지 않는 것을 원칙으로 내세우는 학교가 있다. 음식에 대한 기호는 천차만별이다. 같은 음식일지라도 컨디션에 따라 맛있게 느껴지기도 하고, 그렇지 않기도 하다. 감기에 걸리기라도 하면 절반도 못 먹는다. 이렇듯 기호의 개인차나 컨디션 같은 조건은 무시한 채, 천편일률적으로 배당된 급식 전부를 모두가 매일, 게다가 맛있게 먹도록 강요하고 있는 곳이 학교다.

학교 외의 장소에서는 절대 있을 수 없는 기괴한 일이 벌어지고 있는 것이다. 급식을 전부 먹는 착한 학생을 강박적으로 재생산하는 것을 사명이라 착각하는 학교의 내부에서는 그 이상한 원칙을 전혀 의심받는 일이 없다.

편식이 어른의 경우에는 간과되면서 아이에게만 '문제'로서 클로

즈업되는 것은 그것이 무엇보다 교육(즉 사회적 훈육)의 문제이기 때문이다. 미각이라는 감성은 배척되고 편식은 나쁘다는 도덕적 관념이 선택되고 있다. 교육의 현장에서는 온갖 관념이 그러하듯이, '편식=악(惡)'이라는 관념 역시 기묘한 강박성을 띠며 유통된다.

이렇게 해서 급식을 남기는 아이는 나쁜 학생으로 지탄을 받게 되고, 왕따의 표적이 된다. 학교라는 강박적인 장소, 그 자체가 왕따를 산출하는 토양이 된 것을 추궁하지 않으면 안 된다. 아이들의 왕따는 대부분이 학교(특히 교실)를 무대로 일어난다고 하는, 자칫 잊기 쉬운 현실도 짚고 넘어가야 한다.

지바현 가시와시의 어느 중학교에서 장발인 한 학생을 주제로 담임이 학급 전원에게 작문을 시켰다. 교칙으로 정해져 있는 두발 규정을 지키지 않은 것에 대한 반성을 요구하는 목적에서였는데, '불결하다', '죽어라'와 같은 지나친 인신공격성 표현이 곳곳에서 나왔다. 담임이 학생들이 쓴 글을 소리내어 읽자 반 아이들은 더욱 거세게 왜 머리를 자르지 않느냐고 비난을 하며, 소년의 책상과 의자를 교실 밖으로 들어냈다. 이러한 무라하치부 식의 대우를 받고 해당 학생은 충격으로 한 달 반 가까이나 학교를 쉬는 지경에 이르렀다. 작문에는 '너는 어쩜 그렇게 바보 같냐? 얼간이 짓만 하는 데다가 더럽기까지 해. 체육복도 찢어져 있고 머리는 더벅머리라 마치 병신 같아'라는 표현도 있었다. 이발소 가기를 싫어하는 소년은 규정보다 고작 1센티 정도 길 뿐이었다고 한다.
— 아사히신문, 1978년 10월 26일

이 사건이 발생한 지 오랜 시간이 흘렀다. 그동안 이런 교칙의 강박적인 세분화와 비대화가 더욱 심해진 것은 일본변호사협회의 조사 등을 통해 밝혀지고 있다. (아사히신문, 1985년 10월 16일)

그 일부를 소개해보겠다. 조회에서 '차렷'은 발끝을 45도에서 60도 사이로 벌리고, '경례'는 상체를 약 30도 기울였다가 공손히 일으키고, '집합'은 신호가 울리고 59초 이내로 모인다. 거수경례를 할 때에는 발끝을 가지런히 모으고, 오른팔은 약 70도 전방으로 들고 다섯 손가락을 붙여 손바닥을 살짝 앞으로 향하게 한다. 남학생의 벨트 구멍수는 7~9개. 여학생의 스커트 주름은 24가닥으로, 26가닥은 금지. 남자는 머리카락에 손을 끼웠을 때 손가락 사이로 머리카락이 5밀리미터 이상 삐져나오면 안 된다. 이발은 매달 1번씩, 머리감기는 주 2회 이상. 원래 곱슬머리인 경우는 선천적이라는 것을 증명할 수 있는 사진을 부모님이 제출한다. 복도는 한 줄 또는 두 줄로 보행하고, 쓸데없는 얘기는 하지 않는다. 청소는 말없이 한다(묵동[默動]이라는 기묘한 단어까지 쓰여져 있다). 통학용 자전거의 색깔은 남자는 검정, 여자는 하양…. (1980년대 일본 교칙의 일부로, 현재는 이와 다르다. – 편집자주)

우리 사회는 강박적인 것을 공기처럼 호흡하고 있고, 가정과 학교를 불문하고 교육의 경우 긴박함까지 갖추도록 하는 접근방식으로 가득 차 있다.

– 나카이 히사오(中井久夫), 『분열병과 인류』

일본은 1979년에 양호학교(장애아의 교육을 위해 일반학교와 분리된 형태로 설립된 학교로, 한국의 특수학교와 유사하다. – 편집자주)가 의무화된 뒤, 남들과 차이를 보이는 아이와 그렇지 않은 아이의 분리가 공공연하게 이루어지게 되었다.

이는 왕따 문제를 고려할 때, 매우 중요하고 획기적 사건으로서 염두에 두어야 한다고 생각한다. 이른바 감춰왔던 배제의 구조가 시민사회의 표층으로 떠오르는 것을 상징할만한 사건이었기 때문이다.

혹시나 싶어 말해두지만 양호학교의 의무화는 원인임과 동시에 결과다. 균질화를 추구하는 효율지상주의적인 시민사회를 살아가는 우리들 자신의 요청과 선택의 결정체였다고 말해도 좋다. 결국 제도와 심리라는 양면에서 그것은 교육 현장에 큰 그림자를 드리웠다. 신문의 사회면에 왕따를 둘러싼 기사가 실리기 시작한 것이 1979년이었는데, 이것이 과연 단순한 우연일까?

아이들은 탄생 이후 몇 개월마다 검진을 받으며 꼼꼼히 심신 상태를 체크 받는다. 장애를 안고 있는 아이는 공식적으로 등록되고, 학령기에 이른 모든 아이를 대상으로 하는 건강검진에 의해 소위 특수학급이나 양호학교로 걸러진다.

따라서 아이들은 초등학교에 입학하기 이전에 이미 선별 과정을 통해 그 심신의 일탈성을 점검받는다. 학교는 학령기에 있는 아이 모두에게 열려 있는 공간이 아니다. '건강하고 평범한 아동'이라는 규격에 맞는 아이들만이 학교로 들어오는 것이 허락된다.

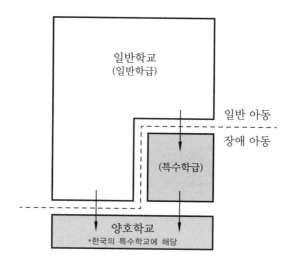

일반학교
(일반학급)

일반 아동

장애 아동

(특수학급)

양호학교
*한국의 특수학교에 해당

화살표시(→)는 배제의 방향을 나타낸다. 항상 일방 통행이고, 반대 방향으로의 이동은 거의 불가능하다. 인위적으로 그어진 경계선(-----)의 아래 쪽에 있는 특수학급·양호학교는 일반학급에서 배제된 이들을 떠맡는 역할을 하고 있다.

입학과 동시에 아이들은 좋든 싫든 경쟁의 심판대에 세워진다. 성적 경쟁은 물론이거니와 학교에서부터 가정에 이르기까지 일상생활의 모든 면에 걸쳐 치열한 경쟁이 전개된다. 교실 벽에 덕지덕지 붙여진 경쟁표와 점검표, 개인별 표, 반별 표, 한자 급수표, 계산 문제 득점표, 자유 발표 실적표, 숙제 점검표, 독서량 경쟁표, 분실물 점검표, 책상이나 사물함의 정리정돈 비교표, 손수건이나 손톱의 청결 검사표, 급식 점검표…. 좀 우습지만 대변 점검표까지 있는 것 같다. 아침에 변을 보면 5점, 집에 가서 보면 3점, 변을 보지 않았으면 0점. 아침에 대변을 보는 것이 왜 좋은지 설명하는 일은 없다. 여기서도 개인차는 무시되고, 획일적인 가치기준이 적용된다.

한 초등학교 6학년짜리 아이는 1시간 수업에서 몇 번 손을 들고, 몇 번 지목을 받았는지 메모장에 기록해두었다가 선생님께 제출하라는 과제를 부여받았다고 한다. 수업을 차분하게 듣고 이해할 여유 따윈 전혀 없을 것이다. 예상한대로 이 경쟁은 오래 지속되지는 않은 모양이다.

신발장의 신발뒤축이 일직선상에 맞춰져 있는지 자로 꼼꼼하게 재고 있는 검사 담당 소년의 모습을 떠올리는 것만으로도 정신이 아찔해진다. 이에 '강박신경증'이라는 용어가 오버랩된다 해도 결코 과장된 표현은 아닐 것이다. 아이가 가진 능력을 최대한 이끌어내기 위해서 그런 경쟁이 도움이 된다고 믿고 있는 것이다. 어떤 면에선 그 말이 맞는지도 모른다. 그러나 그 전제가 되는 가치기준이 의심받지 않는 것은 너무나 위험한 일이다.

학교라는 공간에서는 모든 활동에서 일정한 스피드와 레벨을 유지하도록 요구받는다. 그것이 불가능한 학생은 교실과 학교의 균질적인 시간을 흐트러뜨린 짐짝같은 존재로서 소외당할 운명에 처한다. 특히 그룹간의 경쟁을 활발하게 펼치도록 유도하는 교실에서는 짐짝으로 취급받는 아이의 입장은 정말이지 비참하다. 성적이 나쁜 아이, 동작이 둔한 아이, 준비물을 잘 챙겨오지 않는 아이처럼 그룹간 경쟁에 있어서 마이너스 요인을 초래하는 아이는 노골적으로 기피된다. '저 녀석만 없으면…'이라는 집단심리가 왕따의 모체가 된다. 그룹 내의 왕따는 결국 학급 전체로 파급되고, 가장 고약한 학생이 "우리 반의 명예를 갉아먹는 쓸모없는 놈"이라고 말하면, 더욱 가혹한 왕따의 표적으로 초점이 맞춰진다.

　이렇듯 끊임없는 경쟁이 존재하는 교실에서는 대개의 경우, 학생들 간의 질서 위계는 유동적이고 상대적이다. 서열이 언제 뒤집힐지 모르며 각각의 아이가 교실 내에서 차지하는 위치는 미묘하게 흔들리며 움직인다. 자신보다 높은 위치에 있는 아이는 집단에 의해 질투라는 형태로 배제를 향해 내달리고, 반대로 낮은 위치에 있는 아이는 멸시와 소외라는 형태로 배제를 향해 내달리게 된다. 이질서의 위쪽과 아래쪽을 향한 배제, 다시 말해 왕따는 아이들 자신이 교실 내에서 아이덴티티를 확인하는 작업이기 때문에 문제의 심각성이 숨어 있다고 말할 수 있다.

오늘의 가해자는
내일의 피해자

학교라는 규격화된 곳에서 제대로 적응하지 못할 것이라고 예상되는 아이는 초등학교에 올라가기 전에 판정되어 특수학급이나 양호학교로 보내진다. 그리고 취학 후에 학교라는 궤도에서 벗어난 아이가 일반학급에서 배제된 끝에 당도하는 곳도 이런 학급이나 시설인 것이다. 학교는 제도적으로는 서로 보완하는 음과 양의 두 부분으로 나뉘어져 있다.

그러나 소위 학교는 현재 분명한 차이를 보이는 아이들을 배제함으로써 끊임없이 폐쇄된 균질적인 시공(時空)을 형성해 간다. 바꿔 말하면 학교라는 공간에서 주도면밀하게 이질적인 것, 치우쳐진 것, 불투명한 것이 배제되고 있다는 뜻이다.

사이타마현 오토네쵸에 부모의 생사여부를 모르는 아이들을 위한 양호시설이 세워졌다. 그러나 주민들이 민폐시설이라고 거세게 항의해 마을 대표가 입소하는 아이들의 주민등록 이전 거부 방침을 표명했다. 이들은 "그런 아이들이 이 지역 초·중학교를 다니게 되면 교육환경이 나빠진다", "부모가 없는 아이들이 오면 범죄가 발생한다" 등의 이유를 내세워 시설의 인가 취소와 퇴거를 요구하고 있다.

– 아사히신문, 1985년 7월 19일

이런 종류의 사건은 전국 각지에서 일어나고 있다. 이 사례의 경우 당초에는 아이들을 위한 시설이라면 상관없다는 협력적인 분위기였다. 그런데, 시설에 있는 아이들이 자기 자녀들과 같은 교실에 나란히 앉을 가능성이 있다는 걸 알고부터는 반대하는 입장으로 태도를 싹 바꿨다. 매우 흥미로운 일이다. 이물(異物)은 어디까지나 이물이기 때문에, 주변에서 공존하는 것이 허락되지 않는다. 이물은 아이에 의해, 교사에 의해, 부모에 의해 학교 바깥으로 방출된다.

거기에는 더 이상 절대적인, 그리고 가시적인 차이는 존재하지 않는다. 차이를 상실한 상황이 돼버린 것이다. 학교가 이렇게까지 격하고 거친 경쟁원리로 일관하는 사회가 된 것은, 일반학교에 살아남은 아이들끼리 서로 다투는 게임이 펼쳐지고 있기 때문이다. 편차치라는 미세한 차이를 가능한 한 널리 퍼뜨려 시각화하려는 도구가 유효성을 발휘하고 있다.

차이를 상실한 상황. 고로 끊임없는 차이의 역전·치환 같은 변하기 쉬운 상황을 부여받은 아이들은 모든 역할관계를 고정적으로 유지할 수 없어, 이른바 분신으로서 행동하지 않을 수 없다. 왕따를 시킨다/왕따를 당한다는 관계도 예외는 아니다. 오늘 왕따를 시키는 아이는 내일 왕따를 당하는 아이가 될지도 모르는 불안으로 가득 차 있다. 차이를 상실해버린 상황 속에서 아이들 누구나가 상호 폭력에 의해 위협당하며, 놀림의 대상이 되어 있는 것이다. 미미한 차이를 띠고서 학교라는 현장을 떠도는 분신처럼 아주 비슷비슷한 아이들이 이번엔 누가 표적으로 선택될지 예측이 불가능한 게임 속에서 전전긍긍하며, 절대로 희생양은 되지 않겠다며 정신을 바짝 차리고 약삭빠르게 움직이는 모습이 떠오른다.

이전에는 왕따를 못하게 말리거나 조용히 보기만 했던 대다수의 학생들이 지금은 왕따를 시키는 아이들 쪽에 서서 적극적으로 가담한다. 왕따시키는 그룹에 끼는 걸 거부하는 것은 새로운 희생자의 자리를 스스로 선택하는 꼴이나 진배없다. 다른 아이를 왕따시키라는 강요를 이기지못해 자살한 소녀의 예는 왕따에 가담하는 것을 거부하면 자신의 생명이 위태로워진다는 실정을 보여준다.

왕따를 당하는 아이의 주변에 있는 불특정 다수의 존재가 어떤 의미에서는 왕따 구조의 감춰진 급소라는 점에 주목해야 한다. 그들과 왕따를 당하는 아이의 사이에는 아주 사소한 차이밖에 존재하지 않는다. 즉 그들은 왕따를 당하는 희생양으로 언제 지명될지 몰라 항상 불안에 떨고 있다. 자기가 아닌 누군가가 왕따를 당하고 있는 동안은 그 아이가 불쌍하다고 느끼면서도 한편으론 다음에 자신에게 조커(왕따의 희생양 자리)패가 올까 봐 걱정한다. 이렇기 때문에 그들은 왕따 주도자를 적극적으로 돕는 것은 물론이거니와 교사나 부모와 의논조차 하지 않는 것이다. 친한 친구였다해도 왕따 그룹에 끼지 않을 수 없는 경우가 있다. 얼마 전까지만 해도 사이가 좋았던 아이가 갑자기 왕따 그룹 쪽으로 돌아섰다는 얘기는 흔히 든는다. 오로지 조커가 되지 않기 위함만으로 왕따의 적극적인 가담자가 되는 케이스는 예상 외로 많다. 왕따를 시킨다/왕따를 당한다는 관계는 매우 불안정하다. 상황이 변덕스러울 정도로 쉽게 변한다는 현실의 냉정함을 잘 알고 있는 아이들은 누군가가 계속해서 희생자가 되어 주는 것으로 자신의 안정된 아이덴티티를 유지하는 것이다.

'왕따는 공공의 희생양이다'. 거듭 말해 온 이 주제를 다시 한 번 각인시키기 위해 우리는 여기서 공공의 희생양, 그 자체의 구조를 알아둘 필요가 있다. 우리가 근거로 하는 것은 주로 프랑스의 인류학자 르네 지라르(Rene Girard)와 이마무라 히토시(今村仁司)의 이론이다. 이 공공희생론은 스케이프고트(속죄양)에 관한, 그리고 배제된 제삼자에 관한 이론적 고찰로서 파악할 수 있다.

> 차이는 질서의 안정조건이다. 그렇지만 질서가 위기에 처했을 때 차이의 메커니즘은 붕괴되고 대타적동일화(對他的同一化) 또는 모방이 한꺼번에 분출한다. 패닉 등이 그 전형적인 예이다. 돌출된 모방욕망에 의해 사람들은 서로 모방하고, 고로 서로 동질화된다. 그것이 분신(分身) 상태

다. 분신화는 차이의 소거이며, 차이의 소거는 질서의 붕괴를 의미한다. 분신의 리얼한 상태는 혼돈과 폭력으로 치닫는 몰락이다. 분신은 집단의 분열상태일 뿐만 아니라, 개인의 레벨에서도 분열상태다. 자신과 그 그림자로의 분열, 그리고 오리지널과 카피의 살육 전쟁, 혹은 어느 쪽이 본체인지 알 수 없게 되는 인간의 요괴화(妖怪化), 이것이 모방욕망이 리얼하게 야기하는 귀결이다.

– 이마무라 히토시, 『비판으로의 의지』

질서는 차이의 체계 위에 조직되어 있다. 차이가 소멸할 때, 구성원들은 모방욕망의 포로가 되고, 서로 모방하여 균질화(均質化)되어 간다. 이른바 분신의 상태. 이 분신화야말로 차이의 소멸을 피하기 어려운 귀결의 형태다. 그때 질서는 안정을 잃어버리고 카오스(혼돈)와 폭력의 위기에 노출된다. 자기와 그 그림자, 혹은 오리지널과 카피가 살육의 전쟁을 벌이는 것이다. 이처럼 차이의 완벽한 소실은 전원일치 폭력의 필요 또는 충분조건이 된다.

불과 얼마 전까지만 해도 개별적인 무수한 갈등으로 인해 서로 적대시하던 공동체에 한 사람이 나타난다. 그가 그 공동체에 불어넣은 이질감으로 인해 공동체는 다시 완전한 하나가 된다. 서로 다른 개개인, 저마다 뿔뿔이 흩어져 있던 악의와 증오는 이후 단 한 사람의 개인 즉 속죄의 양 쪽으로 모여든다.

– 르네 지라르, 『폭력과 성스러움』

차이의 소멸. 이 질서의 위기에서 하나의 감춰졌던 메커니즘이 작동하기 시작한다. 전원일치의 폭력으로 인한 공공희생양. 엇비슷한 구성원 속에서 아무것도 아닌 것을 꼬투리로 잡아 한 사람의 속죄양이 선택된다. 분신들 사이에서 이리저리 난무했던 악의와 폭력은 순간적으로 그 불행한 산 제물을 향해 수렴되어 간다. 이렇게 공공의 희생물을 제물로 하여 집단은 새로운 차이의 체계 재편으로 향하게 되고, 이로써 위기는 교묘히 빗겨가게 된다.

학교 내지는 교실이라는 장소는 그것이 질서를 이루는 공간인 이상, 끊임없이 차이의 메커니즘으로 뒷받침되고 있다. 차이의 체계 위에 성립한다고 바꿔 말해도 좋을 것이다. 그리고 거듭 말해온 것처럼, 지금 학교에서는 가시적인 차이가 드러나는 아이들은 깡그리 추방되었다. 남은 아이들은 극히 미세한 차이를 띤 채로 학교와 그 주변을 맴돌고 있는 것이다. 아이들은 확실히 모방욕망에 갇혀 있다. 평균치에서 플러스 방향으로도 마이너스 방향으로도 너무 치우쳐 있지 않을 것. 이질적인 것은 가능한 한 벗겨내고 급우들과 비슷한지 계속 확인한다. 막다른 지경에 내몰린 아이들이 선택하는 처세술은 그들을 끊임없이 분신화해 나가는 것이다.

학교를 무대로 삼아 서로 분신화된 아이들이 연출하고 있는 음습한 왕따라는 이름의 드라마는 자신과 그림자 그리고 오리지널과 카피 사이의 살육극인지도 모른다. 스스로의 그림자를 겁내고, 미워하고, 그림자의 살육에 매달리는 아이들. 그것이 왕따라는 이름으로 공공희생양을 밑바닥에 깔아놓고 올라선 아이들의 숨겨진 모습이다.

이것은 뒤집어 말하면, 학교라는 질서가 상호폭력과 혼돈의 폭풍 속에서 붕괴 위기에 직면해 있음을 의미한다. 초등학교의 학급이라는 집단은 극도의 긴장감이 흐르는 고독한 군집으로 보인다고, 현장을 취재한 다수의 기자들이 똑같은 감상을 얘기한다. 이마무라가 한 다음의 말을 생각해 보자.

> "공동체 구성원인 여러 개인이 군집화(群集化)된다는 것은 원리상 사회
> 관계와 공동체의 질서 위기 징후다. 불규칙하게 흩어져 있던 유동적 군
> 집이 모방욕망에 의한 분신화를 통해 등장할 때, 어떤 형태로든 사회관
> 계의 위기가 형성되고 있는 것이다."
>
> – 이마무라 히토시, 『배제의 구조』

작은 거짓말을 하거나 약속을 깼을 때 집요한 왕따가 시작되는 것은, 그러한 사소한 위배행위가 아이들의 공동성을 위협하는 것이기 때문이다. 요즘 아이들의 공동성은 매우 취약하고 불안정하여 강박적인 규칙에 의해서밖에 유지하기 어려운 것으로 변화하고 있다. 거기에는 안정된 질서도 위계체제도 존재하지 않는다.

분명한 차이로 인해 떨어져나갈 일 없는 분신화된 아이들은 상호폭력(왕따의 싸움)의 소용돌이에 휘말리게 된다. 자기와 그림자와의 작은 살육극이 단발성 드라마로 교실의 여기저기서 끊임없이 펼쳐진다. 왕따의 대상이 고정되어 있는 것이 아니라, 뱅글뱅글 돌면

서 바뀌는 것이다. 현재 왕따 문제에 나타나는 이러한 특이한 광경은 차이의 상실, 다시 말해 분신화와 상호폭력의 단계에서 나타난다. 모든 학교, 모든 교실 안에서 이러한 광경이 일상적으로 벌어지고 있는 게 틀림없다.

사실 어느 정도 작은 경쟁이 되풀이된다 해도 왕따라는 문제가 나타나는 것은 아니다. 차이의 소멸, 분신화, 상호폭력…. 거기서 왕따가 일어나는 것인데, 여기에 관심을 갖는 어른은 없다. 심지어 집단적인 왕따가 시작되기 직전의 단계에 왔을 때도 눈치 채지 못한다.

마침내 희생자의 역할을 떠맡길 사람이 나타나면 희생양을 타깃으로 한 왕따는 시작된다. 아이들을 일상적으로 대하는 교사나 부모의 시야에서 벗어나 왕따는 교묘하게 은폐되고 있다. 어른들이 사태의 심각성을 알게 되는 것은 대개의 경우, 부상이나 등교거부 같은 돌출된 상황이 벌어졌을 때다. 왕따라고 하는 문제가 그제서야 학교의 표층으로 떠오르는 것이다.

특정한 희생자가 선정되면 집단적으로 왕따를 시키는 단계로 장면이 급회전한다. 차이를 상실한 상황에서 위계체계 재편을 위한 속죄양을 바치는 의례로 전환한 것이라 바꿔 말할 수 있다. 자신과 그림자와의 살육극은 한층 음습해지고, 치열해진다. 단 한 명의 산 제물을 전원일치의 의지로 질서의 바깥으로 배척하고 나서 교실은 잠깐 동안 안정을 회복한다. 그렇지만 이 산 제물이 등교거부, 전학,

자살 등으로 역할을 포기하면 순식간에 교실은 다시 차이의 상실이라는 상황 속으로 전락해버린다. 모습과 형태가 비슷한 분신들 속에서 또 다른 희생자를 옭아매기 위한 산 제물 고르기 게임이 다시 시작된다.

이렇듯 공공희생양을 찾기 위한 왕따 게임이 진행되는 한, 누구 하나 거기서 도망치는 것은 허락되지 않는다. 종종 왕따에 가담하는 것을 거부하는 아이는 배신자로 낙인찍히고 왕따의 새로운 표적으로 지목되기도 한다. 아이들은 누구나 뼈저리게 그것을 알고 있다. 공공의 희생양은 전원일치의 동의를 원칙으로 한다. 이 전원일치의 원칙을 깨는 자는 집단의 질서 그 자체에 대한 위배행위를 행한 자로서, 살벌한 기피의 대상이 되는 것이다.

왕따 같은 것은 아이들의 세계에서는 옛날부터 있었던 일이라며 선입견을 버리지 못하는 어른들에게는 왕따 현장의 현재를 관통하는 심층구조가 보이지 않는다. 아이들은 왕따가 윤리적으로 악(惡)이라는 것을 잘 알고 있고, 압도적인 강제력 앞에 속수무책으로 당하며 가지고 놀다 버려지는 대상이란 것도 잘 안다. 왕따는 옛날부터 있었다. 하지만 이렇게까지 모든 아이들을 꼼짝 못하게 만들고, 끝도 없는 상호폭력과 희생양 게임의 소용돌이로 몰아넣고 있는 시대는 현재 외에는 없을 것이다.

왕따에 대해 얘기하는 소녀들의 대화에 한 번이라도 귀를 기울여 본 적이 있는 사람이라면, 아이들이 의외의 순진함을 갖고 있다는 사실에 아스라한 전율을 느꼈을 것이다. 아니 어쩌면 일종의 두려움마저 느꼈을지도 모른다. 그것은 아이들이 공동성의 규범력에 찰싹 달라붙어 있기 때문에 오는 자연스러운 감정인지도 모른다. 소녀들의 의식은 공공의 희생양을 만드는 일에 완전히 동화되어 있었다. 왕따는 안 된다고 말하는 외부에서 들려오는 목소리는 아이들의 의식 깊은 곳까지 미치지 못한다. 공동성에 위배되는 것에 대한 공포가 공동성 그 자체를 성립시키고 있는 구도다.

그렇다면 소녀들의 순진함이란 무엇일까? 그것은 공동체의 주민들이 마귀신앙이라 불리는 배제의 메커니즘에 결코 의심을 품지 않고, 자연적이면서도 자명한 현상으로 수용하고 있는 것과 같은 심적수준(心的水準)에 대응하고 있는 것이라 말할 수 있다.

어릴 적 기억을 더듬어 가다보면 이런 광경이 떠오른다. 초등학교 5학년 때였던가? 교탁 옆으로 나를 포함한 7명의 학생이 끌려나와 있었다. "너도 그런 거야?"라고 선생님이 물었다. "예. 하지만 폭력은 쓰지 않았어요"라고 옆에 있던 남자애가 대답했다. 교실 안에서 작게 웅성거리는 소리가 들린다. 선생님이 이번에는 내 쪽으로 얼굴을 돌려, "너도 그런 거야?"하고 같은 질문을 했다. "…예. 하지만…." 그렇게 말할 뿐 나는 "하지만" 뒤에 이어질 말을 꾹 삼켰다. 교실 여기저기서 비난하며 수군대는 목소리가 점점 퍼져나갔다.

기억의 저편에 가라앉아 있던 꿈 같은 사건. 그러나 그것은 의심의 여지없이 나의 정신사에 새겨진 작은 트라우마다. 선생님과 급우들에 의해 우리는 심판받고 지탄받았다. 우리 반에서 일어난 왕따가 표면화된 결과였다.

당시 학교에서는 치열한 학급 경쟁이 펼쳐지고 있었다. 모든 상황이 학급 단위로 우열이 판정되었다. 동작이 둔한 아이, 공부에 취미가 없는 아이 등이 있는 경우는 확실히 다른 반에 뒤처진다. 그러한 아이는 그 반의 짐짝 같은 존재가 된다. 우리 반의 A양이 그랬다. 절대적인 독재자였던 반장 B를 중심으로 어떤 행위가 A양에게 가해졌던 것일까? 구체적인 기억은 없다. 다만 모두가 그 아이를 때리고 괴롭혔던 어렴풋한 기억은 있다. 우리는 비난을 받았다. 윤리적인 비난이었다. 물론, 항변할 말이 없진 않았지만 하지 않았다. 내가 꾹 참았던 그 말은 무엇이었을까? "폭력은 쓰지 않았어요" 그렇게 말한 것은 옆에 있던 남자애였는지도 모르고, 어쩌면 나 자신이었는지도 모른다. 분명히 그 남학생도 나도 A양의 얼굴이나 몸에 손을 살짝 댄 정도의, 폭력이라고 말하기 어려운 행동밖에 하지 않았다. 아마 그것도 딱 한 번 그랬을 거다. 그렇지만, B와 그 일당들이 평소에 A양에게 가해왔던 건 틀림없는 왕따 행위였다. 나를 포함한 3명의 소년은 이를 그저 지켜만 보고 있었던 것도 사실이었다. 우리는 B의 눈길이 미치지 않는 곳에서는 A양에게 잘 대해줬다. 나름대로 정의감에 불타는 소년들이었으니까. 그렇지만 우리는 B라는 독재자가 상징적으로 군림하고 있는 것에 대항하는 건 고사하고, 오히려 소극적인 참여를 강요당했다. 그것이 어느 날 사건으로서 드러나게 된 것이다.

비난일색으로 물들었던 급우들의 눈초리를 뒤통수로 느끼면서

'하지만⋯' 뒤로 내가 삼킨 말은 대체 무엇이었을까? 흐릿한 기억의 파편들을 재구성하면서 글을 써내려가는 나의 앞에, 그 물음은 갈 곳을 잃고 공중에 매달린 그네처럼 떠 있다.

아마도 그때는 현장 자체가 내포한 강제력 혹은 공동성이 띠고 있는 규범력에 대한 떨림과 두려움이 앞섰을지도 모른다. 12살짜리였던 내가 직면하고 있었던 것은 그러한 강제력에 대항하지 못한다는 가혹한 현실이었던 것 같다.

왕따라는 이름의 희생양에게 등을 돌리는 것은 한 명 한 명의 아이에게는 한없이 고된 과제일 것이다. 어린마음의 두려움으로 몸을 떠는 일 없이는 대항할 수 없는, 공동성의 심층부에 놓여 있는 공공의 희생양으로서의 왕따⋯.

'다음은 네 차례야'
끝없는 희생양 찾기

학교라는 장소를 떠나서는 왕따 자체가 성립되지 않는다. 바꿔 말하면 우리는 학교라는 현장 그 자체의 해독작업으로 왕따 문제를 해결할 수 있을 것이다.

아이들이 자신의 시간을 뿌리째 뽑혀 학교에 빼앗긴 것 같은, 학교에 잠식된 시대. 그 최대의 지표는 차이의 상실에 있다. 거기서는 서로 분신화한 아이들이 이방인(산 제물)을 찾아내는 데 정신을 몽땅 쏟고, 언제 끝날지도 모르는 희생양 게임의 포로가 된다. 차이가 없기 때문에 이 게임은 어디까지나 음습하고 인정사정없는 싸움의 양상을 드러내게 된다.

예를 들면 가시적이고 분명한 차이가 나타나는 아이를 놓고 보면 된다. 예전에 사이타마현에서 일어났던 재일조선인 소년의 자살이 그 잔혹함을 우리들의 눈앞에 들이댔다.

1979년 9월 9일, 2학기가 시작되고 얼마 지나지 않은 일요일 아침에 가라테 복장을 한 소년이 동네에서 가장 으리으리한 아파트 옥상에서 뛰어내려 자살했다. 죽음의 배경에는 가혹하리만큼 지독한 왕따가 있었다. 요즘처럼 왕따의 실태가 잘 알려지지 않았던 탓에 매스컴을 통해 이 사건의 윤곽을 알게 된 사람들은 왕따가 한 소년을 죽음으로 몰고 간 사실에 당혹감을 감추지 못하고 충격에 빠졌다.

중학교 1학년이었던 하야시 겐이치(林賢一). 아버지는 재일조선인 2세, 어머니는 일본인이었다. 재일조선인이라는 낙인이 찍힌 소년은 초등학교 4학년 무렵부터 왕따를 당하기 시작했고, 중학교에 올라와서는 더욱 심한 집단적 왕따의 표적이 되었다. 6월 18일 저녁 무렵, 소년은 'H, O, W 등에게 왕따를 당해서 학교에 가는 것도 싫고, 사는 것도 싫어졌습니다. 저는 자살하겠습니다'라는 메모를 남기고 집을 나왔다. 다행히 자살은 미수로 끝났다. 귀가를 한 소년의 온몸은 공포로 인해 땀으로 흠뻑 젖어 있었다고 한다.

비밀을 지켜달라는 부모님의 간청에도 불구하고 담임교사의 부주의로 소년은 그 즉시 '자살미수자', '죽지 못해 살아남은 자' 등으로 불리게 되었다. 왕따는 잦아들기는커녕 점점 거세져 갔다. 매일같이 인기척이 없는 미술실이나 계단 출입구 쪽으로 끌려가 집단폭행을 당했다. 아이들은 그에게 옆 반의 왕따와 결투를 시키거나 주위를 빙 둘러싸고 "쓰레기 하야시는 죽어라!"하고 소리를 지르며 놀려댔다. 어떤 아이는 나중에 "하야시를 괴롭히는 것이 즐거워 점심시간이 기다려진다"고까지 말했다.

여름방학이 끝나자 동아리 활동을 빼먹었다는 이유로 소년이 소속되어 있는 탁구부를 중심으로 왕따가 극한으로 치달았다. 자살 이틀 전 그는 계단 출입구 쪽에서 탁구부원들에게 심한 구타를 당했다. 70회 이상 맞고 발로 차였다고 한다.

이 사건에 관해서는 이미 몇 번이나 신문과 잡지에 보도되고 텔레비전 프로그램으로도 제작되었으며, 단행본도 2권이나 간행되었다. 시간이 흐르기도 했지만 이제는 거기에 덧붙일만한 진실을 발굴하는 것이 어려울 정도다. 여기서는 몇 가지 공식적으로 드러난 자료를 기초로 하여 이방인론에 대한 맥락에서 사건을 조명할 단서를 찾고자 한다.

소년에 대한 왕따는 그야말로 전원일치의 폭력 그 자체였다. 균질화가 진행되어 가는 교실 공간에서 재일조선인이라는 특징은 확연한 차이였다. 학교 측의 부인 내지는 은폐공작에도 불구하고 왕따의 배경이 되었던 것은 재일조선인에 대한 민족차별이었다. 그 사실은 소년의 부모님과 저널리스트들에 의해 밝혀졌을 뿐만 아니라, 다수의 학생들도 모두 인정했다. 소년을 자살로 몰아간 일본인 중학생들은 차별의식으로 똘똘 뭉친 유별난 아이들이 아니었다. 아마도 그들은 지극히 평범한 일본 아이들의 잠재의식을 표출한 것에 불과하다고 생각한다.

나는 아이들의 입에서 '종코(朝鮮校, 조센코[조선인 학교]를 줄여 발음한 것)'라는 말이 모멸의 울림과 함께 토해지는 것을 몇 번이나 들은 적이 있다. 시대도 지역도 다른데 몇 명씩이나 되는 소년과 소녀가 그들을 향한 적개심과 배척의 시선을 공유하고 있다는 것을 알았을 때 나는 아연실색하여 가슴이 먹먹했다.

그것은 사실 나 자신의 체험과도 무관하지 않다. 중학생이던 나는 조선인학교가 어디에 있는지도 몰랐고, 민족옷을 입은 조선인 학생들을 한 번도 본 적이 없었다. 그럼에도 불구하고 내 안에는 종코에 대한 선명한 이미지가 있었다. 난폭·야만·섬뜩이라는 부정적 이미지. 그것은 아마 대다수의 남자 아이들이 공통적으로 갖고 있던 이미지였을 것이다. 60년대 후반은 조선인 학생들에 대한 폭행사건이 빈발하던 시기였기 때문에, 폭행을 정당화하기 위한 그런 이미지를 의도적으로 흘렸을지도 모른다.

60년대 후반에 중·고등학생이던 소년들에게 각인되었던 난폭하고 야만적인 조선인 학생이라는 부정적 이미지는 조금도 변하지 않은 채 일본 아이들 사이에서 계속 이어져, 재일조선인에 대한 차별의식으로 끊임없이 재생산되었다. 조선인 학생을 향한 두려운 감정이 있는 한 그 역습은 되풀이된다. 만약 급우들 중에 재일조선인 아이가 있다면 일본의 적잖은 수의 교실에서 하야시 사건과 별반 다르지 않은 왕따가 반복될 것이 뻔하다. 근거 없는 단순한 몽상이 아니다. 현실 속에서도 그들의 수난극이 매일 일어나고 있는 것을 우리는 알고 있다.

뚜렷한 차이를 갖고 있는 소년이 사라진 뒤, 그 학급 주변에서 왕따를 둘러싼 상황은 어떻게 변했을까? 한 가지의 에피소드가 모든 것을 말해주는 것 같다.

그것은 학급에서 왕따를 당하는 또 한 명의 소년과 관련된 이야기다. 장례식 다음날 이 남학생이 학교에서 귀가하고 있었는데, 한 친구가 쫓아오더니 "이번엔 네 차례야"라고 위협했다. 하야시가 죽은 뒤, 또 다른 왕따의 표적으로 지명된 그 소년은 신경성 위염으로 2주일이나 학교를 쉬었다가 입원까지 하게 되었다. 이 아이는 결국 학년 말에 전학을 갔다고 한다.

왕따를 시키는 아이와 그들을 은근히 옹호하는 교사나 학부모들은 이따금 왕따는 괴롭히는 쪽이 나쁜 것이 아니라, 왕따를 유발하여 당하는 아이가 나쁘다고 주장한다. 그러나 그것은 주객이 전도된 논리에 불과하다. 분명한 차이가 드러나는 아이가 존재하기 때문에 왕따가 일어나는 것이 아니다. 오히려 차이는 이미 존재하는 것이 아니라, 그때마다 새로이 발견되고 만들어지는 것이다. 물론 배제라고 하는 단 하나의 현실을 향해서 말이다.

재일조선인이라는 이질적인 존재가 가혹한 왕따를 유발한 것이 아니다. 그들이 발견한 차이가 때마침 하야시가 재일조선인이라는 점이었다. 왕따를 필요로 하는 구조 그 자체가 하야시 소년을, 그리고 제 2의 제 3의 하야시 소년을 희생양으로 삼아 재단에 바치고 있는 것이다.

"이번엔 네 차례야"라고 친구를 위협한 소년은, 몸집은 크지만 운동신경이 극도로 둔한 아이였다고 하는 사실에 관심이 간다. 아마 신체적인 콤플렉스로 고민하던 그 소년도 마찬가지로 친구들에게 그것이 차이로서 발견되어 왕따를 당하게 될까 봐 위기감을 계속 느끼고 있었던 게 아닐까? 그는 누군가 자기 외의 반 친구가 조커 카드를 갖고 있음으로써 비로소 자신의 안정을 유지할 수 있었던 것이다. 이 소년 역시 이번엔 네 차례라고 선고받을지도 모르는 불안에 떨고 있었다. 차이가 상실된 상황 속에서는 아이들 누구나가 이 소년과 비슷한 불안정한 장소에 놓여 있다고 볼 수 있다.

왕따를 당하던 옆반 아이가 하야시 소년과의 결투를 강요당했던 사실을 저널리스트에게 털어놓았다는 이유로 집단폭행을 당했다. 그 이후 이 학생은 입을 닫고 매스컴의 방문을 겁내며 몸을 숨겼다. 외부에 사실을 발설한 학생에 대한 제재는 그를 희생양으로 만드는 새로운 전원일치의 폭력이었다. 이렇게 해서 공공의 희생양은 재생산되는 것이다.

미묘한 차이를
추구하는 아이들

우리들은 계속해서 학교라는 현장에서 차이를 상실한 실상에 대해 얘기해 왔다. 차이의 소멸, 분신화, 상호폭력…. 조만간 나타날 공공희생양의 전제가 된다. 그러나 사실 차이의 상실이라 함은 어디까지나 외부로부터의 시선에서 떠오르는 광경이다. 학교라는 현장에 둘러싸인 아이들에게는 다양한 차이밖에 존재하지 않는다. 차이가 사방으로 불규칙하게 반사되는 것이야말로 그들이 체험하는 유일한 현실이다.

체계의 내부에서 보면 다양한 차이밖에 존재하지 않는다. 반대로 외부에서 보면 동일성밖에 존재하지 않는다. 내부에서는 동일성이 보이지

않고 외부에서는 차이가 보이지 않는다. (중략) 이 체계를 해명하기 위

해서는 내부와 외부 양쪽 관점을 융합해야 한다.

— 르네 지라르, 『폭력과 성스러움』

몇 년 전 소녀들의 세일러복과 아주 흡사한 마린룩이 유행을 했
는데, 그때 사이토 지로(斎藤次郎)가 이런 말을 했다. "친구와 같은 것
이지만 미묘하게 다른 패션을 추구하는 것은 시대의 공기를 공유하
면서 자기 자신을 독자적인 사람으로 시대에 새기는 것이다"(아사히
신문, 1984년 8월 13일)

패션이나 유행에 둔감한 어른들(나 자신도 포함해서)에게는 획일적
인, 참으로 몰개성적인 것으로 비쳐지는 복장이 본인들의 예민한
미의식에서 보면 미묘한 차이를 내포하고 있는 것이다. 한마디로
아이들은 끝없이 미세한 차이의 연출을 즐기면서 세련된 패션 감각
을 경쟁하고 있는 것이다. 시대의 공기를 공유하면서도 자신을 하
나의 차이를 내포한 존재로서 시대에 새기는 것은, 범람하는 상품
에 모방욕망을 자극받아 끊임없이 분신화의 위기에 노출되어 있는
아이들에게 남겨진, 소소한 자기표현의 한 형태인지도 모른다.

외부에서 바라보는 눈길에는 차이의 상실 · 분신화로밖에 비치지
않는 광경이 아이들 자신에게 있어서는 차이가 사방으로 퍼져나가
는 반사로서 체험되고 있다. 미세한 차이를 즐기지 못하는 아이는
다른 아이들이 공유하는 곳에서 떨어져 나간다. 분위기를 망치거나
망치고 있다는 사실을 알아채지 못하는 아이는 야박스럽게 기피의

대상이 된다.

어쨌든 우리는 학교라는 현장의 바깥에, 아이라는 범주의 바깥에 있다. 우리들은 외부이고, 외부에 있는 한 학교라는 곳을 맴도는 아이들의 동일성은 잘 보이지만, 그들을 한 사람씩 분별할 수 있는 차이는 보이지 않는다. 그것은 우리 자신의 장소와 범주가 초래하는 피하기 힘든 귀결이다. 방법적인 한계라고 말할 수 있다. 아이들은 내부라는 말을 아직도 충분히 이해하지 못했고 그 눈빛에는 특별한 곤란함마저 숨겨져 있다.

하늘을 지붕 삼아
살아가는 사람들

지하도의 후미진 곳에 웅크리고 누워 있는 노숙자.
그를 곁눈질로 살피며 얽히지 않으려고 커다란
포물선을 그리면서 멀찌감치 떨어져 지나가는 사람들.
우리가 의식하든 의식하지 않든 우리는 노숙자라는
이름의 사회적 이물질을 배제하고 있다. 일본의 경우엔
이들을 대상으로 한 폭행이나 살인까지 일어나는 상황이다.

도시의 노숙자는
사람도 아니다?

　요코하마 노숙자 습격사건(1983년 2월, 요코하마의 중학생들이 공원에서 자고 있던 노숙자들을 습격해 3명을 죽이고 십여 명에게 부상을 입힌 사건. - 편집자 주)이 발생한 지 꽤 오랜 시간이 흘렀다. 이 시대의 모든 사건은 몇 개월만 지나면 희미하게 잊혀지는 운명에 있나보다. 선명했던 기억은 순식간에 퇴색해버리고 대개는 흔적조차 남지 않고 사라져간다. 물론 이 사건도 예외는 아니다.

　왠지 불안한 시대의 도래를 예고하는 것 같은 사건에 대한 기억은 몸 어딘가에 앙금처럼 침전되어 있는 느낌이다. 요코하마 노숙자 습격사건은 우리에게 무엇이었는가? 이 물음에 모두들 할 말을 잃은 자신을 깨닫게 될 것이다. 그리고 일상에서 멀어져, 기억의 어둠 속으로 사라져가기를 바라고 있을 것이다. 우리는 그 백일몽 같은 사건을 받아들이지 못하고 그저 망각되기만을 기다리고 있다.

이 사건만큼 배제의 구조가 생생하게 사회의 표층으로 떠오른 적도 없을 것이다. 그것은 시민사회의 표면적인 윤리와 정면으로 충돌하는 금기된 상황이다. 노출된 배제의 구조와 점점 퇴색해가는 시민윤리의 틈바구니에서 그 사건을 기존의 해석 카테고리에 포섭하지 못해 어찌할 바를 몰라 하고 있다.

숨겨왔던 배제의 구조를 노출시켰다는 의미에서 노숙자를 습격한 소년들은 신화의 트릭스터(문화인류학에서 도덕과 관습을 무시하고 사회질서를 어지럽히는 신화 속의 인물을 이르는 말. - 역자주) 내지는 어릿광대라 할 수 있다. 트릭스터란 사회의 표층에서 은폐되고 있는 것을 사람들의 눈 앞에 폭로하고 질서의 밑에서부터 카오스(혼돈)를 분출시키는 사람이다.

> '어릿광대'가 일종의 대행(代行) 행위를 통해 사람들을 해방시킨다 하여 종종 주목을 받아 왔다. 그들의 과장된 행위는 엄격한 검열도 파괴하지만, 때로는 난잡하여 '야생'의 폭력의 한계에 다다르기도 한다. 이렇게 해서 어릿광대는 개체의 내부로 숨어들어가 사회에 의해 길러진 에너지를 현실화하는 '심리학적인 의례의 위대한 사제(司祭)'라 불리게 된 것이다.
>
> – 발랑디에(G. Balandier), 『무대 위의 권력』

물론 소년들을 심리학적인 의례의 위대한 사제라는 타이틀로 찬양할 수는 없다. 소년들은 파괴의 끝에서 창조로 가는 길을 여는 것이 불가능했기 때문에 어릿광대이면서 어릿광대가 아니다.

열 명의 소년들이 질풍처럼 빠져나간 뒤, 구경거리의 무대에는 숨이 끊어진 노숙자 3명, 중경상을 입고 신음하는 노숙자 10여 명이 무참한 모습으로 뒹굴고 있었다.

시민의식의 검열을 뚫고 혼돈과 야생적인 폭력의 한계에 다다른 트릭스터 소년들은 자신들의 예상과는 다르게 박수갈채를 받는 일도, 은근히 공감하는 미소에 둘러싸이는 일도 없이 체포되었다. 그들은 결국 전국의 소년원과 교호시설(敎護施設)로 보내졌다. 그리고 익살극이라고도 잔혹극이라고도 할 수 없는 구경거리는 애매하게 막을 내렸다.

> "사람을 죽였다는 것에 대해 어떻게 생각하니?"
>
> 소년은 깜짝 놀란 얼굴을 했다. 그리고 갑자기 무릎을 떨며 몸을 움직였다. 뜻밖의 말을 들었다는 눈치였다. 아이는 "사람을 죽였다뇨? … 모르겠어요"라고 말하는 것이었다.
>
> ― 아오키 에츠(青木悦), 『이제야 보이게 된 아이들』

트릭스터라는 이름의 영웅이 되는 데 실패한 소년의 웅얼거림이 공허하게 귀에 울린다. "사람을 죽였다뇨? … 모르겠어요" 이 소년이 받아들이지 못하는 것은 '노숙자도 사람'이라는 사실인가? 그렇지 않으면 '죽였다'라는 지울 수 없는 현실인가?

　아오키가 쓴 이 글은 후자의 시점에서 굉장히 뛰어난 르포르타주다. 소년들은 인간을 생명이 있는 것으로 실감하지 못한다. 이는 생명에 대한 감수성이 매우 희박하다고 바꿔 말할 수 있다. 죽음은 고사하고 부상을 입히고 부상을 당하는 것이 마치 드라마나 애니메이션에서 일어나는 사건처럼 고통이나 비애를 수반하지 않는다. '이러한 아이들이 현실에서 자라고 있다. 힘없는 계층부터 아이들에게 습격 당하는 시대가 온 게 아닐까? 그러한 공포감이 밀려온다'라고 아오키는 말한다. 그의 시선은 시대의 어떤 심층부에 분명히 닿아 있다는 생각이 든다.

　나는 노숙자도 사람이라는 당연한 사실이, 더 이상 당연하지 않게 돼버린 현실을 짚어봤으면 한다. 현대의 배제의 구조를 파악하기 위해서 그것은 꼭 필요하다. 이와 관련해 두 가지 자료를 인용해 보겠다.

> "왜 그렇게 노숙자가 미웠니?"
>
> "냄새가 나서요."
>
> "냄새가 난다, 그게 그렇게 싫어?"
>
> "싫죠. 냄새나는 건 용서할 수가 없어요."
>
> 아이의 눈동자는 정말로 용서할 수 없다는 듯, 번쩍하고 번득이면서 마음속의 분노를 표출하고 있었다.
>
> — 아오키 에츠, 『이제야 보이게 된 아이들』

키워드는 '냄새 난다', '더럽다'와 같은 부정어다. 아이들이 왕따를 시키는 핵심적인 이유고, 표적(왕따를 당하는 아이)을 말살하기 위한 명분으로 자주 입에 올리는 말들이다. 그것은 실질적인 냄새나 불결함이 아니라, 이물질을 접했을 때 막연하게 느껴지는 불쾌감의 표명일 뿐이다.

그렇지만 노숙자는 배제를 위한 공허한 기호에 불과했던 냄새 나고 더럽다는 속성이 실제로 몸에 배인 사람들이다. 청결과 무색·무취의 세계를 지향해온 전후(戰後) 수십 년간의 세월 속에서 유일하게 불결한 존재로 살아온 것이 노숙자인 것이다.

그들을 전후 사회에 남겨진 가시적 이물질로 여기고 공격하는 비정상적인 아이들. 그러나 소년들이 실상에서 보여준 광경은 오히려 우리들의 깊은 내면이고, 날마다 전개되고 있는 배제의 정경이 허구라는 이름의 안전판을 걷어치우고 선명한 모습을 드러낸 것에 불과한지도 모른다. 소년들이 노숙자에게 던진 비정한 폭력이 과연 우리들과는 관계가 없는 것일까? 지하도의 후미진 곳에 웅크리고 누워 있는 노숙자를 곁눈질로 살피며, 얽히지 않으려고 커다란 포물선을 그리면서 멀찌감치 떨어져 지나가는 사람들, 우리가 의식하든 의식하지 않든 노숙자라는 이름의 이물질을 배제하고 더구나 살해까지 하고 있는 것이다. 요코하마 노숙자 습격사건은 시민들에게 내재되어 있는 풍경이라고 말할 수 있을 것이다.

소년들이 노숙자에게 던지는 눈초리를 묵인하는 성인들은 부끄러워해야 한다. 바꿔 말하면 소년들의 시선과 행위를 통해 들여다보게 된 우리들 자신의 시선과 행위야말로 해독해야 할 대상인 것이다.

노숙자란 대체 무엇인가? 시민사회와 노숙자의 관계는 어떠한가? 이 사건을 통해 들여다본, 현재를 관통하는 배제의 구조를 어떻게 파악해야 할까? 이러한 물음을 사정거리 안에 놓고 지속적으로 사건을 해석해 나가려 한다.

소년들의
노숙자 사냥

요코하마 노숙자 습격사건은 결코 우리들의 일상과 단절된 광경
이 아니었다. 정황과 관련하여 비유나 상징으로서 말하고 있는 것
이 아니다. 노숙자를 습격하는 놀이는 예상을 훨씬 뛰어넘어 광범
위하게 그리고 뿌리 깊게 아이들의 내부에 침투해 있었다. 그것이
표면화되었을 때, 이 사건은 단번에 우리들의 발치까지 밀고 들어
왔다. 일상적인 풍경의 일부가 된 것이다.

이 사건으로부터 3개월 뒤에 보도된 바에 따르면 노숙자 습격은
적어도 1975년 무렵부터 시작되어 초·중학생 사이에서는 스릴 있
는 놀이로서 이어져 왔다. 습격의 종류에는 돌 던지기, 자고 있을 때
짓밟기, 발로 차기, 뜨거운 컵라면을 머리에 쏟아 붓기 등이 있다.

소년들은 이것을 '노숙자 사냥', '거렁뱅이 사냥'이라고 불렀다. 습격에 가담했다고 의심되는 소년 백 여 명이 경찰조사를 받았고, 그중 60명가량이 검거되었다. (아사히신문, 1983년 5월 8일)

요코하마 소년들의 노숙자 사냥은 죽음이라는 뜻밖의 결과가 나오지 않았다면 아마 사건으로서 드러나는 일은 없었을 것이다. 아마 어둠에서 어둠으로 은폐되면서 노숙자 사냥은 지금도 지역의 남자 아이들 사이에서 스릴 있는 유희적 전통으로 이어져 가고 있을 것이다. 어쨌든 노숙자가 많은 이 지역에서 자란 소년들은 이를 살아 있는 인간을 표적으로 삼아 폭력을 발산하는 놀이의 일부로 인식하고 있었다. 놀이에 참가한 적이 없는 아이들조차도 노숙자 사냥은 한두 번쯤은 보거나 듣거나 했던 흔하디흔한 광경이었다.

지하도나 공원, 야구장 주변에서 소년들이 벌이는 노숙자 사냥을 어른들도 숱하게 목격했을 것이다. 그러나 그들의 행동을 저지하거나 경찰에 알리는 어른은 없었다. 노숙자 사냥은 지역 주민들에게도 흔히 목격되는 장난 정도로, 거리 경관의 일부였단 말인가?

벌써 5~6년간 쭉 그래왔어. 토요일, 일요일마다 꼭 오지. 초등학생이라면 4~6학년. 중학생이면 1~2학년. 적을 때는 대여섯 명이고 많을 때는 한꺼번에 스무 명 정도. 걔네들이 한꺼번에 돌을 던지면서 덤빌 듯이 쫓아오는데…. 어디든 피하고 싶지만 어딜 가더라도 그런 애들이 늘 있어.
– 아사히신문, 1984년 4월 23일

어느 늙은 노숙자의 말이다. 노숙자 사냥은 공원과 역 주변을 무대로 수많은 소년들에 의해 되풀이되고 있다. 한 프리라이터가 학생들의 증언을 통해 이렇게 밝히고 있다.

"그렇게 구질구질한 사람을 보면 짜증이 나요. 쓰레기 같아서 화가 치밀어 오른단 말이죠…." 이렇게 말하는 사람은 노숙자를 발로 찬 13세 소년이었다. "노숙자는 정말 왕짜증이야. 메슥거려. 냄새가 구리다니까. 위협은 가하지 않지만 정말 민폐야" 이렇게 말하는 14세 남학생은 노숙자에게 공기총을 쐈다.
습격패턴은 비슷하지만, 사냥이라는 이름에 걸맞게 공기총까지 등장했다. 그 외에도 노숙자를 향해 폭죽을 터뜨리거나 소화기를 얼굴에 발사하는 등의 위협을 가했다.

더군다나 노숙자 사냥에서 영역의 제한도 없어, 확대를 암시하는 이런 얘기가 나왔다. (아사히저널, 1983년 3월 4일)
'노숙자 괴롭히기와 유사한 일은 없었는가'라는 질문을 받고 근처 중학교 여학생들은 그러고 보니 이런 일이 있었다며 무언가 생각난 듯 이야기를 시작했다.
작년 가을, 1학년 전원이 도쿄에 있는 어느 숲으로 체험학습을 갔다. 공원 벤치에 노숙자 한 명이 누워 있었고, 몇 명의 아이들이 그에게 돌을 던졌다. 깜짝 놀란 노숙자가 화가 나서 거칠게 소리를 질렀다. 그렇지만 머릿수에서 결코 밀리지 않는다는 걸 알고 있던 학생들은 노숙자에게 욕설을 퍼붓고 계속해서 돌을 던졌다. 노숙자가 당황하여 도망치기 시작하자 아이들은 고함을 지르며 뒤쫓아 갔다. 현장에는 인솔 교사도 몇 명 있었지만, 제지한 사람은 아무도 없었다. 학교에 돌아와서도 그 일에 대해 학생들에게 주의를 주는 교사는 없었다.

노숙자에게 돌을 던지며 날뛰는 학생들. 그 광경을 곁눈질로 보면서도 아주 작은 관심조차 보이지 않는, 어쩌면 보일 수 없는 교사들. 여기에도 노숙자 습격 사건의 축소판이 놓여 있다. 게다가 그 사건은 당시 거기에 있던 학생들에게도 어른들에게도 거의 흔적조차 남지 않고 망각되었다.

사건 따위는 전혀 상관없는, 한 술 더 떠 목가적인 놀이의 하나인 양 생각한다. 그리고 어딘가에서 노숙자를 또 만나면 소년들은 짜증과 증오를 띤 눈빛으로 반쯤은 조건반사적으로 돌을 잡을 것이다.

밤중이라 분간하기 어렵지만 노숙자 사냥의 무리들 속에는 양복 차림의 남자들도 섞여 있었던 모양이다. 취객이 노숙자에게 치근덕거리는 광경은 사건의 이전에도 이후에도 흔했던 일이다. 바람을 피하려 두른 골판지 상자를 발로 차 넘어뜨리기도 하고, 덮고 있는 신문지를 젖히거나, 자고 있는 사람 머리 위에 오줌을 갈기기도 한다. 그걸 목격하고 주변 동료들이 소리지르며 동조한다. 취기와 집단이라는 조건이 갖춰지면 어른들 역시 눈앞의 노숙자에게 아무 이유도 없이 분노와 공격의 충동을 발산하는 것이다.

도쿄 이케부쿠로(池袋)에 있는 어느 백화점 앞 노상에서 한 노숙자가 골판지 상자와 잡지를 깔고 10여 장의 신문지로 몸을 휘감은 채 자고 있었다. 그때 그곳에 갑자기 남자 2명이 나타나 라이터로 신문지에 불을 지폈다. 가까이에 있던 사람들이 범행을 목격하고 바로 불을 꺼서 노숙자는 무사할 수 있었다. 남자들은 "취해서 재미 삼아 그랬다"고 진술했다.

— 아사히신문, 1983년 11월 30일

더 이상 요코하마 사건은 고립된 점경(點景)이 아니다. 이 사건이 특수화된 것은 3명의 노숙자의 죽음이라는 예기치 못한 사태가 벌어진 결과다. 운명의 장난 때문에 사건의 혐의가 전가되다시피 해서 주범이 되어버린 10명의 소년들. 그들이 자라온 과정, 가정환경, 학교 성적이나 태도 등을 미루어 짐작하여 재구성한다 해도, 노숙자들의 죽음이라는 우연으로 연결 짓기는 어렵다. 사건을 파악하는 데 있어서 그것은 부차적인, 어쩌면 힘없는 유도(誘導)의 끈에 불과한지도 모른다.

상가와 시(市)와 경찰이 하나가 되어 실시한 '요코하마 쾌적 운동'. 이것은 우리들의 현재 모습을 노골적으로 나타낸다. 명분은 항구도시 요코하마의 로맨틱한 분위기를 유지하기 위해 거리를 깨끗이 정비하는 운동이지만, 실질적인 목적은 불쑥불쑥 나타나 거리의 미관을 해치는 노숙자(쓰레기)를 배제하는 것이었음이 밝혀져 비난을 받았다. 거리를 깨끗이 하기 위해 상점가, 시, 경찰(시민사회)은 쾌적 운동을 통해 노숙자를 배제하고, 그 운동을 보며 자란 아이들은 노숙자 사냥에 나서게 된 것이다.

요코하마의 한 중학교에서는 모든 학생이 동시에 하교하는 집단 하교가 실시되고 있다. 집에 갈 시간이 지났는데도 학생이 남아 있으면 교실 안에 쓰레기가 떨어져 있는 것과 마찬가지 취급을 받는다. 게다가 교내환경미화 경진대회의 감점대상이 된다고 한다. 학생들에게는 방과후 활동이란 게 없다. 교문이 닫혀 거리로 내몰린 소년들의 머리 위로 '청소년을 비행으로부터 지키자'라는 현수막이 걸려 있다. 현수막 아래쪽에는 '주변환경정화추진협의회'라는 이름이 버젓이 적혀 있다.

청결·미화·환경정화라는 표어의 배후에는 역시 이물질 제거라는 순수하지 못한 생각이 버티고 있는 것이다. 야마시타 공원에서 노숙자 한 사람은 쓰레기통에 맞고 질질 끌려 다니다가 사망했다. 또 다른 노숙자 한 명은 구타를 당해 피투성이로 쓰러져 있는데 그 위로 콘크리트제 쓰레기통이 덮쳤다. 노상에서 자고 있다가 청소차에 빨려 들어가 죽은 노숙자도 있었는데, 그것도 요코하마 근방이었다. 소년들은 아름다운 거리조성을 내걸고 노숙자라는 쓰레기를 모조리 쓸어버리자며 돌진해 나가고 있었다. 놀라운 것은 교칙을 어긴 학생들을 쓰레기로 취급하고, 거리를 배회하는 비행청소년들도 정화되어야 할 쓰레기와 동일시되고 있다는 현실이다.

배제의 구조가 청결·미화·환경정화 같은 온화한 이데올로기의 옷을 두르고서 우리들의 현재를 반영하고 있는 것이다. 노골적으로 이방인이 허락되지 않는 곳에서는 배제에 수반되는 감정적 부하(負荷)를 누그러뜨리거나 없애기 위해, 배제 그 자체가 비인간적인 문제로 옮겨간다. 거리라는 환경이 주체인 곳에서는 거리의 미화와 정화를 요구한다. 냄새나고 더러운 노숙자는 미관을 해치기 때문에 거리에서 내쫓아야 한다며 인정사정 볼 것 없이 처리된다. 그들에게 배제의 대상은 이방인이 아니라 단순한 이물질(쓰레기)에 불과한 것이다.

거지가 사라진 거리,
축제도 함께 사라지다

옛날에 마을이나 동네에는 넝마를 두른 거지나 부랑자가 하나 둘은 꼭 있었고, 사람들의 적선을 받으며 비교적 자유로이 주변을 돌아다녔다. 그리고 영혼의 병을 앓고 있는 사람들(정신장애자)이 아무 생각 없이 어정대는 모습도 지척에서 볼 수 있었다. 그런 거지나 정신장애자들이 오가던 광경이 어느새 우리 주변에서 사라진 것은 사실 그리 오래된 얘기가 아니다. 거지라는 말만 들으면 으레 나의 뇌리를 스쳐가는, 왠지 모를 향수마저 떠올리게 되는 정경이 있다. 얼굴 전체가 구레나룻으로 덮여 있고 누더기를 입은, 옛날이야기에 나오는 나무꾼 같이 덩치가 큰 거지(아이의 눈에 그렇게 비쳐졌던 것뿐인지도 모르지만). 그때 나는 막 초등학교에 올라간 아이였다. 그 남자는 내가 학교에 오갈 때 지나가는 밤나무숲에 가만히 앉아 있었다. 때로는 백 미터가 채 안 되는 좁은 길을 구부정하게 몸을 구부리고 왔다갔다하기도 했다. 도시락을 넣은 보자기 꾸러미를 허리춤에 차고 있던 것 같은 어슴푸레한 기억도 있다. 그것이 사실이라면 덩치 큰 남자는 거지가 아니라 어쩌면 근방의 뼈대 있는 집안의 실성한 자식이었는지도 모른다. 여하튼 나의 눈에는 기분 나쁘고 무서운 존재였다. 하지만 그 남자가 아이들에게 해를 가하거나 반대로 아이들이 그에게 돌을 던지거나 했다는 얘기는 들어본 적이 없다.

60년대 초반 여전히 거지나 정신장애자를 바라보는 시선은 어딘가 목가적인 관용으로 감싸져 있었다. 그렇지만 결국 그 구레나룻의 덩치 큰 남자는 사라졌다. 정신병원 아니면 그 비슷한 시설에 수용되었을 것이다. 이렇듯 거지나 정신장애자의 새로운 운명은 비단 남자에게만 찾아온 것은 아니었을 것이다. 전국의 마을이나 동네에서 야생인처럼 배회하던 이방인들이 사라진 것은 바로 그 당시인 1960년대 후반이었다.

정신병원으로 강제 입원시킨 환자수가 비약적으로 증가하기 시작한 것은 1961년 정신위생법의 일부가 개정되면서부터고, 1965년 신정신위생법 성립 이후 더욱 가속화되었다. '정신장애로 인해 자해(自害) 또는 타인에게 해를 끼칠 우려가 있다고 인정되는 자'는 예방구금을 위해 줄기차게 수용시설로 보내졌다. 마을이나 동네를 배회하던 거지와 정신장애자가 물론 제일 먼저 그 대상이 되었다.

이것은 단순한 정치 레벨의 사건이 아니다. 지역사회가 관용을 잃고 이질적인 것을 배척하기 시작하는 시대의 서막이 오른 것이다. 바꿔 말하면 지역사회와 개개의 가족은 그들 안에 있던 이방인들을 감싸 안고, 부양해 나갈 만큼의 기능과 힘을 점차적으로 상실해 간 것이나 진배없다. 선한 눈빛을 띠던 늙은 거지, 아이들의 놀이 상대가 돼줬던 순박한 정박아, 어쩌다 광폭해지긴 했지만 평소에는 얌전한 정신장애자…. 차이가 허용되었던 이방인들은 더 이상 차이가 인정되지 않는 카테고리로서 여겨지게 된 것이다. 이제는 똑같이 위험하고 섬뜩하기까지 한 이방인들로 치부되며, 가족과 지역사회로부터 단절돼 격리시설에 수용된다. 설령 운 좋게 그것을 면했다 하더라도 대도시의 지하도나 공원 또는 쪽방 여인숙 등지로 내보내졌다. 이렇게 해서 동네에서, 우리들 가까운 곳에서, 아무 목적 없이 돌아다니던 이웃들의 모습이 사라진 것이다.

옛날에는 마을에서 축제가 열리면 신사(神社. 일본의 전통 신앙인 신도[神道]의 신을 제사 지내는 곳. - 역자주) 구석에 각양각색의 거지들이 쭉 늘어서 있었다. 한센병자, 매독환자, 신체장애자 등 축제날 그들이 동냥하던 모습이 희미한 기억으로 떠오른다. 그들 대부분은 상이군인(傷痍軍人)이었다. 둘둘 만 포대차림으로 땅바닥에 꿇어앉은 그들 곁을, 아버지나 어머니의 손에 이끌려 지나갈 때면 두려움과 연민이 어린 마음에도 가득했다. 구슬픈 거지들의 모습과 마주하는 일은 이제 두 번 다시 없을지도 모른다.

극작가 베츠야쿠 미노루(別役実)는 『축제와 거지』(1971)라고 제목을 붙인 짧은 에세이에서 무척 자극적인 발언을 하고 있다. 마치 시민 의식을 비꼬는 듯한 도발적인 한 구절을 인용해보련다.

나는 축제 때 어디서 나타났나 싶은 각양각색의 거지들이 신사의 경내
를 가득 메운 광경을 본 적이 있다. 그들은 구걸을 하고 우리는 베푸는
것이다. 물론 그들의 불행과 불결과 기형에 대한 우리의 우월감이 그렇
게 만들었다는 것을 부인할 수 없다. 나는 그것을 부정할 생각이 없다.
그러나 적어도 현재 우리가 불행하고 불결하고 기형적인 사람들을 마주
했을 때의 당혹스러움은 거기에는 없었다. 차별이 있었다 할지라도 그
것은 건강한 차별이었다.
공동체가 불행한 사람들을 거지로서 허용하고, 거기에 참여하는 사람
들이 그들을 동정하고, 그들에게 돈을 주는 일에 그 어떤 의구심도 갖
지 않는다면, 그것은 그 공동체가 건강하다는 뜻이다. 나는 그렇게 생
각한다.

시민사회의 표면상 윤리는 예전의 '건강한 차별'과 대비되고, 그
'건강하지 못함'이 드러난다. 우리는 불행, 불결, 기형을 가진 사람
들을 어떠한 당혹스러움도 없이 바라보기는 어렵다. 돌을 던지지도
않고 노골적인 차별을 하는 것도 아니다. 그 대신 확실히 뭔가를 잃
어버렸고, 불행, 불결, 기형을 가진 사람들과 미묘한 위화감 없이는
서로 마주할 수 없게 되어버렸다. 그렇게 해서 거지가 사라진 거리
에서 축제도 사라진 것이다.

나는 베츠야쿠의 이 구절에 숨이 덜컥하고 멎는 것 같았다. 그의

주장이 맞다고 고개를 끄덕이면서도 어딘가 틀렸다는 생각이 들었다. 거지에게 돌을 던지고, 그들의 추함과 불결함이 싫어 고함을 지르고, 그리고나서는 베푼다. 이것이 과연 건강한 광경일까? 건강이란 게 대체 무엇일까?

예를 들면, 메이지시대(明治時代, 1868년~1912년) 규슈(九州) 지방의 어느 산촌을 무대로 이런 이야기가 전해지고 있다.

> 마을 사람이 거지 여인을 괴롭히자 분노를 느낀 젊은이가 이를 말렸다.
> 그런데 거지 여인은 조금도 기뻐하지 않았다. 못살게 굴거나 조롱하는
> 것은 밉거나 싫어서가 아니라, 그 여인을 생각해 주는 것이었다. 그렇게
> 취급당함으로써 그녀는 화내거나 울거나 하는 연출이 가능한 것이고,
> 사람들은 그 거래를 통해 여인에게 먹을 것을 줄 수 있는 것이다. 젊은
> 이가 괴롭힘을 막자, 마을 사람들은 거지 여인을 거들떠보지 않게 되었
> 고, 더군다나 음식도 주지 않게 되었다고 한다.

마을 사람들과 거지 여인은 일종의 상호보완적 내지는 호환적인 관계로 묶여 있었던 것이다. '괴롭힌다/괴롭힘을 당한다'는 관계가 서로의 암묵적 계약에 의한 연출행위로서 작용한 것이다. 젊은이가 그 상황에서 도입한 것은 현대 시민사회의 윤리, 즉 휴머니즘이다. 그것은 마을 사람들과 거지 여인과의 상보적 관계를, 선의에도 불구하고 아니, 선의였기 때문에 단절시켜버린 것이다. 괴롭힌다/괴롭힘을 당한다는 관계에 밀착해 있던 '베풀다/베풂을 받는다'는 관

계가 새로운 시대의 윤리에 의해 부정되고 있다. 의구심 따위 비집고 들어갈 여지가 없다. 건강한 차별은 순진무구하게 존재하는 것이 허락되지 않는다. 거지를 괴롭히는 것이 악(惡)으로 전락하는 것은 바로 이때다.

소위 괴롭힌다/괴롭힘을 당한다는 관계가, 베풀다/베풂을 받는다는 관계와 표리일체가 될 때, 그것을 건강한 상태로 간주할 수 있다고 우선 규정해두고자 한다.

그렇지만 뒤집어 생각해보면 왜 그 거지 여인은 괴롭힘을 말린 젊은이의 선의를 환영하지 않았던 것일까? 돌을 맞고 모멸당하는 것이 기쁠 리는 없다. 괴롭힌다/괴롭힘을 당한다는 관계를 거지 여인이 기꺼이 받아들였던 까닭은 그만큼 베풀다/베풂을 받는다는 관계가 보증해주었기 때문이다. 생존을 위한 빠듯한 선택이었다.

휴머니즘을 가장한
배제 현상

교겐(狂言, 일본 전통 예능의 한 종류. 대사와 몸짓으로 웃음을 유발하는 희극 – 역자주)에는 맹인, 절름발이, 귀머거리, 앉은뱅이와 같은 불구자들이 종종 등장한다. 가령 『도부갓치리(どぶかっちり)』는 맹인이 또 다른 맹인을 업고 강을 건너려고 하는데 지나가는 행인이 대신 업혀 강을 건너면서 이들을 조롱한다는 이야기다. 이렇게 불구자들은 평범한 사람들에게 웃음거리가 된다. 소위 중세시대 민중의 '우스갯소리 문화'라고도 불리는 것이 교겐에 담겨져 있는 것이다.

국문학자인 사타케 아키히로(佐竹昭広)는 『하극상의 문학』(1967)에서 「약자의 운명」이라는 제목으로 교겐 속의 약자에 대해 이런 식으로 말한 적이 있다.

냉혹한 현실세계에 등을 돌리고 걸핏하면 꿈속에서나 대리만족을 하며
놀려고 하는 오토기죠시(일본 중세시대에 성행한 동화풍 단편소설의 총칭. -
역자주)와는 반대로, 교겐은 시대의 현실과 정면으로 대결하고 하극상의
자유로우면서도 난폭한 세계에서 낙오하는 자를 가차 없이 조롱한다.
겁쟁이는 비웃음의 소재가 되고, 착하고 어리숙한 사람은 속고, 촌뜨기
는 바보취급 당하고, 비정상인은 유희의 대상이 되고, 곤경에 처한 사람
은 괴롭힘을 당한다.

교겐은 일본 중세 하극상의 시대에 꽃을 피운 민중예능이다. 모질
고 박정한 세상 속에서 약자, 아둔한 자, 불구자는 세상에 이골이 나
있었다. 악덕한 자에게 동정을 바라는 일 따윈 소용없는 짓이었다.
교겐은 그런 약자나 불구자들을 웃음거리로 만들어 비웃는다.
　예를 들면『사루자토』는 이렇다.

　　맹인이 아름다운 아내와 꽃구경을 가 술잔을 주고받고 있었다. 거기에
　　원숭이 곡예 조련사가 나타나 맹인의 처를 유혹한다. 결국 그녀는 남편
　　을 버리고 조련사와 도망친다. 맹인은 그것을 눈치 채지 못한 채 아내
　　대신 잡아매놓고 간 원숭이를 상대로 이야기를 늘어놓는다. 마지막에는
　　원숭이에게 할퀴어 비명을 지르면서 도망 다니는 것으로 끝난다.

근대적 휴머니즘을 뒤집는 세계가 여기에 펼쳐져 있다. 참으로 순
박한 맹인(약자)이 철저히 웃음거리가 되고 있다. 음침한 분위기 따

위 어디 한 군데도 없다. 건강한 웃음이 터진다. 그것은 우리가 오래 전에 상실해버린 웃음이다.

이러한 교겐의 세계가 내포하고 있는 우스갯소리 문화는 언제부터인가 금기가 되었다. 뭔가 천연덕스러운, 그러면서도 어둠 속에서 들려오는 듯한 웃음을 근대사회는 한결같이 배척해 왔다. 불구를 연기하는 교겐은 최근에는 거의 상연되지 않는다고 한다. 교겐은 근대 휴머니즘이라는 윤리의 틀에서 일탈해 있기 때문에 극장이라는 허구의 공간에서조차 추방된 것이다.

그런데 교겐을 비롯한 중세의 예능을 담당했던 사람들 대부분이 적잖이 천시를 받는 계층이었다는 사실에 눈을 돌릴 필요가 있다. 정착 농경민 무리로부터 소외당하고 예능에 손을 대면서 이 마을에서 저 마을로 각지를 떠돌며 연기를 하면서 삶을 보내야 했던 사람들이다. 우스갯소리 문화로서의 교겐에서 심하다 싶을 정도로 비웃음의 대상이 된 것은 사실은 그들 자신이었다는 것을 알아야 한다. 소위 그들은 궁중 광대가 아닌 민중 속을 유랑하는 광대들이었다. 광대는 자신들을 소재로 하여 웃음을 유도하면서 어딘가 잔인한 눈길로 사람들의 웃는 모습을 응시하고 있었다. 이때 정신적인 우위에 서 있는 것은 웃음을 자유자재로 다루는 광대 쪽이다.

그렇다고는 하나 비천한 떠돌이 광대들 역시 '웃는다/웃음거리가 된다'라는 관계, 바꿔 말하면 베풀다/베풂을 받는다라는 관계에 있는 것이다. 그런 점에서 우스갯소리 문화의 제공자와 수혜자도 일종의 서로 주고받는 관계라 할 수 있겠다.

걸식(乞食)의 원래 의미는 축사(祝辭)나 운수대통의 글을 읊어준다는 뜻이다. 국학자인 야나기다 구니오(柳田國男)는 비렁뱅이의 직업을 일종의 관행 위에 성립된 교역이라고 했다. 즉 축사를 읊어주고 대신에 적선을 당연한 대가로서 받은 것이므로 그들은 단순한 비렁뱅이 무리는 아니었다.

그들은 먹을 것, 입을 것이 턱없이 부족했던 가난한 사람들이었다. 사회적으로는 약자이고 대개는 질병이나 심신의 장애 등을 안고 살아가는 자들이었다. 그들은 자신의 비참한 처지나 상처를 역으로 이용하였고, 그것을 무기로 삼아 사람들을 겁주기도 하고 웃음을 유도하기도 하며 가련한 마음이 들도록 자극했다. 그러한 자기 연출은 이미 예능의 세계에 발을 내딛은 것이나 마찬가지였다. 거지와 민중과의 관계가 상호보완적인 교역으로 계속 유지되기 위해서 이러한 예능은 불가결한 것이었다. 예능이 이들 사이에 끼어 있는 한, 이질적인 사람들이라 해도 거지와 민중은 서로를 떼놓을 수 없는 보완물(補完物)로서 대등하게 마주할 수 있었던 것이다. 적어도 원리상으로는 그렇게 말해도 지장이 없다.

옛날의 거지들은 시민적 휴머니즘 따위에 기대지 않아도 될 만큼 약육강식의 한복판에서도 자신의 솜씨와 재능감각을 뽐내며 씩씩하게 살았다. 웃음거리가 되고 조롱당하고 동정 받는 것조차도 자신의 무기로 만들어 사회의 가장 밑바닥에서도 당당히 자기주장을 하며 민중들과 어깨를 나란히 하며, 그들 나름의 방법으로 세상을 살았던 것이라고 생각한다.

이러한 거지들의 모습은 마음을 비우고 바라보면 한없이 건강하다. 그 압도적인 건강함이야말로 교겐이라는 우스갯소리 문화를 낳은 것이다. 이것은 중세 하극상의 시대를 받치고 있던 정신적 모체이기도 했다. 그리고 난세(亂世)가 종결되고 근세라는 평온한 시대의 막이 오르면서 동시에 그러한 건강함은 점점 잃어간다. 걸식은 예능의 범주에서 단순한 구걸로 전락해 간다.

베츠야쿠 미노루가 축제의 마당에서 보았다는 거지들의 모습에서 건강함을 느꼈다는 것에 잠시 망설여지는 것은, 상보적 내지 호환적인 거지와 민중과의 교역관계가 이제는 잔영으로서밖에 볼 수 없는 이 시대의 광경 때문일까? 서구 문명을 받아들이고 시민사회의 윤리(휴머니즘)가 흐르게 된 근대 이후의 일본에서는 일말의 의구심도 품지 않고 약자, 우매한 자, 불구자를 대범하고 느긋하게 보고 웃어넘기는 일은 결국 불가능하게 되었다.

예능이 매개가 되어 웃는다/웃음거리가 된다는 관계, 또는 괴롭힌다/괴롭힘을 당한다는 관계가 배척된 후, 근대의 걸인들은 '적선한다/적선을 받는다'는 관계에만 의지해서 살아왔다. 그들의 구걸 형태가 민중과의 사이에서 건강한 호환적 관계를 돈독히 하는 일은 없었다. 물론 이질적인 타인끼리의 대등한 교역도 성립하지 않았다.

현대에는 노숙자 같은 부랑자는 있어도 길을 오가는 사람들에게 구걸하는 거지는 존재하지 않게 되었다. 적선한다/적선을 받는다는 관계 그 자체가 더 이상 성립할 수 없게 된 것이다. 길가에 엎드려 구걸하는 그들은 그들 앞을 오가는 사람들과의 직접적이고 구체적인 적선한다/적선을 받는다는 관계에만 생존을 맡기고 간당간당하게 살 수만은 없다. 그래서 대부분은 음식점에서 버려지는 잔반으로 근근이 덧없는 목숨을 이어가고 있다. 이것이 정착하지 않고 돌아다니는 부랑자는 있어도 구걸하는 거지는 없다고 내가 주장하는 이유다.

대도시 터미널의 지하도나 공원 등에는 꾀죄죄한 노숙자가 한두 명쯤은 웅크리고 누워 있다. 그것은 틀림없는 도시 풍경의 일부이면서도 결코 풍경 속에 녹아들 수 없는 부유물(浮遊物) 같다. 노숙자란 굳이 말하자면 시민사회에 의해 관계 자체가 기피되는 존재이다. 이들과 시민 사이에는 호환적 관계는커녕 유기적인 관계 자체가 일체 존재하지 않는 것처럼 보인다.

노숙자·부랑자라는 이미지와 관념. 이것은 시민사회의 의식 깊숙한 곳에 자리 잡고서, 시민으로서의 아이덴티티를 보증하고, 반대로 일탈을 금기시하는 관념을 지속적으로 재생산하고 있다. 이데올로기 장치인지도 모른다. 우리가 지속적으로 시민으로 남아 있기 위해서는 시민사회의 주변부에 출몰하는 이방인이 필요하다고 바꿔 말해도 된다.

역사상 부랑자 무리는 늘 질서의 주변부를 정처 없이 떠돌면서 내부에 터를 잡고 살고 있는 사람들의 사회적 아이덴티티를 보완하는 이방인 역할을 해 왔다. 그러나 우리 시대의 부랑자는 거듭해서 말하지만 그 옛날의 거지와는 본질적으로 다른 존재이다. 교겐에서 약자를 괴롭히는 것, 산간에서 거지 여인을 괴롭히는 것, 현대 아이들의 부랑자 사냥…. 이들 사이에는 위상적 격차도 확연하다.

그들은 지금 시민사회의 주변부에서 바깥쪽으로 더 쫓겨나게 되었다. 그렇기 때문에 부랑자라고 하는, 시민사회의 이데올로기 장치의 해독을 위해 걸음을 내딛지 않으면 안 된다.

시민으로서
사형을 선고받은 이들

요코하마 고토부키쵸(寿町), 그리고 상야(山谷)나 가마가사키(釜ヶ崎) 같은 쪽방이 즐비한 지역에 사는 사람들에는 세 부류가 있다. 하나는 쪽방 거리를 근거지로 하여 짐수레꾼 일을 하는 사람들이고, 또 하나는 빈둥빈둥대는 사람들이고, 마지막으로는 이 지역 근처에서 노숙하며 그날그날을 보내는 사람들이다. 소년들에게 습격을 받은 것은 세 번째인 무방비 상태에 있는 가장 취약한 부류였다.

이 곳에 거주하는 사람 대부분은 독거자(상야의 경우 약 98%, 고토부키쵸는 비교적 처자식을 거느린 사람이 많다)이다. 그 대부분은 가족이 붕괴되거나 흩어져 홀로된 독거자이고, 일부는 평생을 독신으로 지내온 사람들이다. 그들은 시민으로서 생활의 최소 단위인 가족을 구성하지 않거나 가족으로부터 소외당한 사람들이라 할 수 있다. 또한 그들 대부분은 주민등록을 갖고 있지 않아서(상야의 경우 4분의 3) 시민으로서의 권리조차 완전히 박탈당한 상태다. 시민사회로부터 소외당하고 있는 것이다.

개중에는 가족이 실종신고를 해서 호적을 말소당한 사람조차 있다. 이것은 특이한 경우라 치더라도 시민사회의 터전으로는 두 번 다시 들어올 수 없는, 시민으로서는 사형을 선고받았다고 할 수 있는 사람이 다수다. 노숙자는 그러한 죽임을 당한 시민의 전형이다.

노숙자에도 몇 가지 타입이 있다.

❶ 일자리를 얻지 못하니 수입이 없어서 어쩔 수 없이 임시로 노숙하는 사람들.

❷ 일할 의지는 있으나 부상이나 노령 등의 이유로 체력이 없어 일할 기회가 없는 사람들.

❸ 일할 의지가 전혀 없거나 능력이 없어 장기간에 걸쳐 수입이 없는 사람들.

❶번 타입의 노숙자는 매일 바뀐다. ❷에 해당하는 사람들은 원래 사회복지 대상이지만, 거주증명이 확실치 않다는 이유로 보호를 받고 있는 사람은 거의 없다. ❸에 해당하는 사람들이 가장 전형적인 노숙자의 이미지와 합치된다. 이들 모두는 노동자에서 소외된 약자라는 공통분모를 갖고 있다. 현대 산업구조의 최하층민으로 쪽방

거리에서조차 쫓겨난 빈곤층, 더 이상 하늘 아래 외에는 살아갈 장소를 찾지 못하는 사람들. 그것이 노숙자인 것이다.

고토부키쵸에서 튕겨져 나간 사람들은 야마시타공원으로 모여든다. 이 공원은 전락한 자들의 최후의 거처라고 한다. 시민사회에서 소외된 쪽방 거리, 그곳에서도 배제되어 하늘을 지붕 삼아 살아가야 하는 노숙자들. 그들은 최후의 피난처였던 하늘 아래에서 완전히 무방비 상태로 소년들의 습격을 받았던 것이다.

쪽방 거리의 주민인 일용직 노동자가 가까스로 시민사회의 유기적인 구성원의 범주에 들어가는데 반해, 노숙자는 시민사회를 구성하는 부분으로는 인정되지 않는다. 그들은 시민사회에서는 쓸모없는 기생적 존재로 여겨진다. 일도 하지 않는데 생활보호를 받고 있는 노숙자의 모습이 매스컴 등을 통해 알려져 비판도 있었지만, 현실적으로는 노동재해나 노령 등으로 인해 절실하게 보호와 구제가 필요하다. 그럼에도 불구하고 주소가 불분명하다는 이유로 생활보호 지원금의 지급이 거부되고 있다. 노숙자를 기생적인 존재로 간주하는 사회통념에 편승하여 그들 대부분은 공공기관의 온갖 구제로부터 탈락하는 존재가 돼버린 것이다. 여기서도 노숙자는 죽은 시민으로 취급받고 있다.

상야나 고토부키쵸 같은 집결지에서 노숙자들을 잡아다 주변 정신병원 몇 군데에 몰이식 수용을 했다는 사실이 매스컴을 통해 밝혀졌다. 반대로 정신병원을 퇴원 내지는 탈출한 사람들(정신병자라는 낙인이 찍힌 원래부터 환자였던 사람들)이 딱히 갈 곳이 없어 흘러들어간 곳이 상야나 고토부키쵸 같은 집결지라고 한다.

집결지와 정신병원을 잇는 눈에 보이지 않는 루트가 돌고 돌면서 시민사회로부터 방출된 사람들이 배제되고 있는 현실을 잘 말해주고 있다.

이렇게 해서 우리는 쪽방 거리에서조차 탈락한 노숙자를 시민사회로부터 멀리 떨어진 곳(정신병원·죽음)으로 배제·유기하면서, 시민으로서의 자신의 아이덴티티를 반복적으로 재인식하는 것이다. 고로 노숙자는 시민으로서 최소한의 의무조차 다하지 않는 자이기 때문에 그런 처지로 전락해 가는 것이 마땅하다는 공포심을 자극하고, 시민사회로부터 일탈을 금지하는 이데올로기 장치 즉 금지제도의 본보기를 보여주는 대상인 것이다. 아울러 아이들에게는 바람직한 시민을 육성하는 교육 장치로서 기능한다.

시각을 조금 달리해서 보면 사회구조에 있어서 시민과 노숙자는 맞거울 같은 관계에 있다 할 수 있다. 물론 우리가 그것을 일상 속에서 의식하는 경우는 드물다. 왜냐하면 우리는 노숙자라는 금지제도의 본보기가 되는 거울의 존재 그 자체를 일상의 영역에서 말살하기 때문이다.

그러나 소년들은 노숙자가 금지제도의 거울임을 잘 알고 있었던 게 분명하다. 시민사회가 깊숙이 가려 두었던 금지제도의 거울을 소년 10명이 깨부순 것이다. 산산이 부서져 내림으로써 노숙자라는 부정적 이름의 거울은 저절로 일상의 표층으로 떠올랐다.

감춰뒀던 것의 뜻밖의 출현….

요코하마 노숙자 살인사건이 내포하고 있는 충격의 한 자락은 아마 거기에 기인하고 있을 것이다.

시민과 노숙자 사이의
보이지 않는 벽

　추락하는 것, 시민사회의 울타리에서 떨어져나가는 것. 그것은 시민들의 상상을 훨씬 뛰어넘는 일이다. 경계를 밟고 넘어가버린 노숙자는 그야말로 이질적이고 기형적인 이방인이다.

　불결하고 이상한 냄새를 풍기는, 부정적인 측면에서 가장 이질적인 존재, 관계 자체를 거부당하는 사람들. 사회의 유기적인 구성요소가 아닌 이들 이방인에게는 현대의 바르바로스(알렉산드로스 이전까지 비[非]그리스인을 일컫던 말. 『아울리스의 이피게네이아』에서 여주인공이 "바르바로스는 노예가 되기 위해 태어났으며, 그리스인은 자유를 위해 태어났다"라고 말한 것에서 그리스인들의 비그리스인에 대한 생각을 엿볼 수 있다. - 역자주)로 여겨질 정도로 왠지 기분 나쁜 이미지가 씌워져 있다. 시민사회에서 노숙자는 정체를 알 수 없는 바르바로스적 이방인의 전형이라 말할 수 있다.

찰리 채플린의 영화 『개의 생활』의 초반부에는 떠돌이(부랑자)와 경찰의 추적놀음이 그려지는데, 이것을 통해 사회적인 경계를 적나라하게 들여다볼 수 있다. 이 영화에서는 경계가 담으로 상징화되어 표현되고 있다.

> 이 담은 경찰관이 위세를 부리고, 또 그러한 질서가 우위를 차지하고 있는 시민사회를 상징하는 것이다. 그리고 빈터는 시민사회의 경계 저쪽에 있는 불분명한 무인지대다. (중략)
>
> 이 영화에서 떠돌이로 나오는 풀은, 사회에서는 전형적인 무법자이고 기생적 존재이다. 그가 음식물을 얻을 수 있는 유일한 방법은 담 위로 손을 뻗어(혼돈에서 질서로) 훔치는 것이다. 그렇게 되면 경계가 무너진 지점으로 그는 경찰관을 불러들이게 되는 것이다. (중략)
>
> 이 경계는, 처음에는 두 사람의 대립의 장소로 표현되다가 떠돌이의 침범으로 인해 분쟁의 원인이 된다. 풀이 빈터의 은신처를 떠나 도시로 침입하자, 그는 점점 사회적인 세계로 휩쓸려 들어가게 되고, 그와 경찰관의 싸움은 확대되어 점차 많은 사람들을 그 속으로 말려들게 한다. (중략)
>
> 그에게 있어서 경계에 있는 많은 것들은 이중적인 의미이며 자의적인 것이다.
>
> – 윌포드, 『광대와 지팡이』

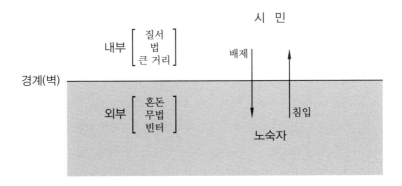

시민과 노숙자 사이의 경계

　노숙자는 외부의 인간이다. 그들이 경계의 건너편에 있는 한, 시민사회의 법과 질서는 노숙자를 허용하고 있는 것처럼 보인다. 그러나 한 번 경계를 침범하고 내부를 엿본다면 그들은 즉시 법과 질서라는 이름의 쇠사슬에 포박되게 된다.

　외부에서 내부로 위치를 바꿀 가능성 그 자체가 노숙자에게는 박탈되어 있는 것이다. 적어도 시민사회 쪽에서 허용하는 범위 내에서만, 그들이 내부의 사람들(시민들)과 유기적인 관계를 맺을 가능성이 있는 것이고, 그 가능성은 극도로 낮다. 노숙자가 내부로의 침입을 시도할 때 그것은 대개의 경우 불행한 사건으로서 드러나게 된다.

　예전에 도쿄 신주쿠(新宿)에서 한 노숙자가 버스 안에 가솔린을 뿌리고 방화한 사건이 있었다. 현실에 대한 불만이 남자의 온몸에서 뿜어져 나온 것 같았고, 우리는 그 사건에 충격을 받았다. 노숙자는 내부로 들어오는 방법은 일종의 광기로 단죄될 수밖에 없는 행위(버스 안에 가솔린을 뿌리고 방화하는 것)뿐이라고 여긴 모양이다.

신주쿠에 위치한 어느 공원에서 백주대낮에 술을 마신 노숙자가 5세 남아를 공격하려는 위험한 찰나에 목격자가 이를 저지했다. 노숙자는 초목이 우거진 곳에서 술을 마시고 있었고, 남자 어린이는 그 근처에서 그네를 타며 놀고 있었다. 그는 어린아이를 벨트로 때리고 옷깃을 움켜쥐고는 좌우로 마구 흔들었다. 심지어 양손으로 목을 조르기까지 했다. 남자아이는 머리와 목에 부상을 입었다. 주변에 있던 아이들이 남자를 가리켜 "항상 공원에 오는 아저씨"라고 말하는 걸 보면 공원에는 예전부터 있었던 것 같다.
– 아사히신문, 1980년 10월 4일

시부야에서, 중년 남자가 칼날이 10센티나 되는 과도를 머리 위로 치켜들고, 지나가던 엄마와 아이를 향해 괴성을 지르며 달려들었다. 남자는 요요기공원에 떼 지어 모여 있는 노숙자의 한 명으로, 상당히 취해 있었다. 지나가던 청년이 오토바이를 탄 채로 인도로 올라가 남자의 몸을 들이받았기에 망정이지, 조금만 늦었어도 '묻지마 살인'이 될 뻔했다. 모자는 다행히 부상을 입지 않았다.
– 아사히신문, 1985년 1월 21일

이들 노숙자는 대체 어떤 내면의 과정을 거치고, 무엇이 직접적인 계기가 되어 불특정한 시민을 향해 돌발적인 폭력을 분출하는 것일까? 나의 빈약한 상상력으로는 도저히 유추해내기 어렵다. 일반적인 시민이라면 아무리 만취했어도 5세 유아나 모자에게 공격을 가하지는 않는다. 가령 알코올 중독에 의한 망상으로 빚어진 일이라 해도, 노숙자가 가장 연약한 시민을 노렸다고 하는 사실은 부정할 수 없다. 그것은 역시 관계 자체를 거부당한 사람들에 의한, 끊어져가는 관계회복을 노리고 저지른 불행한 시도였던 것일까?

우리가 시민사회에 속해 있는 한, 노숙자에 대한 공포는 일정 부분에 있어서는 진실이다. 노숙자의 대다수는 현재 자신의 실상에 절망하고 내면에 불만을 키우고 있다. 그렇다손 치더라도 그것이 범죄로 이어지는 경우는 극히 드물다. 그들 대부분은 온몸에 과격함을 쌓았다가 변변히 드러내보이지도 못하고 길 위에서 생을 마친다. 방화나 습격 같은 광기를 내뿜는 정도의 에너지밖에 없는 존재, 그것이야말로 막다른 곳에 이른 노숙자의 현실을 의미하는 것이다.

그런데, 우리 도시생활자는 적잖이 표류(漂流)성을 내재하고 있는 존재이다. 표류성과의 위태로운 밸런스를 맞추다가 마침내 도시에 정착했다고도 말할 수 있다. 그렇지만 이것은 어디까지 사회구조의 안쪽에 있는 표류성이다. 노숙자가 띠는 표류성, 즉 방랑성과는 완전히 이질적인 것이다.

요코하마의 노숙자는 고향을 떠나와 일용직 고용노동자에서 부랑자로 전락하는 궤도를 그린다. 고향에 남겨진 가족에게 그들은 증발된 존재다. 어떤 의미에서는 가출에서 노숙자로 이르는 과정은 현대의 강요된 표류로 파악되는지도 모른다.

1980년 대 일본의 경범죄법에서는 일할 능력이 있으면서도 취업

할 의지가 없거나, 일정한 주거가 없는 상태로 이동하는 자, 동냥하거나 동냥을 시킨 자 등을 구류하거나 과태료를 부과하도록 규정하고 있다. 여기에는 표류 내지 방랑의 의미가 상징적으로 나타나 있다. 표류나 방랑은 시민에게는 용인되기 어렵다. 일종의 반사회적 행위(소재지가 일정치 않거나 무직)는 예전에는 범죄의 대명사처럼 생각되었다.

표류는 범죄에 머물지 않고 병리현상으로도 본다. 한 곳에 정착하지 못하고 노동에 관여하지도 않는 방랑생활. 이러한 병리성향을 자신의 권역으로부터 소외시키고 거리를 둠으로써 우리는 어느 정도의 안도감을 얻는다. 그것은 우리 자신의 안팎에 숨어 있는 표류나 방랑에 대한 바람을 억누르는 브레이크의 역할을 하는 게 틀림없다.

정체를 알 수 없는 바르바로스적인 이방인으로서, 도시의 어둠 속으로 몸을 숨기거나 혹은 이상한 냄새를 풍기면서 어슬렁어슬렁 배회하고 있는 노숙자들. 우리가 그들에 대해 품고 있는 불안이나 공포 또는 불쾌한 기분을 애매모호하게 백지화해서는 안 된다. 노숙자에게 공포를 느끼고 소외·배제하고 있는 우리 자신의 무의식과 서로 마주하는 일 없이는 요코하마 사건을 읽어낼 수 없다. 지하도의 구석에 누워 뒹굴고 있는 노숙자. 그가 거기에 노숙자로서 존재하고, 노숙자라는 아이덴티티를 선택한 이유를 찾아내는 것은 지극히 어려운 일이다.

이쯤에서 프로이트의 「섬뜩함」이라는 짤막한 논문을 떠올려보려고 한다. 그에 따르면 섬뜩한(왠지 기분 나쁜) 것이란 예전부터 잘 알려져 있는 것·매우 친숙한 것으로서 결국은 환원되지만 두려운 것이다. 감춰져 있는 것이 느닷없이 표층으로 떠올랐을 때, 사람들은 왠지 기분이 나빠진다. 프로이트는 도플갱어(또 하나의 자신) 현상을 분석하여 이런 결론에 이르렀는데, 부랑자의 성격을 띤 노숙자는 시민사회가 무의식의 아래로 억압·배제한 도플갱어라고 말할 수 있을지도 모른다. 그들 중에는 마치 보헤미안처럼 하늘을 지붕 삼아 생활하는 사람들을 볼 수 있다. "길 위에서의 죽음이란 모든 욕심을 버리고 자신을 자연으로 되돌려주는 것 아닐까요?" 지금은 글을 쓰고 있지만 몹시 궁핍한 생활을 하고 있는 부랑자 출신의 어떤 이가 그런 말을 전해준다. 우리 시민들로서는 보헤미안풍의 부랑자란 있을 법한, 또 하나의 자신을 둘러싼 이야기처럼 생각된다.

뉴욕의 여성 노숙자에 대해 언급한 신문기사 중에 이런 구절이 있다.

이런 사람들을 '쇼핑백 레이디'라 부른다. 신주단지 모시듯 감싸 안은 종이백이 그 이름의 유래다. 그들은 평소 빌딩의 현관문이나 밤새도록 달리는 지하철 안에서 잠을 잔다. 부랑의 한 형태로, 걸식과는 구별된다. 세상의 판에 박힌 일(사랑, 결혼, 육아, 출세, 납세 등)과 결별하고 더 나아가 사회에 등을 돌렸기 때문에, 거절을 하면 했지 동정을 유도하거나 금품을 조르지 않는다. 거절의 사상가들인 것이다.
– 아사히신문, 1979년 12월 4일

거지나 부랑자처럼 구조적으로 열등한 자들이 풍요로운 신화를 만들어낸 것은 잘 알려져 있다. (터너, 『드라마, 광장 그리고 상징』) 세속의 모든 인연과 결별하고 종이가방을 늘어뜨린 채 도시의 구석을 방황하는 여인들을 우연히 마주하게 되면, 순간적으로 우리는 어찌할 바를 몰라 한다. 그들이 거절의 사상가라는 걸 떠올리고 나서야 일종의 안도감을 얻을 수 있다 해도, 이 세상을 버린 이상한 사람들(도플갱어)의 모습은 우리를 불안하게 만들어버린다.

보헤미안풍의 노숙자는 한낱 꿈같은 이야기에 지나지 않는지도 모른다. 다만 그러한 노숙자 상(像)이 반복적으로 이야기된다는 것은 시민사회 속의 노숙자가 또 한 사람의 자기임을 입증해주는 것으로 생각할 수 있다. 그리고 모든 걸 버리고 평생을 여러 나라를 떠돌았던 방랑객들의 표류 이야기는, 우리들의 선조가 강요당한 정착된 삶 속에서 물리지 않고 계속 엮어 온 환상이기도 했다. 적어도 보헤미안풍의 노숙자는 이 표류 이야기의 계보를 잇고 있다고 할 수 있다.

노숙자의 표류는 어떤 의미에서는 우리 시민에게 본보기를 보여 금지시키는 것이다. 하지만 한편으로는 시민이라는 이름으로 강요받고, 테두리 안에서 살아야 하는 우리들로서는 의식하지 않을 수 없는 동경의 근원이기도 하다. 우리는 부랑자를 더럽고 눈에 거슬리는 존재로 혐오하는 한편, 가만히 내버려둬야 하는 비밀스런 분신처럼 생각하는지도 모른다.

도플갱어는 어쨌든 자신 안에 내재되어 있는 타인이다. 그것은 늘 동경의 대상이자 꺼려지는 대상이기도 한 양면성을 내포한 존재이다. 이 내재된 타인을 배척하고 죽임으로써 우리는 시민으로서의 아이덴티티를 획득하고, 또한 계속해서 재인식할 수 있는 것이다. 시민에 의해 배제된 하나의 전형적인 모습이 부랑자라고 볼 수 있다.

　노숙자 습격사건을 접하고 우리가 충격을 받은 이유는 자신 안에 내재되어 있는 타인 살인이라는 참극의 광경이 불쑥 나타나 고통을 느꼈기 때문이다. 덧붙여 참극에 일조했던 소년들 역시 우리 시민이 낳은 도플갱어인 것이다. 이 사건은 시민사회로부터 일탈하는 것에 대한 금기를 구현하는 도플갱어(소년들)가, 표류하는 또 다른 도플갱어(노숙자)를 살해하는, 이른바 우리 자신의 깊은 내면에서 연출되는 심리극이었는지도 모른다.

약자를 구박하는
여유로움

우리의 세계를 구분 짓는, 눈에 보이지 않는 경계가 있다. 예를 들면 요코하마의 소년들은 안쪽에서 이 경계를 일탈한 것이고, 신주쿠 버스 방화사건의 노숙자는 바깥쪽에서 경계를 침범한 것이라고 말할 수 있지 않을까? 경계의 침범을 둘러싼 전쟁. 채플린의 『개의 생활』에 나오는 떠돌이와는 달리, 소년들과 노숙자는 경계를 가뿐히 빠져나가 안팎을 자유롭게 왕래하며 경계 그 자체를 상대화 하지 못한다. 경계는 피비린내 나는 공공의 희생양이 발생한 현장으로서, 우리의 눈앞에 반복적으로 떠오르게 된다.

80년대 초, 일본에선 폭발적인 만담(漫才, 일본 전통 예술의 하나. 두 사람의 해학적인 대화를 통해 웃음을 제공한다. - 편집자주) 붐이 일었던 적이 있다. 그 의미를 이제 와서 따지는 사람은 없지만, 이상하게도 신경 쓰이는 점이 있다. 단순한 사회현상을 뛰어넘어 시민의식에 어떤 커다란 전환점의 상징이었다는 생각을 지울 수 없다.

아무 거리낌도 없이 숨겨뒀던 진심을 속 시원히 쏟아내는 만담가들에게 우리는 박수갈채를 보냈다. 약자에 대한 구박이 서슴없이 쏟아졌다. 만담이니까 용서되었다. 겉으로만 내세운 일상의 풍경을 확 뒤집어서 현실 안에 내재되어 있는 그로테스크(괴상함)를 보여주는 것을 본연의 임무라 생각하는, 고작 예능에 불과한 만담이었기 때문에 허용되었다. 우리는 안도하면서 카타르시스에 빠져 들 수 있었다.

약자에 대한 구박을 주제로 하는 만담이 그토록 열광적으로 받아들여진 것은 왜일까? 아마도 우리가 시민사회의 표면을 뒤덮고 있는 윤리의 피막(겉마음)을 거추장스럽고 거북한 것으로 느끼기 시작했기 때문일 것이다.

'추한 자는 추하다, 냄새나는 자는 냄새난다, 더러운 자는 더럽다'라고 입을 놀려대는 것은 가급적 하지 말아야 될 금기였다. 그러나 이 금기를 만담가들은 천연덕스럽게 밟아 뭉갰다. 그들은 처음에는 두려워했지만 마침내 텔레비전의 허구성을 무기로 하여 대담하게 약자에 대한 구박을 연기했다. 만담가들을 질주시킨 것이 그들과 공범관계에 있는 텔레비전 시청자였던 것은 두 말할 필요도 없다. 그런 식의 만담 붐은 집단적 카타르시스를 원하는 우리 시민을 위해 공공의 희생양이 대신하여 치른 소산물이었는지도 모른다.

잠깐 동안의 해방감이 사라졌을 때 확실히 금기는 베일을 벗고 안전막도 걷혀 있었다. 일찍이 정의란 강한 것의 기세를 꺾고 약한 것을 돕는 것이라고 믿었다. 그러나 이 시대는 그런 고리타분한 정의를 수용하지 않는다. 위선적인 짓이라며 냉소 받으며 거절당한다. 이 시대는 오히려 현실이 가진 끝없는 잔혹함에 들러붙으려 한다. 윤리가 너무 쉽사리 현실의 뒤를 따른다. 이것은 마치 하극상이 판을 치던 중세와도 비슷하여, 힘이야말로 유일한 정의이고 진실이다. 강인함은 추앙을 받고 약함은 발길질을 당한다. 약한 것, 추한 것, 어두운 것, 더러운 것은 철저하게 몰매 맞고 들볶인다. 추한 것은 추하다, 냄새나는 것은 냄새 난다, 더러운 것은 더럽다고 우리는 말할 수 있게 되었다. 시민적 윤리의 주술로부터 해방을 얻게 된 것이다.

그리고 만담이 붐이 되었을 즈음, 믿기지 않는 사건이 터진 것이다. 바로 요코하마 노숙자 습격사건이다.

만담 붐을 노숙자 습격사건으로 연결시키는 것은 약간 당돌하게 들릴지도 모른다. 그렇지만 그것은 분명히 연속성을 띠고 있다. 그 위상적 격차는 매우 크다고 해도, 브라운관 속의 약자에 대한 구박에서 시작하여 소년들에 의해 유희적으로 자행된 노숙자 사냥으로 질주한 여정은 일련의 연속성을 띠고 있다.

도쿄의 명소를 소개하는 어떤 책에서는 쪽방거리를 다음과 같이 설명하고 있다.

상 야(山谷)

교통 미나미센주(南千住) 역에서 버스 이용 가능.

계절 1년 내내 들르기 좋다. 특히 불경기 때, 비오는 날, 연말에서 설
날까지, 한여름의 무더운 여름 밤이 좋다.

안내 아직 사회의 물을 먹지 않은 젊은이들이 보러 갔으면 하는 곳이
다. 다양한 사람을 볼 수 있다는 장점이 있다. 일감을 얻지 못
해 허탕치고 대낮부터 술을 마시고 있는 사람, 길가에 자빠져서
고래고래 고함을 지르고 있는 사람, 꾀죄죄한 차림으로 다가와
"50엔만 줘"라고 말하는 사람, 돈 벌러 고향을 떠났다가 도시의
유혹에 무너져 몸을 망친 사람, 대충 살아오다 남은 인생도 그
인과응보로 살아가야 하는 사람, 나쁜 짓을 하고 도망 와 몸을
숨기고 있는 사람…. 그들을 보면서 '나는 저렇게 되지 말아야
지' 하고 결심하게 하는, 둘러보기만 해도 의미 있는 곳이다. 그
리고 싸구려 숙박소에서조차 지금은 거의 볼 수 없게 된 벼룩,
빈대, 진드기 등을 만나게 되니 서프라이즈한 장면이 재미를 더
한다. 그런데 너무 노골적으로 카메라를 들이대면 숙박업소 측
에 트집잡혀 협박당하고 돈을 갈취당할 우려가 있으니 주의가
필요하다. 그들의 결속력은 이상하리만큼 섬뜩하다.

현실을 공격하는 개그가 되려면 금기가 전제되지 않으면 안 된다.
깨지고 발길질 당하는 금기가 없는 곳에서는 개그가 성립되지 않는

다. 금기가 완강한 벽이 될수록 뛰어난 개그가 탄생하고, 터져 나오는 웃음은 한층 빛을 발한다. 그리고 그 한계에 있어서 상야에 대한 안내는 개그를 만드는 데 실패한 듯한 기분이 든다.

시민사회의 레이더에 노출된 쪽방 거리에 관한 편견을 말하는 것은 쉬우나, 실제로 우리 대다수는 쪽방 거리를 이 책이 묘사하는 것처럼 여기지 않는다. 막 벗겨낸 배제의 눈길에 자기를 동일화시켜도 그리 고통이 수반되지 않는 것은, 아마도 그것이 이미 금기로서 무너져버렸기 때문이다. 꽁꽁 묶어두는 힘을 갖지 않은 금기 앞에서는 어떠한 개그도 무력하다 아니할 수 없다.

쪽방 거리와 노숙자들. 그것은 시민사회의 주변에서 일상적으로 되풀이되고 있는 공공희생양의 풍경인지도 모른다. 신문 사회면의 한쪽 구석에서 우리는 이따금 노숙자의 비참한 죽음을 전하는 기사를 발견하곤 한다.

무리들과 떨어져 있던 노숙자, 설날에 아사

노숙자, 묘지 근처에서 머리를 가격 당해 사망

쓰레기더미 속에서 자고 있던 노숙자, 청소차에 빨려 들어가 사망

그들을 죽음으로 내몬 것이 배고픔, 추위, 청소차, 동료 노숙자든 뭐든 상관없이 이들의 비참한 죽음은 공공의 희생양을 끊임없이 원한 결과이다. 우리는 어느 누구도 자신의 손을 피로 더럽히지 않았고, 자신과는 무관한 오래전의 사건으로서 공공의 희생양에 관한 결말만 들었을 뿐이다.

그러나 요코하마 사건이 뜻밖에 노출되게 된 것은 이 시민사회의 경계 부근에서 날마다 노숙자를 산 제물로 삼는 광경이 심심찮게 벌어지고 있었기 때문이다. 직접적인 집행자의 모습은 보이지 않았으나 시간적으로 그런 광경이 길어지면서, 가라앉아 있던 노숙자 살인 광경이 수면 위로 떠오른 것이다.

소년들이 노골적으로 드러낸 배제의 폭행이 공공희생양을 죽이는 광경으로 백일하에 드러났을 때 소름끼쳤던 것은, 프로이트가 말하는 무의식 아래에 억압되어 쉽게 드러나지 않았던 행동이 누구나 잘 알고 있는 광경으로 드러났기 때문이다. 노숙자 사냥, 그리고 부랑자 살인은 시민 사회의 안팎에서 계속해서 되풀이되어 익숙해져 있고, 또 그렇기 때문에 표층에서는 은폐되고 있던 광경이었던 것이다.

만담 붐에서 노숙자 습격사건까지 그 사이에 놓여 있는 위상적 격차 내지는 단층을 메운 것이 금기로부터의 해방이었다는 사실을 잊어서는 안 된다. 요코하마 사건은 우리의 현재를 조명하는 시민들의 내재된 풍경이었다.

예수의 방주에
몸을 맡긴 여성들

사이비 종교의 모습은 어느 나라나 비슷하다.
종교 지도자의 명령에 따라 그들끼리의 비밀 집단을 이룬다.
똑똑하다는 사람도 한 번 빠지면 헤어나오기 힘든
사이비 종교의 세계. 이 세계에는 누가 어떻게 빠지는가.
일본에서 벌어졌던 예수의 방주 사건을 통해 알아본다.

어느 날 사라져버린 젊은 여자들

이야기란 어떤 것이든 그 바탕에 배제의 구조를 감추고 있다. 사람은 이야기라는 행위를 통해 자기를 위로하고 또한, 배제된 불행한 희생양을 위해 진혼곡을 울린다. 배제를 둘러싼 현상의 주변에서는 피로써 속죄하는 숱한 이야기가 생성되고 유포되며, 종래에는 변용이나 소멸로 이르는 순환을 되풀이한다. 이야기란 공공희생양의 현장인 것이다. 예수의 방주사건('예수의 방주'는 교주 센고쿠 다케요시[千石剛賢]를 중심으로 한 신앙집단으로, 신자의 대부분은 젊은 여성이었다. 그들은 가정을 버리고 예수의 방주에 입회하여 공동생활을 하지만 가족들은 납치라고 주장하며 경찰에 수색을 요청한다. 당시 젊은 여성의 집단 실종 사건으로 매스컴에 크게 보도되었다. – 편집자주)이 그 하나다.

이는 '현대판 가미가쿠시'(어린아이나 처녀 등이 갑자기 행방불명이 되는 것. 옛날에는 '덴구'라 불리는 괴물이나 신령이 어린아이나 처녀 등을 감춘 것이라고 보았다. - 역자주)라 불리며 매스컴과 경찰의 집요한 추적을 빠져나간 사건이다. 젊은 처녀들이 다수 포함된 전체 인원 26명의 예수의 방주는 2년 남짓 도피행각을 벌였다. 젊은 처녀들을 그럴듯한 말로 현혹하여 행방불명인 것처럼 가족들 앞에서 자취를 감추게 만들었다. 그들이 교회랍시고 데려간 곳은 텐트를 친 것처럼 허술하기 짝이 없는 가건물이었다. 사이비 교회인 그곳에는 교주 '센고쿠 예수'가 있었다. 매스컴을 통해 보게 된 그는 날카로운 눈빛과 콧수염 때문인지 정력이 유달리 강해 보이는 모습이었다. 유괴와 감금으로 양가집 처녀들을 성적으로 유린했을 것이라며, 우리는 적잖이 이 행방불명담을 통해 억누르기 힘든 음란한 호기심을 자극받아 온 것이 사실이다.

그런 까닭에 방주가 막다른 지경까지 내몰리다가 마침내 세상이라는 평지에 모습을 드러냈을 때, 우리는 그 실상과 허상의 격차에 잠시 어안이 벙벙해졌다. 현대판 행방불명이라는 호기심을 부추기던 이야기가 어이없이 무너져 내린 것인데, 그렇게 되기까지 시간은 그리 오래 걸리지 않았다. 이야기가 궤멸된 뒤에는 이 사건과 관련된 가족들만이 몸도 마음도 누더기가 된 채로 오도카니 남겨졌다. 센고쿠 예수는 교양은 없지만 고민하는 처녀들을 다독이는 기술을 터득한 평범한 아저씨에 불과했고, 예수의 방주는 성서를 양식으로 삼아 공동생활을 하는 가족적인 집단과 유사했다.

그러나 과연 그뿐이란 말인가? 예수의 방주와 비슷한 종교집단은 역사적으로 다수 존재한다. 지금도 사회의 표층에는 드러나지 않고 있지만 각지에서 활동을 이어가고 있을 것이다. 그렇기 때문에 나는 두 가지 의문점이 든다.

왜 행방불명 사건은 예수의 방주에만 일어났는가? 왜 그것은 일본의 70년대 후반부터 80년대 초에 걸쳐 사건화 되었는가? 한때는 예수의 방주사건의 원인이 된 행방불명담에 빠져 있었지만, 이제는 사건의 심층부에 감춰져 있는 본질을 향해 탐색의 추를 내려야만 한다. 그것이 유독 상징적인 사건이었다고 한다면 우리는 이 사건을 본보기로 삼아 인간과 세상의 심층에 관련된 메커니즘의 현 주소를 파악할 수 있을지도 모른다.

예수의 방주사건이라는 이야기를 형성한 주체는 딸을 빼앗겼다고 믿는 가족들이었다. 그리고 그들 입장에서 나온 정보를 근거로 갖가지 이슈를 제공한 것은 매스컴과 경찰이었다. 시대의 어둠 속에 가라앉아 있는 불안에 계속해서 양분을 주고, 때로는 발효 중인 불안 덩어리를 신화적인 것으로 만들어내거나 현대식으로 각색하는 것. 그것은 거대한 정보의 조종사인 매스 미디어가 달성하고 있는 사회적 기능이었다.

우리가 매일 얻고 있는 정보는 현실적인 것과 상상적인 것의 경계를 끝없이 침범하고, 대부분은 삶 자체를 용해시키는 데까지 이른 것으로 보인다. 현실적인 것이 상상 같고, 상상적인 것이 현실 같은, 그런 아슬아슬한 경계에서 예수의 방주는 현대판 가미가쿠시(행방불명)라는 이슈거리로 만들어져 간 것이리라. 신화적인 것은 억압되어 의식의 깊은 곳으로 내몰린 것과 금기된 것에 숨을 불어넣어 소생시켰다. 그렇게 해서 잊고 있었던 가미가쿠시라는 예스러운 이야기 형식에 기묘한 종교집단과 가족의 모습을 담아내어 하나의 사건을 만든 것이다. 신화적인 것에 대한 은밀한 갈망도 이 사건에 생기를 불어넣어 되살아나게 했다고 할 수 있다.

예수의 방주사건은 옛 것과 새 것의 기묘한 혼합물이었다. 근대사회가 비합리주의의 소산이라 하여 배척해 왔던 신화적인 것이 역습으로 우리의 허를 찔렀다. 여기서 나는 '현대에 있어서 이야기란 무엇인가'라는 질문을 던져보고자 한다. 우선 이야기의 내부(가족 · 시민사회)와 외부(예수의 방주) 사이에서 이야기 생성의 과정 · 구조 · 배경을 살펴보고자 한다. 그것이 우리가 이 사건을 해독할 수 있는 방법이다.

사라진 여성들 뒤에는
초로의 남자가 있었다

옛날부터 행방불명을 둘러싼 민담의 배후에는 이방인의 모습이 보이곤 했다. 사람을 갑자기 납치하는 자는 예외 없이 이방인이었던 것이다.

일본의 국학자 히라타 아츠타네(平田篤胤)는, 18세기 후반 에도(江戸, 지금의 도쿄)의 한 마을에서 행방불명되었다가 다행히 현실의 세계로 귀환한 사람들로부터 체험담을 듣고 글을 썼다. 그에 따르면 관동평야 주변 산악지대의 어딘가에 현실 세계와는 이질적인 공간인 숨겨진 세상이 있고, 거기에 살고 있는 이방인들이 이따금 마을로 내려온다는 것이다. 그들은 오가는 사람들의 목소리를 빼앗고, 입과 귀를 베어내거나 맹인으로 만들고, 때로는 유괴를 자행하는 무서운 존재다. 이방인은 백발을 길게 늘어뜨리고 검은 의복을 입은 노인이나 산악에서 수행하는 자가 대부분이며, 때로는 덴구(天狗, 얼굴이 붉고 코가 큰 상상의 괴물로, 깊은 산에 살며 하늘을 자유로이 나는 신통력이 있다. - 역자주)가 이방인으로 등장하기도 한다. 속세에 사는 마을 사람들에게는 숨겨진 세상에서 살고 있는 산사람들이 이방인 그 자체인 것이다.

행방불명에 얽힌 체험담을 듣고 쓴 기록을 매개로 해서 이방인과 숨겨진 세상의 실상을 드러내고, 더욱이 이 속된 현세의 전모를 투시하는 수준에 이르는 것 그것이 아츠타네의 탐욕적인 지(知)를 향한 목표였던 것이다. 그는 행방불명담을 황당무계한 가공의 이야기로서가 아니라 자신의 현재를 숨겨진 이면으로부터 비추는 텍스트로서 탐구했던 것이다.

현대판 행방불명담의 주인공인 예수의 방주 역시, 지역사회에서는 그 배경이 되는 일상세계가 분명히 이방인스러운 성격을 띠고 있었다. 존재적으로 이질적이면서 기이한 것이었다는 의미에서는 이방인 집단 그 자체였다고 생각된다. 그것이 그들의 주변에 갖가지 소문과 풍문을 만들어냈고 결국은 행방불명담을 형성시키는 데 필요한 전제조건이 되었다. 여기서도 행방불명과 이방인은 뗄 수 없는 무언가로 연결되어 있다. 지금 우리의 눈앞에는 예수의 방주라는 행방불명담이 현재를 조명해줄 하나의 텍스트로서 놓여 있다.

그런데 행방불명이란 무엇인가? 행방불명을 둘러싼 이야기란 무엇인가?

일본의 민속사회에서는 아이나 젊은 여성 등이 갑자기 사라지는 괴이한 현상을 가미가쿠시라고 습관처럼 불러왔다. 숨기는 주체는 덴구, 여우, 도깨비, 산신령 같은 이방인이다. 행방불명이 되면 온 마을이 총출동하여 북을 치면서 산속을 이 잡듯이 뒤지는데, 수색대 전원의 몸을 밧줄로 이어 점호를 붙이면서 앞으로 나가는 풍습이 흔히 있었던 모양이다. 마을 사람들의 행방불명에 대한 공포가 심상치 않았던 것을 엿볼 수 있다. 선두에 선 사람이 체를 쥔 모습도 볼 수 있는데, 그것은 신령을 맞이하기 위한 주술적 행위이다. 예로부터 민간신앙에서 행방불명은 신령의 영역이나 다른 세상과의 소통에 있어서 중요한 수단이었던 것이다.

행방불명이 된 사람 중에는 돌아오지 않는 사람도 있지만, 며칠 정도 지나서 때로는 몇 년 뒤에 갑자기 나타나는 자도 있었다. 돌아온 뒤, 심산유곡이나 절이나 명소 그리고 큰 도시 등의 견문담을 얘기하는 자도 적지 않았다. 어른이 행방불명된 경우에는 딱 한 번만 마을사람들 앞에 모습을 보이고, 그것을 마지막으로 두 번 다시 돌아오지 않는 이야기가 많다.

아동문학 작가 마쓰타니 미요코(松谷みよ子)의 『현대민화고(現代民話考) I 갓파(河童)·덴구·행방불명』에서 세 가지 예를 들겠다.

메이지시대 어느 가을날 군마현에서 일어난 일이다. 지능이 조금 모자란 아이가 저녁 무렵, 갑자기 집에서 사라졌다. 온 마을 사람들이 가까운 산과 마을을 뒤졌지만 찾을 수 없었다. 다음 날도 또 그 다음 날도 수색을 했지만 발견되지 않았다. 그런데 약 보름쯤 지나 난데없이 그 아이가 나타난 것이다. 약간 낡긴 했지만 입고 있던 옷 그대로 입고 마을의 사거리 쪽에 서 있었다. 집으로 데려와 "지금까지 어디에 있다 왔어?"라고 묻자 "덴구한테 잡혀 갔었어. 엄청나게 큰 마을을 여기저기 구경 다니다가 왔어"라고 말했다고 한다.

고치현 어느 마을. 두 살배기 아기가 사라졌다. 젊은 부부가 어린 아기를 곁에서 놀게 하고, 퇴비를 뒤엎고 있다가 문득 바라보니 아이가 사라지고 없었다. 겨우 아장아장 걷기 시작한 터라 마루 밑, 장롱, 변소 안 등 갈만한 곳은 죄다 뒤져봤지만 어디에도 없었다. 이튿째에는 마을 사람들 모두가 나서서 가까운 산과 계곡을 뒤졌고, 사흘째와 나흘째에도 수색은 이어졌다. 다급한 마음에 점쟁이를 찾아갔더니, "덴구가 채갔군. 높은 나무에 옷이 걸려 있다고 하네"라는 점괘를 내놓았다. 닷새째에는 나각을 불고, 북을 쳐대면서 산 정상까지 뒤졌다. 그날로 수색은 중단되었고 그 뒤로 몇 년이 흘러도 아이는 돌아오지 않았다.

1900년 대 초 후쿠시마현에서 일어난 이야기다. 그 일대의 농가에서는 장남이 13세가 되면 산에 가서 참배를 하는 풍습이 있었다. 어느날 대대로 내려오는 지주 가문인 요코타 집안의 장남이 13세를 맞아 참배를 위해 마을 사람들과 산으로 향했다. 산을 오르는 도중 소년이 "신발 끈이 풀어졌어요"라고 앞에 있는 사람에게 말하고는 그걸 끝으로 감쪽같이 사라지고 말았다. 큰 소동이 일어나 모두가 찾아나섰지만 도저히 찾을 수 없었고, 사람들은 찾기를 포기했다. 이후 그 누구도 소년의 모습을 본 사람은 없었다. 동네 사람들 모두 행방불명된 거라고 말하면서, 요코타 집안의 터줏자리로 그 날 도깨비불이 날아들었다 나갔다는 소문이 돌았다. 사체도 발견되지 않았고 벌써 100년 가까이나 된 수수께끼 같은 이야기다.

이런 행방불명을 둘러싼 민담에서 우리가 주목해야 할 점은 우선 세 가지다.

첫 번째로 공동체 내부에 있는 사람이 실종·증발·괴이한 죽음(사체 없는 죽음)과 같은 원인불명의 사고에 직면했을 때, 가미가쿠시라는 하나의 정형화된 해석으로 결론을 내린다. 일상적으로 이해할 수 있는 선을 넘어섰다는 생각이 들면, 대개 비일상적인 귀신이나 이방인과 관련지어 해석해 버린다. 첫 번째 이야기처럼 행방불명되었던 자가 덴구 같은 괴물에게 납치되었다고 말하는 경우도 있지만, 대개는 세 번째 이야기처럼 행방불명이라는 해석이 내려진다. 또는 점쟁이나 수도자·무당 같은 신탁에 근거하여 행방불명담이 만들어지는 경우도 있다. 어쨌거나 일상적인 인과(因果)의 연쇄작용에 의해서는 좀처럼 이해되기 어려운 사건은, 행방불명이라는 틀속으로 흘러들어가 공동체의 내부에 흡수된다.

두 번째로는 행방불명담은 예외 없이 내부로부터의 시선에 의해 구성된다는 것이다. 공동체의 내부에 정착하도록 강요된 삶을 살아가는 사람들에게는 바깥 세상은 귀신이 마구 날뛰는 무시무시한 공간임과 동시에 한 번쯤은 가보고 싶은 동경의 장소이기도 하다. 그러한 이질적인 세계(다른 세상)에 대한 동경이 분명히 행방불명담의 밑바닥에 가라앉아 있다. 엄청나게 큰 마을을 여기저기 구경 다니다 왔다고 하는 아이의 말은 그것을 대변해주고 있다. 현실이든 가공이든 공동체로부터의 탈출극이라 할 수 있는데, 그것이 반전되어 귀신이나 괴이한 사람에 의한 유괴담으로 재구성되는 것이다. 이야기의 주체는 공동체의 금지제도를 깨고 증발한 인간 자신이 아니라, 그들을 납치해간 외부의 힘이다. 행방불명이라는 내부의 시선에 근거한 이야기는 이렇게 발생하는 것이다.

세 번째로 행방불명되는 사람들의 유형에 주목할 필요가 있다. 가장 많은 유형이 성년에 이르기 이전의 아이다. 노인의 경우도 흔히 보인다. 성인인 경우는 반수반인의 남자나 조금 우둔한 청년이고, 여성이라면 젊은 처녀나 갓 시집 온 여인인 경우가 많다. 이들은 가족 내에서 구조적인 열성(劣性)을 띤 사람, 다시 말해 가족 내 이방인이라는 점에 관심이 쏠린다. 아이들이나 지능이 낮은 젊은이 같은 경우는 야나기다 구니오 스타일로 말하자면, 신에 가까운 순수한 존재이고, 그런 까닭에 외부의 힘에 의해 납치당하기 쉽다는 것이다. 백치라면 노인도 거기에 포함될 것이다.

그런데 이미 성인이 된 어른의 행방불명에는 본인의 의지로 증발·실종한 냄새가 난다. 행방이 묘연한 어른들 중에 귀환자가 적은 것은 아마 그 때문일 것이다. 행방불명된 사람이 젊은 처녀나 갓 시집 온 신부인 경우에는 성적인 뉘앙스가 짙은 것이 보통이다. 깊은 산속에 사는 기괴한 사람이 마을 처녀를 납치해 혼인하는 이야기도 있다. 야나기다는 『산의 인생』의 「깊은 산속에서의 혼인」이라는 장(章)에서 이렇게 적고 있다. '설령 풍설이라 해도 세상을 등지고 산에 들어오는 젊은 여자를 혼인할 사람으로 해석하는 풍습은 널리 퍼져 있었다'.

행방불명을 통해 일괄적으로 묶여왔던 공동체로부터의 일탈 드라마는, 사체가 없는 죽음의 경우를 제외한다면 크게 두 가지로 나눌 수 있다. 하나는 주로 아이들이 외부의 누군가에게 유괴되어 즐겁게 놀다 돌아오는 여행담이고, 또 하나는 갓 시집 온 신부나 젊은 처녀들의 사랑의 도피·약탈혼 같은 이방인과의 성적 교섭으로 볼 수 있는 행방불명이다. 물론 우리가 지금 얘기하고자 하는 주제와 밀접하게 관련되어 있는 것은 후자(後者)에 해당하는 성적인 냄새를 풍기는 행방불명이다.

딸은 납치된 것이 아니라 제발로 나간 것이다

예수의 방주사건은 행방불명과 여성 유괴를 둘러싼 크고 작은 이 야기로 인해 특별한 사건이 되어버렸다. 여기서는 그들에 관한 이 야기의 생성·유통 과정·배경 등을 조명해보고자 한다.

유괴라는 테마가 사람들의 마음을 끄는 것은 왜일까? 일상 세계 의 이면에 감춰져 있는 또 하나의 세계에 대한 두려움과 동경이 비 일상적인 시공으로 유혹한다. 유괴라는 이름의 이방인이 퍼뜨린 금 기의 냄새. 더군다나 여성 유괴라면 사람들의 숨겨진 성적 망상을 한없이 자극할 것이다. 이러한 유괴, 특히 여성 유괴에 얽힌 음침한 마음은 인간 누구에게나 숨겨져 있는 원초적인 충동인지도 모른다. 소녀 유괴를 테마로 한 J. 파울즈의 소설 『콜렉터』에 감도는 으스스한 매력과 전율이 그것을 증명해주고 있다.

하지만 이런 종류의 충동은 아무리 원초적이라고 해도, 아니 원초적이기 때문에 더더욱 억압되지 않으면 안 된다. 그것은 책이나 영화, 망상의 형태 외로 드러나서는 안 되는 성질의 것이다. 그렇기 때문에 여성 유괴라는 소재는 소설, 영화, 드라마, 르포르타주, 신문기사, 뉴스 등의 형식을 빌려서 우리들에게 다가왔다. 그런데 이 테마가 점점 과장되어가고, 현실과 상상의 경계가 애매한 영역으로 흘러가면서 그것은 소문이나 풍문으로 부풀려졌고, 나아가 매력적인 이야기를 쏟아내기에 이르렀다.

프랑스에서 여성 유괴는 도둑, 불량소년, 인신매매업자, 갱이나 하는 일이고, 특히 마르세유인, 코르시카인, 북아메리카인 같은 이방인의 소행으로 여겨지고 있다. 또한 조직폭력단에 의해 홍콩으로 팔려나가는 젊은 여성의 이야기는 일본에서도 결코 드물지 않다. 어찌 되었든 여성 유괴범이 사회적 한계성을 띤 이방인이라는 사실은 틀림없다. 동요 『빨간 구두』(생활이 어려워 미국으로 입양가게 된 소녀가 그만 결핵에 걸려 입양도 못 가고 아홉 살이라는 어린 나이로 죽은 실화를 소재로, 노구치 우조가 「빨간 구두」라는 시를 지었고, 나중에 이 시에 곡을 붙여 『빨간 구두』라는 동요를 만들었다. 이 소녀를 기리기 위해 '빨간 구두를 신은 소녀' 동상이 요코하마의 야마시타 공원에 세워졌다. - 역자주)에서도 요코하마 부두에서 빨간 구두를 신은 소녀를 먼 이국으로 데려갈 사람 역시 이방인이었다.

예수의 방주사건도 여성 유괴라는 테마와 함께 시작된다.

산케이신문을 중심으로 매스컴이 행방불명인 찾기 캠페인을 벌이기 이전부터 딸을 납치당했다며 피해가족임을 자칭하는 가족들 주변에서 여성 유괴를 둘러싼 무서운 이야기가 떠돌기 시작했다. 『부인공론』(婦人公論, 요미우리신문 그룹에 속한 중앙공론신사가 발행한 부인 · 여성 잡지 – 역자주)에 게재된 어머니들의 수기를 살펴보자.

> 그 당시 낱갈이 교인(敎人)이라는 중년 여성 몇 명과 성인 남자가 우리 가 사는 구역을 돌아다니고 있었습니다. (중략) 낱갈이는 사실 접근을 위한 수단이었습니다. 이들은 자기네 교회에 한번 오라며 전도하였고, 몇 번 따라가면서 허물이 없어지게 되는 것이지요. 이들은 세상살이 얘 기를 나누면서 고민도 들어주고 상담도 해주었는데, 이것은 자신들의 세계로 유도하기 위한 것입니다. 처녀들 대부분을 이런 수법으로 입회 시켰습니다. (중략) 얘기를 듣다보니 교회 사람들에게 이끌려 행방불명 이 된 사람이 모두 20세 안쪽의 17~18세의 소녀라는 점이 이상했습니 다. 어쨌든 센고쿠라는 남자는 자신을 예수라 부르게 하고, 주위에 십여 명의 젊은 처녀들을 두고 있는 것 같습니다.
>
> – 아베 기요코(安部きよ子), 「센고쿠 예수여, 내 딸을 돌려다오」 『부인공론』 1980년 1월

날갈이를 하면서 젊은 여성들을 괴이한 세계로 유인하고, 언제부 턴가는 행방불명으로 만들어버리는 예수의 방주. 자신을 예수라 부 르게 하고, 주위에 십여 명의 젊은 여성들로만 시중들게 하는 센고 쿠 다케요시. 교회와 날갈이라는 이미지의 조합은 이미 그것만으로 도 고개가 갸웃거려진다. 예수의 방주 관계자들은 그의 둘째형이

날갈이 공장을 경영하는지라 자연스럽게 이어진 것뿐으로, 단순히 생활을 영위하기 위한 방편에 지나지 않는다고 항변한다. 그렇지만 칼이나 낫 같은 소도구는 여성 유괴 드라마에 상당히 어울리는 수단으로서 의식적으로 클로즈업된다.

> 딸애는 몇 평 남짓한 공간에 갇혀 있었습니다. 창문도 없어 햇빛 하나 들어오지 않고 바깥 공기도 충분히 마실 수 없는 어두운 방에서 매일 센고쿠 다케요시의 주술과도 같은 강의를 들어야만 했던 거죠. 매일 반복되는 말은 그야말로 세뇌였기에 인간개조를 당한 것입니다. 보이는 것과 바라볼 수 있는 것은 베니어판으로 된 벽뿐이었습니다. 성서 공부라 일컫는 엉터리 얘기는 정말이지 같잖은 말로 표현된 것이었고, 매일 몇 번이나 되풀이해서 들어야만 했기 때문에 신경은 파멸되고 자신의 의지는 사라지게 된 것입니다. 변변치 않더라도 식사를 하고 있을 때 당하는 세뇌이기 때문에 우리 딸은 로봇이 될 수밖에 없었던 것이지요.
>
> – 이노우에 다카시(井上孝), 「나의 딸도 납치당했다」 『부인공론』 1980년 3월

어두운 쪽방에 감금당한 여성들은 엉성한 식사를 하면서 매일 듣게 되는 설교에 신경이 좀먹고 세뇌되어 갔다. 결국은 센고쿠 예수의 뜻대로 조정당하는 로봇이 되어 간 것이다. 자신의 의지로 가족으로부터의 이탈을 이루었지만 여성들에게는 동전의 앞뒷면 같은 심정(사랑과 미움)이 얽히고설켜 있었다. 헛된 망상으로 물들여진 이야기지만 말이다. 다만 한 가지 분명한 것은, 이 어머니에게 있어 딸

의 변한 모습은 세뇌라든가 인간개조라는 해석으로 여과되지 않고
서는 결코 수용할 수 없었다는 점이다.

여성들의 에로틱한 수난 이야기는 더욱 그러하다.

> 현관문 옆에 있는 우편함의 좁은 틈새로 안을 들여다보았더니 어른이
>
> 들어갈 만한 커다란 대야가 놓여 있었습니다. 나는 온몸의 피가 바싹 얼
>
> 어붙는 것 같았습니다.

이 어머니의 뇌리를 스치는 것은 감시당하며 목욕하는 딸, 커다란
대야에서 물을 끼얹는 딸. 이런 식의 성적인 상상으로 꾸며진 장면
이었던 것은 말할 것도 없다. 그 배후에는 정력이 왕성한 초로의 남
자, 십여 명의 젊은 여성들을 성적으로 능욕하고, 원하는 대로 조정
하는 하렘의 지배자 센고쿠 예수의 그림자가 드리워져 있었다. 그
의 그림자가 비쳐진다면 단순한 큰 대야는 전신의 피를 얼어붙게
만드는 드라마의 소도구가 되는 것이다.

세뇌나 성적인 수난을 주제로 한 이야깃거리는, 자신의 딸에게 배
반당한 가족들이 제도로서의 가족을 지켜내기 위해 만들어 낸 것이
다. 다시 말해 가족들은 가족 그 자체의 패배(내적 와해)를 무마화하
기 위해 그런 이야기를 필요로 했던 것이다. 딸이 예수의 방주에 갇
히게 된 것은 방주가 가족을 넘어선 종교적 구원의 손길을 보여줬
기 때문이 아니라, 엄한 감시 하에서 세뇌당하고 성의 깊은 나락으
로 떨어졌기 때문이라 본다. 즉 자신의 딸들은 일시적인 착란상태

에 빠져 있었다고 믿는 것이다.

> 통상적인 신앙, 목사, 교회라면 우리도 아이들을 기꺼이 맡길 것입니다.
> 그러나 사회로부터 단절된 생활을 강요하고, 터무니없는 일을 교사하
> 고, 부모자식을 대립시켜 그 안으로 밀어 넣고는 마치 딸아이들을 구원
> 해주는 구세주처럼 행동하는 사기범 같은 짓에는 참을 수가 없습니다.
> 아무리 종교를 믿는 것이 자유라고는 하지만, 건전한 시민생활이 센고
> 쿠에 의해 이렇게까지 무참하게 짓밟히고 있는데, 이런 행태가 이 법치
> 국가에 존재해도 된단 말입니까?
> ― 아베 기요코, 「센고쿠 예수여, 내 딸을 돌려다오」 「부인공론」

　부모들과 방주의 대립의 밑바탕에는 아마 각각의 가족만이 안고
있는 부모와 자식 간의 갈등이 깔려 있을 것이다. 처음에는 부모와
자식의 대립이 발생했을 것이다. 그 좁은 틈새로 방주가 끼어들어
공간을 넓힌 것은 사실이라 해도, 방주의 침입에 의해 평화롭기 그
지없던 가족 사이에 균열이 생기게 된 것은 아니라고 본다. 기점에
있는 것은 가족 내부의 갈등이다. 더구나 그것은 80년대 우리들이
꾸려나간 가족의 모습과 무관하지 않다. 어떤 보편성을 가진 광경
이라 말할 수 있는 것이었다.
　그렇지만 딸을 빼앗겼다고 주장하는 가족들은 그것은 별개의 사
정이라고 믿고 있었다. 예수의 방주는 평화롭기 그지없던 자신들의
동네로 찾아와 교활하게 젊은 아가씨들을 유인하여 행방불명으로

만든 사기범 내지는 건전한 시민생활을 무참히 짓밟은 무서운 요괴 같은 존재로서 인식되고 있었다. 이른바 방주는 시민생활을 위협하는 적(敵)이라는 보편적 이미지로 표현되고 있는 것이다. 이 마성의 존재는 평화로운 가족들에게 언제 찾아올지 모르는 검은 그림자라는 메시지. 이렇게 해서 현대의 행방불명담은 마침내 시민사회 전체를 휩쓸어버린 괴상망칙한 이야기라는 조짐을 보이면서 매스컴의 한 구석에서부터 모습을 드러내기 시작했다.

사건을 재구성하는
매스컴의 이중성

　가족이 안고 있는 갈등을 전가하는 대상으로, 어느새 여성 유괴라
는 에로틱한 이야기의 주인공으로 오르내리기 시작한 예수의 방주
는 피해가족의 수기가 매스 미디어를 통해 유포되면서 평화롭고 건
전한 시민의 일상을 위협하는 적으로서 그리고 시민사회의 속죄양
으로서 우리 앞에 모습을 드러내게 되었다. 수기 제 1탄이 『부인공
론』이라는 잡지에 게재되고 3개월 후에 산케이신문을 중심으로 본
격적인 행방불명인 찾기 캠페인이 시작되었다.

　1980년 2월 7일이 그 첫 번째 보도다.

실종된 젊은 여성 10명, 베일에 싸인 교주와 유랑?

도쿄 다마(多摩) 지역의 여고생과 여대생, 사무직 여성 등 젊은 여성 10명이 연달아 실종된 사건이 산케이신문사 조사를 통해 밝혀졌다. 이 여성들은 전원이 종교법인의 인가를 받지 않은 '극동그리스도교회, 예수의 방주'에 입교했다. 열심히 딸을 찾는 가족들에게 예수의 방주 측은 "따님들은 우리 쪽에 없다"라는 말만 계속해 왔다. 그러다가 재작년 5월, 센고쿠 예수라 칭하는 56세의 교주가 여성들과 함께 돌연 모습을 감춰버렸다. 가족들로부터 수색청원을 받은 경찰청은 특별수색반을 편성하여 수사를 했지만 단서는 나오지 않았고, 여성들은 아직도 교주와 함께 방랑생활을 이어가고 있는 것으로 보인다.

예수의 방주는 도쿄, 고쿠분지(国分寺), 후츄(府中), 고다이라시(小平市)를 거점으로 삼아 1980년 무렵부터 다마 지역에서 활동하고 있는 단체다. 그곳의 교주로 보이는 센고쿠 다케요시 씨(56)의 거처로 현재 오사카에 있는 쪽방 숙박소의 1실(1평)이 주민등록지로 신고 되어 있는 상태다. 1959년 말, 오사카에서 자석반지를 파는 영업맨으로 일하다가 퇴직하고 동료, 가족 8~9명과 함께 상경했다. 빈터에 판잣집과 조립식 주택 형태의 교회를 세우고, 칫솔과 고무끈을 파는 행상과 날갈이를 하면서 공동생활을 했다. 집단으로 실종된 1978년 5월까지 19년간 7곳의 공터를 전전했다. 역 앞에서 팸플릿을 나눠주며 신자(信者)를 모집하고 판잣집 같은 교회와 각 시의 시민회관, 복지센터 등 공공시설에서 성서연구회를 열었다. 이곳에서 '나는 예수의 화신이다', '부모는 자식을 착취한다', '결혼은 지옥'이라며 가정과 부모자식 그리고 부부관계를 부정하는 교의를 설파했다.

이는 딸을 빼앗겼다고 믿는 가족 측의 뜻을 받아들인 경찰정보를 근거로 하여 기사화된 내용을 재구성한 것이다.

종교법인으로서의 교회, 예수를 자칭하는 초로의 교주, 다수의 여성들, 방랑, 쪽방촌, 자석반지 영업, 판잣집과 조립식 가건물 교회, 칫솔과 고무 밴드 행상, 날갈이, 그리고 앞서 말한 성(性)의 세계…. 에로틱한 전개로의 예감을 풍기며 이야기는 행방불명담을 뚜렷이 드러내고 있었다.

그 일례로 산케이신문의 표제를 발췌해보자.

전국을 뒤진 지 930일. 고3 여름, 라켓을 들고 나간 채 사라져
(2월 7일)

오카야마에서 수상한 집단생활을 마지막으로 계속되는 도피행
(2월 8일)

사춘기의 고민을 토로. 언니 설득 뿌리치고 '러브레터'로 급전환
(2월 9일)

비극은 날갈이로부터…. 짙은 화장을 하고 '세례'(2월 10일)

남편 미국 출장 중에 이변. 땅문서도 들고 나가. 아이 돌잔치 축의금까지 '헌금'(2월 13일)

'부모는 악마다' 설교. 노모의 머리는 백발(2월 15일)

돌연 호적에서 제적. 남겨진 어머니는 홀로 울다(2월 17일)

딸을 빼앗겼다고 믿는 가족들과 예수의 방주 주변에서 떠돌던 자질구레한 이야기는 이렇게 매스 미디어를 통해 현대판 행방불명담으로 결실을 맺었다.

앞에서 우리는 일본의 민속사회에서 일어나는 행방불명담의 구조를 세 가지 측면에서 추출했다.

첫째, 일상적인 이해의 범위를 넘어선 사건(실종·증발·사체 없는 죽음)에 직면했을 때 정형화된 해석일 것.

둘째, 내부의 시선에 의해 구성된 이야기일 것.

셋째, 실종자는 가족 안에서 구조적 열등성을 띤 이방인일 것.

예수의 방주사건은 그러한 행방불명담의 구조를 그대로 모방하고 있다. 딸의 실종이라는 이해하기 어려운 사건에 부딪힌 가족들은 그 원인을 방주라는 마성의 집단으로 귀결시켰다. 그리고 에로틱한 여성 유괴에 관한 이야기로 원인규명의 해석을 비껴감으로써 결국 수용했다.

이 행방불명담은 가족이나 시민사회 내부의 시선에 기인하여 만들어진 것이다. 딸들은 가족의 외부로, 예수의 방주는 시민사회의 주변 내지는 외부로 탈출을 도모하고 있고, 따라서 현대의 행방불명담은 외부로 향하는 망명자를 산 제물로 만든 희생담으로서 파악할 수 있다. 어찌 되었든, 내적 시선에 의해 구성된 이야기다. 마지막으로 실종자가 젊은 여성이나 주부로서 가족 중에서 자신을 이방인으로 인식하는 사람들이라는 점은, 행방불명담의 세 번째 정형에 들어간다.

다음 수기를 살펴보자.

> 이츠카이치(五日市)에 있는 어느 절에 가서 기도를 하면 사라졌던 사람
> 이 돌아온다는 얘기를 듣고, 어머니는 홀로 예수의 방주에 숨겨져 있는
> 딸을 찾기 위해 그 절로 떠났다. 울창한 삼림을 빠져나와 이윽고 산 위
> 에 있는 절에 도착했다. 거기서 딸의 이름을 부르며 기도했다.
> – 야마다 마쓰(山田マツ), 「15년 찾아 헤맨 딸은 방주에」, 『부인공론』 1980년 4월

이 시대착오적인 광경을 놓고 웃을 수만은 없다. 어머니는 사랑하는 딸이 가족을 버리고 방주로 떠났다고 하는 현실을 도저히 납득할 수가 없는 것이다. 예수의 방주라는 집단이 가족과의 인연을 끊게 만들어버리니 사이비 종교집단으로밖에 비쳐지지 않는 것이다. 행방불명이라는 정형화된 해석만이 어머니의 마음을 토닥여 준다.

멀고먼 절을 찾아가 기도 드리는 의식을 통해 행방불명을 인정하고, 믿기 어려운 현실에 동화되어 갔을 것이다. 뒤집어 말하면 행방불명이라는 케케묵은 이야기의 정형에 꿰맞춰짐으로써 딸에게 버려진 가족들은 그 두려운 현실을 견딜 수 있는 것이다.

가족이라는 제도의 내부로부터 망명하고, 예수의 방주와 더불어 방랑여행을 나서는 딸들과 제도 외부의 존재 그 자체를 허용할 수

없는 가족들 사이의 상극의 드라마는 결국 방주가 표류하기 시작했을 때부터 내부의 시선을 통해 행방불명담으로 재구성되어 유포되어 가는 운명에 처해 있었던 것이다.

가족을 버리고
찾아나선 종교 집단

위기라는 것은 그때까지 숨겨져 있었거나 심층부에 가라앉아 있던 현실의 의미를 일깨워주고 명명백백하다 여겨왔던 일들을 근본부터 위협한다. 위기에 직면한 사회는 무너지려는 질서의 균열을 복구하기 위해, 악이나 죄를 구체화시켜 만들어낸 희생양을 그 틈 사이로 던져 넣는다. 그리고 그것을 정화하는 사회적 의례를 매개로 하여 사회의 상처를 다독이고 균열을 메꿔 위기를 극복하려고 한다.

위기임을 드러내준 예수의 방주사건으로 인해 현대 가족에게 남은 것은 싸늘함이 감도는 분위기였다. 가족은 이미 안식처로서의 역할을 상실했고, 가족 구성원을 이어주는 집단으로서 유지해나갈 명분을 잃었다. 가족은 외부의 세계에 대한 방파제 역할을 포기했고, 오히려 외적인 가치규범과 이데올로기를 증폭시켜 가족 구성원에게 강요하는 불안한 장치가 되어 버렸다. 예수의 방주는 가족이 붕괴해가는 과정과 얽히면서 결국 시대를 대변하는 사회현상으로 단번에 떠오르게 된 것이다.

예수의 방주라는 명칭이 처음으로 쓰인 것은 1975년 7월이다. 그 명칭이 누구의 발상인지는 확실치 않지만, 그 무렵부터 센고쿠 예수가 포교활동의 전면에 나섰다. 그러면서 젊은 여성들이 속속 모여들었는데, 이것은 과히 암시적이라 할 수 있다. 그 이전의 예수의 방주에서는 활동자금도 없을뿐더러 상당히 가난한 생활을 했다고 한다. 그렇지만 비교적 평온한 신앙의 나날을 보내고 있었다고도 한다.

우리는 이쯤에서 사건의 직접적인 계기가 된 가족 붕괴의 모습을 살펴보고자 한다. 다음은 선데이 매일편집부의『예수의 방주 · 동승 표류』에서 발췌한 것이다.

대만에서 태어나 3세 때 귀국했다. 여고를 졸업하고 대학에서 영문학을 전공했다. 도쿄에 있는 석유회사에 취직한 뒤 사내 결혼하여 아들 두 명을 낳았다. 남편과의 사이가 나빠 괴로워하고 있을 때, 처음 교회와 접촉했다. 심해지는 남편의 폭력을 피해 아이들을 데리고 친정으로 피신하기를 반복하다가 가정부인협회의 기숙사에 살며 자활했다. 남편은 독단적으로 이혼판결을 받아 낸 후 다른 여성과 결혼했고 이에 충격을 받은 그녀는 방주에 가입했다. (1974년 31세)

의사의 둘째딸로 의류학교 디자인과를 졸업하고 기성복 회사에 취직했다. 사내 결혼하여 4명의 아이를 두었지만 남편의 바람기로 인해 불신감이 생기고, 광기에 찬 폭력에 절망했다. 이후 몸을 숨기기 위해 방주에 입회했다. (1974년 33세)

두 사람 모두 자녀를 둔 여성으로, 예수의 방주만이 남편의 폭력으로부터 자신을 보호해주는 유일한 피난소였다는 공통점을 갖고 있다. 붕괴되어 가는 가정에서 겨우 빠져나온 이들을 맞아준 은신처로서의 방주. 이와 비슷한 경우는 방주에 입회한 여성들에게서 얼마든지 찾아볼 수 있다. 또 다른 사례를 살펴보자.

아버지는 패션 관련 회사의 사장이고, 어머니는 디자이너다. 부모님은 별거 상태로 어머니에게는 애인이 있다. A양은 유명 사립 중·고교를 거쳐 일류회사의 사무직원이 된다. 하지만 17세 무렵부터 본드 흡입, 절도, 경마, 그룹사운드에 광적인 집착 등 비행에 젖어듦과 동시에 성적으로 문란(임신·중절·성병 등)한 날들을 보낸다. 그녀는 회사를 그만두고 가출한다. 그리고 매춘 생활을 하다 방주에 입회한다. (1976년 20세)

A양은 표면적으로는 풍요로운 가정환경 속에서 자라 뭐하나 부러

울 게 없어 보인다. 더군다나 여고를 졸업한 후 일류기업에 취직해 매우 순조로운 상태였다. 그러나 현실 속에서의 가족은 갈기갈기 찢어져 해체되기 일보직전의 상태에 처해 있었다. 그녀는 스스로 자신의 심신을 더럽히고 고통을 줌으로써 가족 안에서 자신의 존재를 확인하려고 애쓴 것으로 보인다. 물론 이것은 A양의 눈에 비친 가족의 모습에 지나지 않는다. 다른 가족 구성원들에게 있어서 A집 안이라는 울타리는 자립한 어른들이 형성한, 나름 살기 좋은 집으로 받아들여졌을 것이다. 그렇지만 이 집안은 여전히 가족으로 존재할 수 있는 적극적인 근거, 적어도 딸을 가족의 구성원으로 이어 놓는 데 필요한 근거를 잃었다고 할 수 있다.

A양은 결국 여자로서 갈 때까지 갔을 때, 즉 한없이 표류하며 떠돈 끝에 이전에 얼핏 알고 있던 예수의 방주를 찾아 구원을 받으려 했을 것이다. 가족은 더 이상 그녀에게 있어서 방황의 끝에 돌아갈 수 있는 안식처가 아니었다. A양 스스로 새겨놓은 심신의 상처를 위로해 준 것은 가족이 아니라 가족 공동체와 비슷한 방주였다. 그런 냉혹한 현실에는 어두운 진실이 숨겨져 있었다는 생각이 든다. 그녀가 방주에 도착한 후에 펼쳐진 부모와 자식의 막장 드라마는 서글프기까지 하다. 가족이란 허울을 계속 유지하려고 하는 부모와 깨져버린 가족으로부터의 이탈이야말로 유일하게 자신이 선택할 수 있는 방법이라고 믿는 딸의 사이는 그야말로 드라마인 것이다.

가출한 지 반 년 후, A양은 센고쿠 예수에게 매춘과 성병을 고백하고 구원을 청하는 편지를 썼다. 이에 나이 든 신도들이 "어째서 이런 몹쓸 아이를 우리가 돌봐야 합니까?"라고 불만을 터뜨렸을 때, 센고쿠 예수는 이렇게 말했다고 한다.

"무슨 소릴 그렇게 하는가? 자네 역시 처음엔 그러지 않았나? 누구든 처음엔 다 그런 거라네."

A양은 이렇게 해서 방주에 입회한 것이다. 사랑에 굶주려 있던 그녀가 거기서 발견한 것은 남자와 여자의 끈적끈적한 사랑이 아니라 동료의식이었다고 한다. 다음은 10대 소녀의 사례다.

B양이 초등학교 3학년 때, 아버지가 경영하는 기계공장이 도산했다. 그후 부모는 이혼하고 딸은 어머니와 단둘이 생활을 했다. 실업계 고등학교를 다니면서 학비를 벌기 위해 찻집과 패스트푸드점에서 아르바이트를 했다. 손님이던 남자와 동거했지만 일을 하려 하지 않는 그에게 실망하여 헤어진다. 그 무렵 B양은 중학교 동창이던 센고쿠 예수의 딸과 우연히 만나면서 방주의 존재를 알게 된다. 1972년 18세에 마침내 입회한다. 나중에 본인 스스로 호적을 파서 센고쿠 예수의 양녀가 된다. (1972년 18세)

B양이 방주에 입회하기까지 또래의 다른 소녀들과 비교하면 매우 힘든 생활을 해왔다고밖에 말할 수 없다. 일본이 고도 경제성장기를 달리면서 물질적 번영을 구가하던 때, 전형적인 모자가정(母子家庭)이던 어머니와 딸은 궁핍한 생활로 내몰렸다. B양은 고등학생이었지만 교사의 허가를 받고 방과 후에는 경마장의 찻집에서 종업

원으로 일하며 학비를 벌었다. 자살만 생각하고 있던 암담한 소녀였다.

어머니는 십여 년간 여자 혼자의 몸으로 자식을 길러내느라 심신이 모두 지쳐 있었고 고로 딸의 마음의 세계에 눈을 돌릴만한 여유가 없었다. 하루라도 빨리 딸이 경제적으로 자립하여 양육에서 해방되기를 바라고 있었다. 십대 소녀였던 딸아이가 남자에게 구원을 바라며 동거를 시작했을 때도, 호적을 파서 센고쿠 예수의 양녀가 되었을 때도, 아마 어머니는 별다른 관심도 저항도 나타내지 않았을 거라는 생각이 든다. 아버지가 떠난 뒤 둘뿐인 가족은 오랜 세월동안 관계가 헐거워지고, 이제는 가족이라는 명목만 남았다는 사실을 알게 되었을 때, 각자 등을 돌리고 자신의 길을 갔던 게 아닐까?

하나 잊혀지지 않는 광경이 있다. 방주가 이슈로 떠오른 후, 경찰은 B양과 어머니가 만나도록 팔을 걷어붙였다. 그러나 소녀는 "엄마에게 연락해도 소용없어요. 어머니는 저에게 아무런 관심도 없으니까요"라고 말했다. 경찰이 설득해서 결국 B양의 어머니에게 연락을 하게 되었다. 그러나 어머니로부터 갈 수 없다는 연락을 받았다. 그리고 며칠 뒤 경찰의 간곡한 부탁으로 딸 앞에 모습을 드러낸 어머니는 "내가 왜 이런 먼 데까지 와야 하는 거야?"라며 화를 냈다고 한다.

이것이 '남겨진 어머니는 홀로 울다'라고 매스컴이 과장되게 기사화했던 어머니의 실제 모습이었다. 가족이라는 상식에 기대를 걸고 행방불명인 찾기 캠페인을 펼친 매스컴과 경찰은 그야말로 보기 좋게 뒤통수를 얻어맞은 순간이었다. 그리고 가족의 빈자리에는 해체와 붕괴라는 쓸쓸한 잔상만이 뒹굴고 있을 뿐이었다. 마지막 사례를 살펴보자.

> 도쿄대학 법학부 출신에 공기업 국장인 아버지, 어머니, 4살 아래 남동생과 C양. 그녀에게는 네 살 때부터 피아노 가정교사가 붙었고, 사립음대부속 유치원과 초·중·고를 다녔다. 중학교에 올라갈 당시, 피아노 선생님으로부터 재능의 한계를 지적받는다. 학교를 빼먹고 겉돌다가 발각되었을 때 아버지는 집안의 명예를 위해 학교는 졸업하라고 딸에게 말했다. 그러나 그 후로도 계속 절도, 흡연, 음주 등 자잘한 비행이 이어졌다. 전철 역 앞에서 방주의 입회를 권유받아 방주에 입회했다. (1977년 17세)

경제적으로는 매우 풍요로운 환경 속에서 C양은 전형적인 양가집 따님으로 길러졌다. 고급스러운 분위기를 자아내는 저택의 지하에는 전용 피아노실까지 갖춰져 있었다. 그녀는 부모가 깔아놓은 레일 위를 나름대로 열심히 걷고 있었다. 그러나 재능의 한계에 부딪치면서 동시에 피아노는 위압적인 부모의 상징처럼 느껴지게 되었다. 피아노를 그만두고 싶다는 딸을 상대해 주지 않았고, "도쿄대 출신의 남자를 알아봐줄 테니까 시집이나 가거라"라고 어머니는 입버릇처럼 말했다. 딸의 필사적인 저항이자 자기표현이었던 비행에 대해서 부모님은 못 본 척으로 일관했다.

　C양이 방주로 들어가자 그 추적의 리더격이 된 것이 바로 그녀의 아버지다. 그리고 『부인공론』(1980년 1월) 에 「센고쿠 예수여, 내 딸을 돌려다오」라는 제목으로 수기를 발표하고, 매스컴의 행방불명 보도의 길을 튼 것은 바로 어머니다. 그 수기를 읽고 C양은 어머니 앞으로 분노를 담은 편지를 썼지만, 그것 역시 어머니에 의해서 「납치당한 딸에게 온 편지」라는 제목으로 어머니와 딸의 왕복서간으로 『부인공론』(1980년 3월) 게재되었다. 그 중에서 C양이 직접 쓴 편지는 「센고쿠 예수의 소설 같은 스토리」라는 타이틀이 붙여져 센고쿠 예수를 전면적으로 부정하고 있다.

　그녀의 집은 집안에 대한 자부심이 뿌리 깊게 내려져 있는 것으로 보인다. 그러나 그것은 조상 대대로 내려오는 집안이라기보다는 도쿄대학 법학부 출신의 엘리트였던 아버지가 혼자서 쌓아올린 모래성 같다는 생각이 든다. 그런 집안은 C양에게는 자기동일시 하기 어려운, 위압적인 질곡의 상징처럼 느껴졌을 것이다. 아이에게 가족은 대체 가능한 장소, 한마디로 절대적인 곳이 아니라 상대적으로 선택할 수 있는 곳 중의 하나가 되고 말았다. 이 가족도 마찬가지로 해체의 위기에 임박해 있다고 말할 수 있다. 그러나 그녀의 부모들처럼 가족을 둘러싼 실상에 대해 잘 모른 채 착각을 하고 있으니 딱하기 그지없다.

　가족의 풍경은 다양하게 나타날 수 있다. 우리의 눈앞에 지금 드러나 있는 것은 예수의 방주와 맞물려 사건으로 번진 특이한 가족들의 풍경이다. 그러나 그것이 과연 특이하고 예외적인 것일까?

예를 들면 방주 사건이 부상한 뒤에 여성들이 직접 밝힌 비행이나 타락에 관한 이야기는 청춘이라는 불안정한 방황의 계절을 보내면서 나타날 수 있는 흔하디흔한 에피소드에 불과하다. 딸들에 의해 폭로된 가족 안에 내재된 문제 역시 마음을 비우고 바라보면 평범한 가족이라면 분명 잠재워두고 있을만한 것에 불과하다. 그렇지만 이렇게 곪아터진 불신과 무관심을 직접 목격하고 보니, 어쩌면 이것은 현대의 가족 모두에게 진행되고 있는 사태를 상징적으로 보여주는 것이 아닐까 하는 생각이 든다. 가족의 붕괴, 해체⋯. 그것은 단순히 표층적인 현상에 머물지 않고, 다양한 가족들의 심층부를 관통하는 현실이 되었다. 가족으로 유지되는 것에 대한 근거와 소위 가족적인 아이덴티티 그 자체가 회의시 되고 있기에 위기에 직면해 있다고 말하지 않을 수 없다.

C양이 쓴 편지의 한 구절을 인용해보자.

저를 어떻게 설득하실 건가요? 저를 데리고 돌아가면 무엇을 해 줄 건가요? 아빠도 엄마도 객관적으로 생각해 보면 내가 지금 경험하고 있는 기쁨 이상의 것을 해줄 수 없다는 걸 아시게 될 텐데⋯. 제 마음을 움직이게 할 만한 훌륭하고 구체적인 무언가를 준비하고 있다는 말인가요? 전보다 훨씬 더 우아한 생활을 하게 해 주겠다는 말이라도 하려는 것인가요?

– 「납치당한 딸에게 온 편지」 『부인공론』

얼마나 통렬한 가족 비판인가? 불쑥 들이민 이런 질문을 정면으로 받아 반박 내지는 대안을 제시할 수 있는 가족이 과연 있을까? 그리고 '기쁨'도 '훌륭하고 구체적인 무언가'도 줄 수 없는, 그저 '우아한 생활'이라는 물질적 충족밖에 제공하지 못하는 가족이란 대체 무엇이란 말인가? 뒤집어 말하면 기쁨이나 훌륭하고 구체적인 무언가를 제공한 예수의 방주는 또 무엇이란 말인가? 그 대조적인 구도에서 생각한다면 가족 측으로부터 사이비 종교집단으로 공격당하고 저주받는 것은 어쩌면 방주에게는 숙명과도 같은 것이다. 그것은 센고쿠 예수의 말이나 방주의 교리와는 거의 관련이 없는 것이다.

가족은 기쁨이나 훌륭하고 구체적인 무언가를 뭐 하나 제시하지 못하고 있다. '너는 나에게 무엇을 해 줄 것이냐'라는 비명과도 같은 회의 섞인 목소리에, 무력함을 한탄하며 침묵하고 있다. 그렇지만 가족이 무력하다는 것은 반드시 현대에만 나타난 특징적인, 그리고 현대의 가족을 근본적으로 위협하는 문제를 내포한 현상이라고는 할 수 없다. 가족이 그 구성원들에게 기쁨과 구체적이고 훌륭한 무언가에 만전을 다하는 것은 아마도 한낱 꿈같은 얘기에 지나지 않을 것이다. 현대의 가족을 근본적으로 위협하고 있는 것은 가족이 우리에게 있어서 항상 자연스럽고 분명해 보이던 존재가 더 이상은 아니라는 현실이다. 가족 구성원에게 예컨대 C양처럼 의구심을 허락하는 것, 그것은 이미 가족이 뭔가에 패배해 있다는 것을 의미하는 것이 아닐까? 예전에는 가족이란 그러한 의문 따위가 비집고 들어올 여지가 없는 굳건하고 분명한 존재였기 때문이다.

절반은 타성처럼 가족이라는 공간에 뻥 둘러앉는다. 하지만, 둥근 진영의 중심에는 통합의 상징으로 여길만한 것, 예를 들면 조상을 기리는 제사상이라든가 아버지다운 것이 존재하지 않는다. 고로 둥근 가족의 진영을 이탈해 가는 사람들을 멈춰 세울만한 근거가 부족한 것이다. 가족은 외부의 세계로부터 끊임없이 침식되지만 점차적으로 애정을 통해 환원되어 가야 한다. 그러나 애정을 잃은 사람들은 집착심도 별로 느끼지 않고, 가족의 진영에서 몸을 뒤로 빼고 있다가 떠나버린다. 그때 연출되는 드라마는 딸과 부모와 방주(센고쿠 예수)처럼 마치 삼각관계에 놓인 남녀 사이의 애증극으로 변질되어버린다. 가족이라는 고유의 영역은 점점 좁아져가고, 불확실한 방향으로 바뀌기 쉬운 관계 속에서 겉돌고 있다.

예수의 방주라고 하는 평온한 신앙 집단이 가족으로부터 망명한 자들의 은둔지로 변모해갔다. 예수의 방주가 시대를 상징하는 사건으로 떠오르게 된 배경을 살펴보면 가족의 해체·이산이라는 결론에 도달하게 된다. 그것은 현대의 가족이 적잖이 안고 있는 냉랭함이 감도는 시대의 모습임에 틀림없다.

표류하는
예수의 방주

방주 활동의 시작은 1960년 4월로 거슬러 올라간다. 그들은 도쿄도 고쿠분지시에 좁은 빈터를 빌려 판잣집을 짓고 '극동그리스도집회'라는 간판을 내걸었다. 이후 집단적으로 실종사건이 일어난 1978년 5월까지의 19년간, 방주는 다마(多摩) 지구의 빈터 7곳을 전전한다. 기존 군(軍)의 병영(兵營), 오래된 농가 등에 조잡한 텐트나 조립식 가건물 교회를 세워 공동생활을 한다. 나중에 소형 버스를 구입하는데, 주택과 교회를 겸한 것으로 사용된다.

이러한 텐트 쪽방이나 소형 버스의 교회가 지역사회 내에서 수상한 것으로 비쳐졌으리라는 것은 예상하기 어렵지 않다. 십자가가 우뚝 솟아있는 것도 아니고, 종교법인으로 인가도 받지 않은 교회.

"통상적인 종교로서의 교회라면 우리 아이들의 신변을 기꺼이 맡기죠"라고 가족들은 한탄한다. 수상해 보이는 교회에서 숙박을 시작한 남자들과 중년 여성, 그리고 아가씨들. 여성은 하나같이 검은색 원피스를 입고 있었고 외출하는 일도 없었다.

어느 날 조립식 가건물은 외부로부터의 시선을 차단하게끔 파란 시트로 뒤덮였다. 결국 방주는 외부세계와 더욱 격리된 공간으로 바뀌었고 내부 생활은 담 틈새로 보는 것조차 불가능해졌다. 방주의 주변에서 반복되는 소동. 핸드마이크를 손에 들고 "내 딸을 내놔라!"라며 고래고래 소리 지르는 부모들, 구타가 뒤섞인 난투극, 옆에서 이러지도 저러지도 못하고 바라만 보고 있는 경찰, 싸움구경에 덩달아 신난 구경꾼들…. 인근에 사는 주부들은 왠지 기분 나쁜 이 집단을 눈살을 찌푸리게 하는 소문의 온상으로 인식하고 있었다. 얼마 지나지 않아서는 방주에서 탈주한 자를 누군가 고함을 지르며 뒤쫓는 소리를 들었다는 사람까지 나타났다. 방주는 사건이 일어나기 훨씬 이전부터 행방불명담의 싹을 지역사회에 퍼트리고 있었던 것이다.

밤하늘에 떠오른 이상한 건물을 보고 놀랐습니다. 푸른 반원형 모양의 지붕과 주변을 휘감은 파란 비닐이 파르르 흔들리고 있었지요. 텐트 벽을 빙 둘러싼 전기는 휘황찬란하게 켜져 있었습니다. 나는 조금 떨어진 곳에서 바라보다가 돌아왔습니다.

건물의 앞쪽은 자동차 도로였고, 뒤쪽으로는 전철이 지나가는 철길이
나 있었습니다. 우측에는 화재 감시용 망대가 있고, 좌측에는 30미터쯤
떨어진 곳에 파출소가 있고, 주변에는 인가가 없습니다. 어떤 소리도 주
변에는 들리지 않지만, 반대로 건물 안에서는 사방을 바라볼 수가 있습
니다.

– 이노우에 다카시, 「나의 딸도 납치당했다」 『부인공론』

우리는 사건으로부터 몇 년이 지나서야 예수의 방주에 대한 정
보를 손에 넣을 수 있었다. 당시 가족들은 딸을 빼앗겼다는 초조함
과 애타는 심정으로 방주만 필사적으로 응시하고 있다. 가족들 눈
에 비친 방주의 모습은 우리가 봐도 이해할 수 없는 망상들로 꾸며
져 있다고 해도 이상할 게 없다. 적어도 가족들이 품고 있는 생각
은 예수의 방주 같은 집단에게 귀한 딸을 빼앗겨서 억울하다는 것
뿐이다.

그러나 내막이 밝혀지면 그것은 유괴와 감금에 관련된 망상적인
이야기였다는 걸 알 수 있게 된다. 노동자 합숙소 같은 조립식 가옥,
반 평도 안 되는 잠자리, 종이를 발라 햇살이 들어오지 않는 창문….
어머니의 마음속에 자리 잡고 있는 것은 '이런 곳에 우리 딸이 자신
의 의지로 살고 있을 리가 없다'라는 흔들리지 않는 확신이었을 것
이다. 비록 한때의 광기로 빗나가다 방주로 들어갔지만, 감금이라도
당하지 않는 이상 거기에 머무를 리가 없다는 믿음에 차 있었다. 실
제로 예수의 방주는 사람들을 '부들부들 분노케 만든다'라고 표현

할 만큼 궁핍한 생활을 하고 있었다.

> 궁핍하여 생활이 몹시 어려운 것을 사람들은 가난하다고 말하고, 병으로 고통 받는 사람, 남과 어울리지 못하는 사람을 불행하다고 말한다. 그러나 방주에 있는 사람들의 감각은 다르다. 대저택을 돼지우리로 여길 수 있는 감각, 우아한 세끼 식사에 낮잠을 잘 수 있는 초호화판 생활을 거지생활이라 생각할 수 있는 감각. 이런 것을 가리켜 주 예수님은 "가난한 자는 행복하리라"라고 말씀하셨다. 맛있다는 것은 아무것도 아닌 것이다. 밥에 소금을 뿌려 먹어도 맛있을 수 있다. 그 안에 훌륭한 본성의 교류만 있다면 소금을 뿌린 밥은 고기전골 이상의 가치가 있는 것이다.
>
> – 니시무라 유키오(西村幸男), 「예수 도주의 내부사정」, 『부인공론』 1980년 8월

센고쿠 예수가 한 말이라고 한다. 과하다 싶을 만큼 성서의 가르침인 '가난한 자는 행복하리라'를 실천한 것이다. 가난이 방주에 있는 신도들의 의지로써 선택된 생활의 형태라는 것을 이해하지 못하는 사람들이 보면, 그것은 오롯이 부들부들 분노케 만드는 요인이다. 딸에게 버려진 가족들과 물질적 안일이라는 긍정에 푹 빠져 있는 시민사회는 이러한 예수의 방주를 다른 세계로서 바라보는 곳에서 있는 것이다.

더구나 방주 자체가 그들을 다른 세계 사람이라 생각하는 세상의 시선에 놀라울 정도로 개의치 않아 하는 것은, 결국은 방주를

행방불명담의 주인공으로 내세우는 간접적인 원인으로 작용했다고 본다.

방주에서의 공동생활은 날갈이 주문과 연마 작업, 녹차 판매, 대나무로 만든 꽃바구니 제작 등으로 유지되고 있었는데, 포교활동도 이것들과 일체화되어 있었다. 소위 날갈이 교인이라 불리면서 가정을 방문하여 날갈이 주문을 받았고, 더불어 포교를 진행했던 것이다. 그 외에도 역 앞에서 팸플릿을 나눠주거나 복지센터나 방주의 소형버스 안에서 성서연구회를 열었다.

이러한 포교 방식은 역시 통상적인 교회의 그것과는 다른 독특한 것이라고 말할 수 있다. 일본 중세시대 때 고승이라 불리던 스님들이 정처 없이 떠돌면서 행상이나 세공 등에 종사하며 포교활동을 펼치던 모습을 떠올리면 된다. 어찌되었든 여기서도 방주는 우리들의 의식적인 교회의 이미지에서 크게 벗어나 있는 것만은 틀림없다.

아주 잠시 동안 닻을 내린 것 같은, 다음날에는 필시 항구를 떠날 게 분명한 이방인의 배처럼 예수의 방주는 잡목림과 들판이 산재한 도쿄 외곽 지역을 계속 떠돌았다. 안주하고자 하는 의지의 희박함, 굳이 말하자면 한 곳에 머물지 않는 것(표류 지향), 그것은 방주의 분명한 특징이다. 나중에 도피하여 도쿄에서 저 멀리 규슈까지 유랑하는데, 말로는 쫓겨나서라고 하지만 그야말로 정처 없이 떠도는 떠돌이 집단이라 표현하는 것이 어울린다.

이렇게 정착하지 않고 떠도는 것은 지역사회에서 방주의 이방인 성을 오히려 눈에 띄게 한다. 예수의 방주는 일상 세계의 내부에 거처하는 한은 이방인이고, 다른 세계에서 계속 있을 수밖에 없는 것을 숙명으로 받아들이고 있는지도 모른다. 적어도 방주에게 이방인으로서의 소외감이나 고통의 표정을 찾아보기 어렵다.

여기에는 방주라는 집단의 근본에 문제가 잠재되어 있다고 본다. 그것은 무엇보다도 단적으로 예수의 방주라는 명칭 자체가 상징하고 있다. 일상적인 세계에서 편히 쉬는 육체를 가진 인간으로서의 자신은 부정되고, 새로운 인격(본성 인간으로서의 예수)에 가까워지는 것이 그들에게 있어서는 최대의 종교적 과제인 것이다.

이른바 일상적인 세계를 끊임없이 넘어서는 곳에 예수라는 지상의 인격 또는 상태가 설정되어 있는 것이다. 방주가 날마다 펼치는 활동(성서 공부 · 교류 · 포교 등)은 그들 한 사람 한 사람이 고유명사로서 존재하는 자신을 버리고, 예수를 향한 자기변혁을 이루어 가는 실천 그 자체이며, 방주는 그러한 과제를 푸는 장소임을 의미하는 것이다. 그렇다면 결국 방주라는 명칭은 일상 세계에 정착하는 것을 거부하고, 일상으로부터의 끝없는 망명자로 계속 남아 있기를 바라는 소망을 암시하는 것일까?

예수의 방주라는 명칭은 거듭 말하지만, 정착하고자 하는 의지의 희박함을 상징한다. 그렇기 때문에 '그리스도 교도는 세상에서는 바깥에 있는 자이고, 쉴 만한 곳도 얻지 못한 유랑하는 사람, 나그네이다'라는 원시그리스도교의 전통을 이어가고 있는 것이다.

표류라는 형태야말로 신자 내지는 그 공동체 태초의 모습이라고
한다면, 방주의 비(非)정착성 역시 다른 각도에서 조명해볼 필요가
있다.

딸을 버린 가족,
딸이 버린 가족

두 말할 필요도 없이 예수의 방주라는 집단의 중심점이자 2년 반에 걸친 도피행각 속에서도 집단을 줄곧 통합한 것은 센고쿠 예수라 불리는 초로의 남자였다. 방주사건이 부상하기 이전에 그는 젊은 여성들에게 시중들게 하는 하렘의 왕, 사이비 종교의 무서운 교주의 모습으로 유포되었는데, 실제로 드러낸 모습은 교양 없는, 그저 고뇌하는 여성들로부터 큰 신뢰를 얻고 있는 평범한 아저씨였다.

자매가 함께 방주에 다닌 케이스도 있다. 이 여성은 남편이 못나가게 해서 방주를 떠났지만, 여동생은 갓 21살이 되었을 당시, '무슨 일이 있어도 돌아오지 않겠다'는 글을 남기고 집을 떠나 방주로 들어갔다.

> 여동생이 센고쿠 예수에게 끌린 것도 무리는 아니라고 봅니다. 그의 나
> 이를 가늠해보면 아버지쯤 되지만, 그 연배에 있는 사람들과 비교하
> 면 훨씬 매력적입니다. 그는 까무잡잡한 건강한 피부를 가졌고 처지지
> 도 않았습니다. 남성적인 매력을 풍기며 자기 자신을 위해 살라고 용기
> 를 주었고, 걱정해 주었으며, 좋은 말을 해주고 가르쳐준 신뢰할 수 있
> 는 선생님처럼 느껴졌습니다. 여동생은 더욱 빠져들었고 얼마 지나자,
> 센고쿠 예수는 평범한 사람이 아니라고 했습니다. "비가 쏟아지다가도
> 그가 외출할 즈음에는 딱 멈추는 거야"라며 사뭇 진지한 표정을 지으며
> 말했습니다.
>
> – 가토 요시에(加藤芳江), 「마성의 손아귀에서 벗어나라」 『부인공론』 1980년 5월

책임자, 즉 센고쿠 예수가 여성 신도들에게 어떠한 존재인가를 잘
알 수 있는 대목이다. 제목은 별개로 하더라도 기술된 내용에는 과
장은 들어있지 않다고 보인다. 남성적인 매력을 갖추고 있고, 자신
에 대해 진지하게 걱정해 주는 신뢰할 수 있는 선생님과 같은 존재.
센고쿠 예수와 여성 신도들 사이에 육체로 매개된 성관계는 존재하
지 않았지만 정신적인 성관계로 이어져 있었던 것은 확실하다.

게다가 센고쿠 예수의 매력은 단순히 거리를 오가는 아저씨와 같
다고 말할 수 없다. '책임자는 평범한 사람이 아니다'라는 말은, 여
성 신도들이 심적인 측면에서 그를 어떻게 받아들이고 있는지 짐작

할 수 있게 해준다. 센고쿠 예수는 단순한 아저씨가 아니라 강렬한 카리스마를 가진 존재인 것이다. 그러한 카리스마가 없었다면 2년 반 동안이나 다수의 젊은 여성들을 끌고 다니며 도피행각을 벌이는 것도 불가능했을 것이다.

젊은 여성들에게 가족을 버리게 만들만큼 매력을 발산시키는 남자는 딸을 빼앗긴 가족에게는 두려운 적(敵)이었다. 이 적은 그리스도교, 교회, 목사 등에 관한 암묵적인 코드에 모조리 위배되는 존재이다. 존재만으로도 이질적이며 기이한 사람으로서 취급받는 이방인인 것이다.

예를 들면 딸에 관한 일로 자택을 찾아온 센고쿠 예수에 대해 한 어머니는 다음과 같이 쓰고 있다.

센고쿠 예수는 "옷자락이 긴 검은 색 옷을 입고 있었는데, 깃 부분은 하얀 색이었어요. 콧수염을 약간 길렀고, 목사처럼 행동하며 우리 집을 찾아 왔습니다. 온화한 표정과 부드러운 목소리로 딸아이에 대해 "참 현명하고 예쁜 아가씨입니다. 그런 따님을 키운 부모님을 꼭 뵙고 싶었습니다"라며 겉치레 인사말까지도 아무렇지 않게 했습니다. 남편이 성서와 그리스도의 얘기를 꺼냈습니다. 그러나 그는 성서에 대해 전혀 학문적으로 공부하지 않은 듯, 뭐 하나 제대로 답변하는 게 없었습니다. 그 후로 이상하다고 느낀 남편과 센고쿠 예수 사이에서 이런 대화가 오갔습니다.

"당신은 목사 복장을 하고 있는데, 어디서 자격을 땄소? 교회는 어디에 소속되어 있고, 종파는 무엇이오?"

"저는 목사가 아닙니다. 종파는 없고 독자적으로 개척한 것입니다."

"그럼 목사 복장을 하고 있는 게 이상한 거 아니오? 게다가 우리딸에게
'하렐'이라는 이름을 붙이고 뭐하자는 거요?"

"이 옷은 편의상 입고 있는 것입니다. 이름은 교회에서만 그렇게 부르
고 있을 뿐입니다."

성서연구회의 대표는 센고쿠 예수에 대해 이렇게 말했다고 한다.
"센고쿠는 젊은 시절 직업이 없어 궁핍했고, 대표책임자가 있는
곳으로 들어가 거기서 성서를 수박 겉핥기식으로 배웠습니다. 큰길
에서 잡다한 물건을 파는 노점 잡상인이었는데, 말은 잘해서 장사
수완은 좋았습니다. 그러던 어느 날 자신을 목사로 만들어 달라며
대표책임자를 다그쳤습니다. 하지만 공부가 부족하다는 이유로 거
절당하자 거기서 나와 니시무라 유키오와 손을 잡고 극동그리스도
집회를 만들었다고 합니다."

센고쿠 예수란 대체 어떤 사람일까? 목사의 모양새를 하고 있지
만 목사는 아니다. 이 수상쩍은 남자가 주위에 젊은 아가씨들을 모
아 설교를 하고 있는 광경은, 딸을 잃어 피가 거꾸로 솟는 가족의
눈에는 사이비 종교 교주의 포르노그래피로밖에 보이지 않을 게 분
명하다.

여기서 인류학자인 메리 더글라스의 『순수와 위험』 중에서 요술
에 관한 해석을 통해 그를 조명해보자. 더글라스는 요술의 구조를

다음과 같이 규정하고 있다.

> 그것은 공동체에서 구조가 비교적 불명확한 부분에 있는 사람들이 갖
> 고 있다고 여겨지는 반(反)사회적인 영적능력이다. 그들을 고발하는 것
> 은 세속적 형식의 제어가 곤란한 부분에 제어를 가하기 위한 수단이다.
> 따라서 요술은 비(非)구조 안에서 발견되는 것이다. 다시 말해 마술사란
> 벽 틈새기에 사는 유충이나 거미와 비슷하다. 그들이 일으키는 불안이
> 나 혐오는 다른 형태의 애매한 것이나 모순된 것이 야기할 만한 것이고,
> 그들이 가진 능력은 그들의 애매성 그리고 불명확한 지위를 상징하고
> 있는 것이다.

사이비 종교의 교주로서의 센고쿠 예수는 말 그대로 마술사다. 더 글라스에 따르면 요술이란 구조적으로는 애매하고 불명확한 장소에 놓인 사람들이 갖고 있다고 보이는 영적능력으로, 그 애매함으로 인해 불안이나 혐오가 발생된다고 한다. 어떤 사람을 마술사로서 고발하는 것은 세속적인 질서에 의해 제어하기가 곤란한 부분을 컨트롤하기 위함이고, 그런 까닭에 그것은 공공의 희생양이 되는 특이한 형식 중 하나이기도 하다.

방주 및 센고쿠 예수가 띠고 있는 애매함·불명확함에 대해서는 이미 언급했다. 교회지만 교회가 아니고, 목사지만 목사가 아닌, 본래 노점잡화상이었던 사람, 콧수염을 조금 기른 용모의 센고쿠 예수. 이 구조적인 애매함을 온몸으로 실천했다고도 할 수 있는 집단

및 인물이 젊은 여성들을 꾀어 유괴하는 마술사로서 고발된 것은 자연스런 결과라 해도 무리가 아니다. 우리는 이런 종류의 애매함과 맞닥뜨릴 때, 거의 생리적으로 자연스럽게 몸에 배어있는 것처럼 혐오감을 느끼고, 형태를 알 수 없는 불안에 초조해한다. 그러한 혐오나 불안이 어떤 경계점에 도달하면, 마술사를 고발하는 과제가 눈앞으로 다가온다. 견디기 힘든 불규칙적인 현실은 요술의 구현을 통해 질서의 바깥으로 던져진다.

마술사는 공공희생양의 산 제물이다. 물론 방주와 센고쿠 예수가 여기서의 산 제물이다. 위기에 놓여 있는 것은 가족 그리고 가족이라는 제도이고, 거기에 발생한 미세한 균열로 인해 예수의 방주는 산 제물로 내던져진다. 그럼으로써 가족 그 자체의 붕괴나 해체 같은 내재된 위기는 반전된다. 부모와 딸의 깊은 상극은 어느새 부모와 방주와의 싸움으로 전환되어 외적인 위기로서 되돌아온다. 외적인 위기는 가족이라는 제도가 보편적으로 떠안고 있는 상처이기도 하기 때문에 사회적인 공공희생양을 필요로 한다. 방주는 이미 젊은 여성 신도들의 가족뿐만 아니라, 가족을 바탕으로 둔 시민사회에 의해 고발당하고, 마술사라는 이름으로 적(敵)이 되었다.

예수의 방주는 2년 반에 걸친 잠행 끝에, 극적으로 모습을 드러냈다. 여러 가지 부정적인 이야기가 난무하는 가운데 나타난 방주는 매스 미디어에 직접 자신의 이야기를 시작했다. 행방불명, 여성유괴, 사이비종교, 하렘 등 내부(가족·시민사회)에 의한 외부(예수의 방주)의 해석이 쏟아지면서 난무했던 이야깃거리들이 싱겁게 흩어져 날

아가 버렸다. 외부가 표층으로 밀고 올라감으로써 이야기를 만들어 내는 주체였던 내부가 상대화되어, 이야기 자체가 반전되었다고도 말할 수 있다.

그것은 아마 내부/외부가 천연덕스럽게 서로 위치를 바꾸는 정보화 사회의 특유한 현상일 것이다. 내부/외부의 경계가 애매하거나 끝없이 동요할 때, 이야기가 이야기로서 완결되지 못하는 것은 분명하다. 행방불명담이 붕괴되었을 때, 예수의 방주를 산 제물로 바치는 대신에 이야기를 여기저기서 쏟아냈던 가족들을 산 제물로 만드는 공공희생양의 작업이 다시 개시된 것은 과히 상징적이라 아니할 수 없다. 이때의 내부는 예수의 방주와 시민사회(가족이라는 제도)이고, 버려지는 외부는 딸에게 외면당했음에도 불구하고 유괴를 당했다고 히스테릭하게 소동을 부린 가족들이다. 유난스러운 가족들을 외부로 물리침으로써 제도로서의 가족은 교묘하게 위기를 피하는 것이다. 예수의 방주사건이라 이름 붙여진 행방불명담에 음란하게 빠져들었던 우리들 대부분은 순식간에 방주의 이해자, 옹호자로 탈바꿈하여 히스테릭한 가족들을 고발하는 편으로 돌아섰다. 물론 이해하기 어려울 정도로 변신을 보여준 것이 매스컴이라는 사실은 말할 것도 없다.

우리네 가정과 별반 다르지 않은 평범한 가족들이 딸에게 버려졌을 때 보였던 반응들, 생활이 파탄 나는 지경에 이르렀음에도 개의치 않고 딸을 돌려달라고 외치는 부모들…. 딸이 방주 같은 종교집단의 꼬임에 빠져 가족을 버리고 자취를 감춰버리는 사태가 벌어진다면 우리 역시 냉정하게 대처하기란 불가능하다고 본다. 딸을 빼앗겼다고 광분하는 광경을 비웃을 수 없는 것이다. 딸들이 "내가 지금 느끼고 있는 것 이상의 기쁨을 줄 수 있는가?"라는 오싹한 질문을 해왔을 때, 정면으로 응수할 수 있는 가족은 어차피 없을 것이다.

아무도 인정하지 않는
그들만의 낙원

예수의 방주는 단순히 구조적인 애매함을 가진 집단이 아니다. 방주는 V. 터너가 말한 코뮤니타스(신성하고 종교적인 순간에 머물러 있는 사람들이나 그들이 모여 있는 상황이나 공간. - 역자주)를 현실적으로 만들어낸 집단이라 말할 수 있다. 이런 적극적인 측면이 오히려 예수의 방주에 대한 혐오나 불안의 근원으로 작용했던 것인지도 모른다.

예를 들면 예수의 방주의 금전이나 노동에 관한 의식에는 독특한 것이 있다. 일할 수 있는 자는 일하고, 필요에 따라서 누구나 자유로이 사용할 수 있다. 돈은 깡통에 들어 있고, 필요한 만큼 꺼내 쓸 수 있다. 돈은 모두가 생활할 수 있을 정도만 있으면 된다는 생각에서, 수입이 많을 때는 돈이 없어질 때까지 그 시간을 신앙생활에 썼다.

거의 원시 공동체라고도 할 수 있는 원칙 하에서 신앙을 지상 최대의 가치로 생각하고 공동생활을 하는 방주의 신도들.

또한 절대적 평등과 공유재산제라는 집단원리가 그 어떤 강제나 의무도 없이 수월하게 달성되고 있다는 사실에 놀라지 않을 수 없다. 이는 그들에게 감도는 순수하다고 할 수 있는 기묘한 분위기와 연결되어 있다는 생각이 든다.

> 광신적이라고 하면 광신적이라고 할 수 있을지도 모르지만, 정말로 신을 믿고 행동하기에 가난한 생활에 찌들어 있다는 말 자체가 성립되지 않습니다. 현실에서는 일하면 바로 수입이 들어오니까 일부러 계획을 세우는 일 따윈 전혀 없었지요.
> – 선데이 매일편집부, 『예수의 방주·동승표류』

집단 생활에 관련하여 언급한 센고쿠 예수의 말이다. 사건으로부터 상당한 시간이 흐른 지금도 예수의 방주가 우리들에게 어딘가 불가사의한 느낌과 함께 신경 쓰이는 대상으로 계속 존재하는 것은, 방주가 지녔던 순수함이 이 시대에서는 사상의 과격함으로 치부되기 때문이다. 그가 내뱉는 메시지(예를 들면 가족이나 사유재산의 부정)가 과격한 것만은 아니었다. 오히려 순수하고 무방비한 상태로, 하지만 다루기 만만치 않은 순진함으로, 현실의 갑갑한 위계체제나 규범 등으로부터 해방된 실질적 원시공동체를 실현했던 것을 보면 현대사회의 허를 찔렀다고 말할 수 있다.

터너는 코뮤니타스를 세 개의 유형으로 나누고 있다. 실존적 내지는 자연발생적인 코뮤니타스, 규범적인 코뮤니타스, 이데올로기적인 코뮤니타스가 그것이다. 그의 분류에 따르면 예수의 방주는 적어도 첫 번째 실존적 내지는 자연발생적 코뮤니타스다. 방주가 순수함 속에서 자연발생적으로 얼마나 풍요로운 코뮤니타스를 실현하고 있었는지를 알기 위해서는 코뮤니타스가 용출하는 경계성의 지표로서 터너가 든 항목을 살펴보면 된다.

이행 · 전체 · 동질 · 평등 · 재산의 결여 · 신분의 결여 · 알몸 또는 제복 · 성욕의 절제 · 성별의 극소화 · 서열의 결여 · 겸허 · 개인의 외관 무시 · 부의 무차별 · 비(非)자기본위 · 전면적 복종 · 성스러운 성질 · 성스러운 교훈 · 침묵 · 친족관계의 권리와 의무의 정지 · 신비한 힘에 대한 끊임없는 기원 · 어리석음 · 단순 · 고뇌의 수용 · 타율성.

자연 발생적인 코뮤니타스로서의 예수의 방주. 신도들이 저마다 방주 생활의 즐거움을 말하는 것은 그들이 방주라는 코뮤니타스 안에서 세속적인 위계조직 · 규정 · 규범 같은 것에서 해방되어, 적어도 '나와 너'(M. 부버)라는 전인격적인 교섭(커뮤니케이션)을 체험하고 있었기 때문임에 틀림없다. 그렇다면 우리는 한층 더 예수의 방주와 센고쿠 예수를 받아들이는 것을 주저하고 박해했던 진짜 의미를 이해할 수 있게 될 것이다.

터너는 이렇게 말한다. 구조의 유지에 관련된 사람들의 시각에서 보면 코뮤니타스의 출현은 위험한 무정부상태로 보일 것이고, 여러 가지 규정이나 금지 같은 조건이 붙음으로써 방벽이 세워져야 한다고.

　가족이라는 제도는 말할 것도 없이 구조다. 구조로서 가족의 편에 서는 한, 코뮤니타스로서의 예수의 방주는 의심할 여지없이 위험한 무정부 상태로 보이는 것은 당연하다. 그렇기 때문에 금지와 격리를 위한 방벽이 구축되지 않으면 안 되었던 것이다. 행방불명·여성유괴·사이비 종교와 같은 추문에 관한 이야기가 생산되고, 방주를 산 제물로 삼는 대규모의 의례가 치러진 그 배경의 가장 깊숙한 곳에 예수의 방주라는 코뮤니타스가 있었던 게 틀림없다.

지역 이기주의의 이면

복지 시설이 들어오면 땅값이 떨어진다?
최고의 주거지를 찾아 신도시에 들어온 사람들은
불순물이 싫다. 이들은 보다 정돈된 세계에서 살고
싶어한다. 이런 의미에서 신도시, 즉 뉴타운은 그야말로
유토피아인 것이다. 이 유토피아는 고층 건물
안에 단조로우며 획일적인 구조를 띠고 있다.

그들만의 유토피아,
뉴타운

느티나무골 사건. 임시로 그렇게 이름을 붙이도록 하자.

사이타마현 히키군에 위치한 하토야마 뉴타운(신도시)과 인접한 국유림에 자폐증 환자 시설 '느티나무골·히카리카오카 재활원'을 건설할 계획이 진행되고 있었다. 주로 18세 이상의 자폐증 환자를 수용하여 그들의 요양 및 자립훈련을 목적으로 한 시설로, 자폐아를 둔 부모들이 10년 넘게 펼쳐온 운동이 마침내 결실을 맺으려던 참이었다. 그때가 마침 1981년 국제장애인의 해이기도 했다.

성인 자폐증 환자를 위한 시설 확충은 중요한 복지 과제 중 하나로 여겨지고 있지만, 현재에도 전국에 몇 군데밖에 되지 않는다. 자폐증 환자는 많이 움직이기 때문에 관리와 지도가 어렵다는 이유로

장애인 시설에서도 받아주지 않는 경우가 많아, 갈 곳을 잃은 이들의 대부분은 정신병원에 수용되고 있는 것이 실상이라고 한다. 그 때문에 자폐나 성인 자폐증 환자를 맡아야 하는 부모들이 각지에서 시설조성에 힘을 쏟았다. 느티나무골 재활원은 그러한 움직임의 일환이었다.

그렇지만 착공 직전에 건설 예정지 옆에 위치한 하토야마 뉴타운의 일부 주민들 사이에서 거센 반대운동이 일어났다. 그 때문에 착공 전후로 3회에 걸쳐 자폐아 부모회, 전문의사, 뉴타운 주민들을 모아놓고 자치회가 주최하는 설명회가 열렸다. 하지만 결국 자폐증 환자 시설을 받아들일지는 주민투표에 부치게 되었다.

이러한 이례적인 사태에 국가가 중재에 나섰고, 대체할 부지를 뉴타운에서 떨어진 지역에서 찾는 방향으로 국면이 흘러갔다. 복지시설의 건설이 주민투표로 결정되는 전대미문의 사태는 가까스로 모면했다. 그러나 지역장이 알선한 대체 부지는 입지조건 등이 적합하지 않아, 결국 건설계획 자체가 공중에 떠버리고 말았다.

매스컴은 하나같이 약자를 둘러싼 지역 이기주의에 초점을 맞춰 보도했다. 당시 스크랩해 두었던 마이니치신문 1981년 12월 21일자 기사의 표제어도 이렇다.

거부당한 자폐증 환자 시설

신도시 옆으로의 건설 단념

일부 주민 '환경악화' 주장

분명 이 문제는 지역 주민의 이기주의에서 비롯된 것이다. 하지만 단순히 지역주민의 이기주의라는 레벨로 환원하는 것만으로는 부족하다.

예를 들면 70년대 흔하디흔한 광경이었던 쓰레기 소각장 건설에 반대하는 주민운동을 떠올려보면 된다. 다소 노골적이기는 하나, 그 운동에서 내세운 더러운 것, 냄새나는 것으로서의 쓰레기를 바라보는 혐오의식은 우리의 일상적인 감성과 아주 동떨어진 것만은 아니었다. 전후 몇십 년을 거치면서 오물과 악취를 몰아내는 일을 달성했기 때문에 일본 국민 대부분은 무색무취의 청결한 장소에 살고 있다고 생각했다. 그렇기 때문에 비록 몸에서 나오는 쓰레기라도 가능하면 멀리하고픈 것이 오히려 자연스런 감정이다. 따라서 주민과 행정 당국의 교섭에 '쓰레기전쟁'이라는 이름이 붙여져, 우스꽝스러움마저 느껴지는 일종의 만화 같은 광경이 벌어지기도 했다.

80년대에 들어서자, 지역 이기주의의 창끝은 확실하게 변질 내지는 확대의 양상을 보이기 시작했다. 쓰레기 소각장으로 시작된 배척의 대상이 자폐증 환자 시설, 복지작업장, 심신장애자 상담센터, 양호시설 등으로 점점 확대되어 갔다. 이런 것은 이물질을 대하는 기피의식에 기인하고 있는데, 이제 우리는 이런 노골적인 배제의 구조를 눈앞에 놓고서 해학과 풍자를 넘어 그로테스크한^(기괴한) 전율을 느끼지 않을 수 없게 되었다. 자폐증 환자, 정신박약자, 정신병자와 같은 아무리 배제되어도 인간의 카테고리에서 쫓겨나지는 않았을 사람들(이방인들)이 거기서는 소각되어야 마땅한 쓰레기와 같은 취급을 받으며 내몰리고 있었다. 거듭 말하지만 이것은 단순한 지역 이기주의의 문제만은 아니다.

느티나무골 사건과 아주 흡사한 일이 80년대 들어 두드러지게 발생한다. 마찬가지로 자폐증 환자 시설 건설이 난항을 겪은 예가 또 있다. 1983년 홋카이도 삿포로(札幌)에서 역시 인접해 있는 신도시 주민들 사이에서 심한 반대운동이 벌어졌다. 주민들이 공사현장 입구에서 자재 반입을 저지하자 복지시설 측이 방해금지 가처분 신청을 하는 등 결국 진흙탕 싸움으로 번져 법정까지 가게 되었다.

느티나무골 사건도 가령 건설을 강행했다면 이 경우와 대동소이한 사태가 발생했을 것이다. 이 사건은 화해가 성립되고 주민측이 시설을 받아들이는 형태로 결말이 났다.

1981년 세타가야(世田谷)에서는 지능장애가 있는 젊은이들의 복지작업장 건설이 주민의 저지운동으로 인해 중단 상태에 놓였다. 반대운동(약 100명·대표자 없음)의 매개자 역할을 하는 노인은 이렇게 말한다.

"그들은 보통 사람보다 격하게 화내고, 성에 대한 관심도 강하지 않은가? 그런 사람들과 우연히 마주치기라도 한다면 기분이 오싹해 질 게야. 멀지 않은 곳에 정신병원이 두 개나 있는데 이런 시설이 또 들어온다니 이젠 사양하고 싶은 게 모두의 솔직한 심정이지."
– 마이니치신문, 1981년 7월 24일

아이나 여성과의 예측 불가능한 트러블, 살기 좋은 주택환경의 파괴 등을 주된 반대 이유로 들었다. 왜 반대운동에 대표자가 없을까? 여기서는 그것이 전원일치의 의지적 표현임을 지적해두고자 한다.

1982년 조후(調布) 지역에서는 복지작업장 건설을 둘러싸고 반대하는 지역자치회와 행정당국과의 싸움이 재판으로까지 갔다. 반대주민들로부터는 "예정지가 아닌 다른 곳에 건설한다면 1천만 엔(한화 약 1억 원 - 역자주)을 기부하겠다" 등 이례적인 제안마저 나왔다.

같은 해 지바현에서는 정신과구급센터 후보지를 검토하고 있는 단계에서 거의 패닉상태에 가까운 주민 측의 반대운동으로 인해 건설을 단념하기도 했다.

이제 이런 일들은 보편적으로 발생하는 흔한 사회현상이 되었다.

이들 사건은 우리가 현재 살아가고 있는 시대의 모습을 몇 개의 시각으로부터 조명하는 실마리를 제공한다. 거기에 공통적으로 존재하는 주제를 이방인론의 맥락에서 추출한다면 첫째, 근대 시민사회가 은폐해 온 배제의 구조가 사회의 표층에 노출되기 시작한 것이며 둘째, 배제의 구조가 정신의학과 밀접하게 관련되어 있는 것이다. 그리고 세 번째로는 우리의 주거공간에 어떠한 형태로 배제의 구조가 편입되어 있는가 하는 문제를 들 수 있다.

이러한 주제를 가장 응축적으로 엿볼 수 있는 것이 느티나무골 사건이다. 자폐증, 신도시, 주민운동이라는 현대를 상징하는 광경이 서로 뒤섞이는 곳에 자폐증 환자 시설 느티나무골은 불행히도 매스컴을 떠들썩하게 하는 사건의 주인공으로 어쩔 수 없이 등장하게 되었다. 이 어딘가 모르게 황량한 신도시의 풍경을 잠깐만이라도 우리의 현재를 보여주는 네거티브적인 텍스트로서 파악해보고자 한다.

육지의
외로운 섬

이질적인 것과의 만남의 장은 사회구조적으로 어떻게 개방되어 있는가? 이른바 다른 세계로의 통로가 문화장치로서 어떤 식으로 짜여져 있는가? 그러한 시점으로 사회와 문화를 바라보는 것은 일상에 은폐되어 있는 심층구조(제도)를 드러내게 하는 효과적인 방법이다. 바꿔 말하면 이방인과의 만남을 일종의 시금석(試金石)으로서, 우리는 사람들이 나타내는 다양한 반응과 태도를 통해 그 사회·문화의 감춰진 모습을 탐색할 수 있다.

인류학자 레비 스트로스가 『슬픈 열대』를 통해 '인육을 즐기는 사회'와 '인육을 혐오하는 사회'라는 두 종류의 사회를 내세운 것은 이미 잘 알려져 있다. 그는 이질인 것과 맞닥뜨렸을 때 대응 방식에 따라 모든 사회를 '이물 흡수형'과 '이물 구토형'으로 분류했다. 정신병자의 처우를 예로 들면 그들을 공동체 안에서 배척하지 않고 보통 사람들과는 구분되는 성스러운 사람들로 포섭하고 있는 사회(흡수형)와 그들과의 접촉을 두려워하며 꺼리다가 결국 공동체에서 소외시키고, 수용시설에 격리하는 사회(구토형)로 분류하는 것이다.

일반적으로 서구 근대사회는 구토형에 속한다. 그렇지만 근대 시민사회는 자유·평등·박애와 같은 흡수형 사회를 지향했기 때문에 복잡하게 굴절된 모습이 혼합되어 있다. 즉, 흡수형을 추구하는 사회윤리(예를 들면 복지 사상)가 현실생활을 지배하는 효율지상주의에 의해 끝임 없이 배신당하는 특수한 구토형 사회. 그것이 우리의 근대 내지는 현대가 아닐까? 본질적으로는 수용 및 격리를 위한 시설인 정신병원이나 형무소 등도 치료와 갱생을 목적으로 하는 시설이라고 표방하지 않으면 안 되는 논리적 난점도 거기에서 기인한다. 물론 이와 같은 이분법 자체는 엄밀하지도 않고, 논의를 전개해 가기 위한 실마리를 부여하는 것에 불과하다.

그런데 느티나무골 사건을 파헤치다 보면, 뉴타운 주민들이 자폐증 환자라는 이름의 이방인을 적대시하고 배척하는 태도에 주목하게 된다. 역사가 짧은 뉴타운의 주거공간이 구토형으로서의 성격을 갖고 있으리란 건 쉽게 예상할 수 있다.

뉴타운 주민의 과잉 반응과는 대조적으로 근처 토착 마을에 예전부터 사는 사람들은 복지시설에 대해 대체적으로 호의적이거나 무관심하다는 점이 무척 흥미롭다. 단순히 거리의 문제가 아니다. 바꿔 말해 뉴타운이 시설의 근방이라서 배제로 돌아섰고, 토착 마을은 비교적 멀리 있어서 수용적인 태도를 보였다고 하는 해석은 옳다고 할 수 없다. 오히려 우리의 거리에 대한 의식은 물리적 공간보다 심리적인 감각으로서 표출되기 때문이다.

종래의 촌락이 수용적이었다 해도 촌락이 원래부터 흡수형 사회라는 것을 의미하는 것은 아니다. 촌락의 입장에서 보면 뉴타운 주민이야말로 새로 들어 온 이방인이다. 촌락 주변의 경지와 산림을 무너뜨려 택지로 조성한 뒤 이주해 온, 길어봤자 10년이 안 된 사람들이다. 토박이 주민들 입장에서는 뉴타운이나 자폐증 환자나 모두 외부로부터 들어온 타관사람이다. 우리는 고도성장기 이후에 농지가 택지로 전환되면서 타관 사람들이 촌락내로 이주 내지는 침입하는 것은 거부할 수 없는 사실이라는 점을 고려하지 않으면 안 된다.

외부인이 형성한 뉴타운은 촌락의 영역 내에 있지만 촌락과 관련이 없고, 비대·증식한 끝에 반대로 촌락을 삼켜버릴지도 모르는 암세포가 되었다. 뉴타운이라는 거대한 이물질을 수용해온 촌락은 자폐증 환자 시설이 뉴타운보다 위협적인 존재라고는 생각하지 않았다. 따라서 토박이 주민이 느티나무골에 보였던 호의적 태도는 자립한 공동체로서의 촌락이 붕괴중인 현실과 서로 대치하고 있다고 본다. 과소화(過疎化)가 심각해지고 도시 자본의 침공에 따른 택지화가 밀어닥치는 가운데, 확실히 쇠약해져 가는 촌락은 예전의 전형적인 구토형 사회에서 흡수형 사회로 변하게 되는 것이다.

뉴타운이란 무엇인가? 아주 현대적인 이 주거공간에 어떠한 형태로 배제의 구조가 숨겨져 있을까? 우리는 우선 그러한 의문을 풀어내는 일부터 시작해야 한다.

하토야마 뉴타운 주민의 다수, 거의 70퍼센트에 이르는 사람들이 도쿄역 주변의 도심부로 통근하는 사람들이라고 한다. 촌락의 영역 내에 있음에도 불구하고 촌락과는 오가는 일이 거의 없는 뉴타운. 그러나 멀리 떨어진 도시와는 일상적으로 교통이 연결되어 있는 역설적인 광경이 펼쳐져 있다. '집에 앉아서 시내의 백화점 쇼핑을 즐길 수 있다'라는 광고의 한 구절을 떠올려 봐도 알 수 있을 정도로 뉴타운은 도시와 직결되어 있다.

실제 육지의 외로운 섬과 같은 이곳에는 지자체 사무소·파출소·우체국·은행·의료시설·학교·도서실에서부터 공원·대형 슈퍼·상점가·타운 전용방송국까지 웬만한 도시 기능은 다 갖추고 있다. 소위 뉴타운이란 통째로 이식된 작은 도시라 할 수 있다.

그러나 뉴타운은 도시이기도 하고 도시가 아니기도 한 묘한 곳이다. 도시는 본래 다양한 혼돈이 내재한 그릇으로서, 주변 지역에 열려 있는 흡수성이 높은 곳이다. 일본의 고대부터 중세에 걸친 역사를 살펴보더라도 관문·나루터·항구·여관이나 여인숙 등 불특정 다수의 이질적인 사람들, 유랑을 좋아하는 사람들이 오가는 교통의 접점에서 도시가 움텄다는 것을 알 수 있다. 처음부터 도시는 정착 생활자들에게는 일종의 금기시되던 이질적인 공간임과 동시에 이질적인 것을 포섭하는 열린 장이기도 했다. 그렇지만 이식된 도시 뉴타운은 종래의 촌락과는 첨예하게 이질적인 공간으로 대치되면서 혼돈이 담긴 그릇이라는 도시의 본질에 관한 또 하나의 성격을 완전히 누락시키고 있다. 혼돈을 한없이 배제한 구토형의 도시공간, 이율배반적인 지점에서 뉴타운은 위태롭게 유지되고 있는 것이다.

히토야마 뉴타운은 도심으로 향하는 통근 권역의 최북단에 있다는 의미에서 '북쪽 끝의 보금자리'라 불린다. 도쿄 도심까지 약 50킬로미터 떨어져있으며 단지 주민의 70퍼센트는 도심으로 통근하는 사람들로, 출퇴근에 약 1시간 반에서 2시간가량이 소요된다. 80년대 초 1450호, 약 5400명이 살고 있었다. 40세 전후의 중견 샐러리맨이 세대주인 경우가 대부분으로, 분양가격은 2700만 엔(한화 약 2억 7천만 원)이다. 부지면적은 200평방미터로 방 4개, 거실 1개, 주방 겸 부엌 1개로 이루어진 단독주택이 평균치다.

높은 울타리로 둘러싸여 있고, 남쪽으로는 넓은 정원이 딸린 단독주택 지붕이 가지런하게 늘어선 단지 안에는 상점가나 공공시설·공원·인공 숲 등이 면밀한 계획 하에 배치되어 있고, 녹음이 우거지고 한적한 가로수길이 조성되어 있었다. 인공적으로 만들어진 이 거리에서는 안테나·광고간판·벽돌담·전신주 등 도시의 거리를 복잡하고 개성 있게 만드는 일체의 혼돈스런 불순물이 제거되어 있다. 그것은 분명히 도시 그 자체와 접촉했을 때 느낄 수 있는 어떤 상실감과 맞바꾼 것이지만, 이 뉴타운이 '지금 도쿄 주변에서 가장 아름다운 거리'라는 광고 문구가 무색하지 않도록 구석구석까지 관리를 마친 아름다운 거리로 자리매김하고 있다.

사건으로부터 3년이 지난 1984년 초가을의 어느 날, 나는 하토야마 뉴타운을 방문했다. 고요하고 편안하고 아름다운 거리였다. 편평한 대지와 끝없이 이어지는 낮은 집들. 3층 이상의 건물은 특수성을 폐기하기 위해, 다시 말해 차이를 없애기 위해 배제되어 있었다.

여기에서는 단층짜리 집도, 3층짜리 빌딩도 예외적인 광경으로서밖에 비쳐지지 않는다. 왜냐하면 조성되어 있는 것은 전부 다 2층짜리 집들뿐이기 때문이다.

슈퍼마켓의 한 모퉁이를 크게 차지하고 있는 무인양품(無印良品, 1980년에 설립된 일본의 브랜드. 의류·가정용품·가구·식품 등 일상생활 전반에 걸쳐 다양한 상품을 취급한다. 한국에도 2004년에 무인양품 매장이 들어왔다. - 편집자주)이라는 브랜드 상품이 왠지 머릿속에서 떠나지 않는다. 이 거리에는 무인이 잘 어울린다. 무인 상품이 자아내는 무미건조한 인상은 그대로 뉴타운 전체에서 받는 밋밋한 분위기와 일맥상통하고 있었다.

분양 전 이 거리에 들어섰을 때, 순간 하얀 폐허라 부르고 싶을 만한 세계에 놀라 그대로 굳어버렸다. 문 안쪽에 내걸린 2940만, 2790만, 2860만 등의 가격을 나타내는 숫자가 하얗고 산뜻한 집들의 표찰로 보였다. 숫자들은 대부분 차이를 상실한 이 세계 안에서는 유일하게 확실한, 그리고 가시적이기까지 한 차이를 나타내는 표식 같았다.

'복지시설이 들어오면 땅값이 떨어진다'라는 반대 이유는 이런 경우에 꼭 등장한다. 부동산 업자가 뒤에서 정보를 조작하여 흘려보낸 두려움이 주민들 사이에서 급속도로 번졌다고 말하는 것이 아니다. 정보조작의 유무와 상관없이 대다수의 사람들에게 침투해 있는 특이한 주거의식이 반대를 부르는 것이다.

땅값이 떨어진다는 말의 이면에는 방랑과 정착의 사이를 떠도는 도시생활자들의 현실이 숨어 있다. 확실히 그들은 어렵사리 얻은 현재의 집과 땅조차 안식처라고 생각하지 않는다. 그 집과 땅을 몽땅 팔아치우고, 어딘가 더 쾌적한 곳으로 탈출하고 싶다는 소망. 도시에서는 결국 인간의 정착성이 희박해지고 있는 것이다.

당신의 이웃은
당신 자신이다

　하토야마 뉴타운을 구성하는 천여 명의 핵가족은 서로 매우 닮은 모습으로 우리들 앞에 나타났다. 분양가격 2700만 엔에 걸맞는 경제수준을 가진 가족들, 여기에는 그 이상도 그 이하도 아닌 사람들만이 모여 산다. 선망의 대상이 되는 큰부자도 없지만 우월감을 가질만한 궁핍한 자도 없다. 2시간 가까이 걸리는 통근시간의 고통을 인내하며 마침내 마당이 딸린 주택 마이홈의 꿈을 거머쥐게 된 가족들. 무거운 주택대출의 짐을 등에 짊어지고 있는 이들 가족들의 처지나 환경도 아주 많이 닮아 있다.

　마이홈 자체도 분양가격 2700만 엔이라는 경제적인 조건이 허용하는 범위에서 좋고 싫고를 떠나 균질화된 거주공간인 것이다. 별반 다르지 않은 사회경제적 수준을 가진 핵가족들이 보유한 마이홈. 높은 울타리로 옆집과 사이를 두고 있는 가옥들은 거주블록을 정밀하게 분할하고 있었고 전체적으로는 질서가 잘 잡힌 공간을 형성하고 있다.

그곳은 다양성 즉 혼돈을 배제한 균질적 공간이다. 비록 혼돈이 발견된다 해도 그것은 제어되고 투명해지는, 혼란스럽지 않게 무균 상태로 포장되는 혼돈이다. 거주자격은 사회경제적인 조건에 기인하고, 또한 생활환경 그 자체가 효율적으로 정리된 획일적인 성격에 기초하여 신도시는 균질적인 것을 숙명으로 떠안은 공간이라 할 수 있다.

그것은 가령 아주 비슷한 조건 하에 있는 고층단지를 떠올려보면 된다. 고층단지가 띠는 난잡성·다양성을 생각해보면 쉽게 이해되지 않을까? 주거공간의 비고립성·프라이버시 침해·위층에서 울리는 소음·같은 아파트에서 발생할지도 모르는 화재나 가스폭발에 대한 두려움 등 어떤 일이 벌어질지 모르는 예측불허의 불안감…. 정원 딸린 단독주택을 지향하는 이유가 바로 고층단지로 상징되는 난잡성·다양성으로부터의 탈출을 바라기 때문이 아닐까?

분리된 사적 공간의 획득을 목표로 도시를 떠나 마침내 뉴타운에 도착한 가족들에게 있어서 혼돈의 요소를 잘라낸 균질적 공간은, 일종의 이상향(유토피아)으로서 공유되고 있는 환영임에 틀림없다. 이곳에서는 집을 고를 때 고민하게 되는 채광, 소음, 프라이버시와 같은 문제는 일단 해소되어 있다.

한마디로 이상향은 변변치 않긴 해도 실현된 것이다. 무슨 일이 일어날지 예측하기 어려운 세계에 대한 두려움은 혼돈의 바다에 떠 있는 도시, 거기에 산재해 있는 아파트나 고층단지에서 탈출해온 뉴타운 주민들을 덮고 있다. 물론 혼돈에 대한 공포와 균질공간에 대한 동경은 우리네 도시인의 대부분을 근본에서부터 꼼짝 못하게 만들어버리는 것임에 틀림없다.

뉴타운은 흐르는 시간도 적잖이 균질화되어 있다. 그것은 시간대에 따른 구성 멤버의 변화를 살펴보면 더욱 확실해진다. 한창 일할 나이인 중견 샐러리맨 남성들은, 아침 일찍 집을 나가 심야에 택시로 귀가할 때까지 뉴타운에는 온전히 부재중 상태가 된다. 하루 대부분의 시간동안 뉴타운에는 주부와 아이들만 남겨지게 되고, 어떤 의미에서는 이상하면서도 아슬아슬한 균형 속에 놓이게 되는 것이다. 시간대에 따라 세분화된 24시간은 거의 비슷한 성별과 연령층에게 각각 맡겨진다. 고로 천여 명의 핵가족의 일상생활이 엇비슷하고 균질적인 시간에 의해 침식되어 있다고 생각하는 것은 자의적인 해석이라고 치부할 수만은 없다.

뉴타운의 뒷동산에 올라가 동네 전체를 내려다보았다. 들려오는 것은 아이들이 노는 소리와 개 짖는 소리뿐. 조용한 오전의 한때. 넓은 정원이 딸린 집에서 세탁물을 너는 주부의 그림자가 왔다갔다하는 게 보인다. 그 그림자가 처마 밑으로 사라질 무렵, 비스듬히 마주보고 있는 집의 테라스에서 세탁물을 안고 있는 그림자가 나타난다. 또 그것이 사라질 즈음 이번에는 조금 떨어진 주택의 마당에 그림자가 쑤욱 나타난다. 녹색 울타리에 둘러싸여 서로 격리되어 있는 집들의 마당에서는 세탁물을 안은 몇 개의 그림자가 느긋하게 왔다갔다하고 있었다. 우연이었는지도 모른다. 그러나 묘하게 인상적이면서 환영 같은 정경이었다. 정확하게 분할된 네모난 녹색 잔디가 있고, 여러 곳의 야외 스테이지에서 동시 진행적으로 연출되는, 예컨대 '뉴타운의 일상'이라는 제목이 어울리는 집단연극의 한 장면 같았다.

균질적인 시간에 의해 지배되는 주부와 아이들의 동네. 사실 뉴타운을 구성하는 것은 주부와 아이들이고 남자들은 그저 잠이나 자러 돌아오는 것뿐인 어중간한 멤버인지도 모른다. 남자들에게 뉴타운은 말 그대로 베드타운(bed town)인 것이다. 그리고 사실 이것은 뉴타운의 구토성에 대해 중요한 암시를 내포하고 있다.

1982년 지바현 아비코시에서 정신과구급센터 건설에 반대하는 주민운동이 일어났다. 주민운동에 참여했던 한 남성이 사건을 돌이켜보며 이렇게 말했다.

"그저 단순한 정신병원이라면 이 정도까지 반대하지는 않을 거라 생각해요. 그러나 각성제 환자 시설이라는 얘기가 들리는데 어떡합니까? 낮에는 여자와 아이들밖에 없는 주택지에 그런 환자가 나타나기라도 하면 어쩌냐며 주부들이 일제히 들고 일어났죠. 차분하게 내용을 살펴보고 서로 대화를 나누는 일은 없었습니다."
— 아사히신문, 1982년 7월 21일

신문에 게재된 사진을 보면, 시장에게 건설저지 의견서를 제출하는 주민들, 회의실을 가득 메운 사람들 대부분이 주부임을 알 수 있는데 이는 과히 상징적이라 아니 할 수 없다. 하루 대부분의 시간은 남자들이 부재중이기 때문에 신도시엔 주부와 아이들만 남게 된다. 아른아른 피어오르는 아지랑이와도 같은 불안감을 안고 있기 때문에 신도시를 지켜야 한다며 나선 것이다. 신도시의 고요함과 편안함, 그리고 평화가 얼마나 취약한 기반 위에 유지되고 있는지, 쉽게 상상이 간다. 각성제 중독환자 전문시설이라는 정보가 아주 그럴싸하게 포장되어 흘러들어갔고, 신도시의 평화를 위협하는 보이지 않는 그림자가 되었기에 주부들이 강박적으로 집단행동에 나선 것이다. 이런 광경은 신도시의 일상이 일촉즉발의 위기를 내포하면서 영위되고 있는 사실을 여실히 보여주는 것이다.

　하토야마 뉴타운의 경우에도 사정은 별반 다르지 않다. 이런 종류의 사건이 표면화되면 십중팔구 그런 위기감은 얼굴을 내민다. 그들(자폐증환자 · 정신지체자 · 정신병자 등)이 성적(性的) 위해를 가하는 것은 아닐까 하는 망상은 히토야마 뉴타운 사건에서도 등장했다. 그것을 증폭시키고 있는 것은 아침 일찍부터 늦은 밤까지 주부와 아이들만 남아 지내야 하는 뉴타운의 이상한 현실이다. 만약 못된 성적이상자가 여자와 아이만 있는 주거지역에 침입이라도 한다면…. 그러한 불안감이 아지랑이처럼 뉴타운을 뒤덮은 것 같다.

　아니면 반대로 낮 동안은 신도시가 성(性)에 있어서는 무풍지대 내지는 기아지대인 것을 그런 성적 망상으로 나타내고 있는지도 모른다. 예를 들면 신도시에 영업사원이라는 명분으로 성적인 냄새를 짙게 풍기며 이방인이 들어올 수 있을까? 녹색의 누에고치에 감싸여 사는 주부들은 경계심이 심하기 때문에 세일즈맨의 교섭을 호락호락 받아들일 리 없다.

또 다른 예로 장보기의 경우가 그러하다. 주부들은 슈퍼로 간다. 어느 누구와도 말을 섞지 않고 무균 포장된 천편일률적인 상품더미를 뒤적거리고, 파트타임 주부가 두드리는 계산대를 지나 비닐봉투에 물건을 넣고, 자전거를 페달을 밟아 집으로 돌아간다. 채소가게나 생선가게 또는 정육점에서 일하는 남자들과 생기 있게 말을 섞거나(때로는 외설스러운 농담을 섞어가며) 은근히 눈길을 주고받는 야릇한 광경은 거기에는 없다. 때문에 쓸데없는 성적 공상으로 가슴 뛰는 일도 없다. 여자들은 아마 슈퍼마켓의 상품처럼 성적으로 무균 포장된 상태에 놓여 있을 것이다.

우리는 새삼스럽게 신도시가 예측하기 어려운 요소를 가능한 한 배척하는 지경에 이르렀고, 전형적인 구토형 거주공간이라는 것을 확인했다. 거기서는 이질적인 것, 미지의 것, 뒤통수를 칠지도 모르는 사회적 조건은 대부분 최소한으로 억제되어 있는 것이다. 그들은 이웃사람을 거울에 비친 자신으로 착각한다. 요컨대 다른 이웃들과의 차이, 그 자체를 서로 소거하는 것이 암묵적으로 공유되고 있다는 뜻이다. 너의 이웃은 너 자신이다. 혼돈에 대한 두려움으로 꼼짝 못하게 된 사람들로서 그것은, 신도시가 갖는 위태로운 일상을 계속 유지하기 위한 불가결한 내적 규범인 것이다.

초대받지 못한 손님
자폐증 환자

'너의 이웃은 너 자신이다'라는 말은 썩 유쾌하지 않다. 마치 유원지나 놀이공원에서 볼 수 있는 거울의 방이 떠오르듯 괴리적인 영역이 점차 우리들의 일상을 에워싸고 있는 느낌이다. 보다 정확히 말하자면 그것은 우리 자신 안에서 서서히 우리를 잠식하고 있는 중이라 표현할 수 있다. 우리의 인생을 뒤엎는 고통스런 폐색감, 그 시대의 리얼한 상황 일부분이 확실히 거기에 있었다. 사람들은 자신이 관리되기를 무의식중에 바라고 있는지도 모른다.

사람들은 도시에서 교외로, 아파트 단지에서 정원 딸린 단독주택으로, 혼돈의 소용돌이로부터 청결하고 정돈된 세계로의 탈출을 오매불망하며 애태운다. 신도시란 이른바 혼돈에 대한 두려움에 사로

잡힌 사람들에 의해 자주적으로 관리되는 거울의 방인 것이다. 하토야마 뉴타운은 전속계약을 맺은 관리회사가 있어, 주택 시설에 대한 애프터서비스, 동네 전체의 미화작업, CCTV의 유지관리 등 24시간 체제로 운영되고 있다. 이러한 거울의 방은 비단 하토야마 뉴타운뿐이라고 단정짓기는 어렵다. 이제는 아주 흔하디흔한 풍경이 되어가고 있기 때문이다.

그렇다면 거울의 방의 주인들에게 있어서 자폐증 환자란 대체 무엇이란 말인가? 하토야마 뉴타운 자치회의 회보「코스모스 하토야마」의 칼럼란에 실린 익명의 글을 살펴보자. 여기서 자폐증 환자는 개로 표현되고 있다.

'기르는 개한테 손을 물리다'라는 속담이 있다. 완전히 신뢰했던 사람에게 배신을 당한다는 의미로 사용된다. 주인이 개를 맹목적으로 사랑한 나머지, 개가 지닌 동물적인 본성을 잊고 자신과 대등한 정신을 소유한 개체로 착각함으로써 문제가 발생한 것이다. 개는 어차피 동물에 불과하다는 사실을 알아야 한다.

개를 싫어하는 사람도 있다. 이들은 개에게 물린 경험이 없더라도 그저 싫은 것이다. '개'라는 소리만 들어도 공포감과 혐오감이 앞선다. 매실 장아찌라는 말을 듣기만 해도 침이 고이는 것과 마찬가지다. 생물학적으로 개에 대한 이해는 가능해도, 그리고 그 존재는 부정하지 않아도 절대로 좋아할 수는 없다. 그러나 그들이 이상하다고는 생각지 않는다. 회사에서는 성실한 사원이고, 가정에서는 애처가이고, 자식을 아끼고 사랑하는 사람일 수도 있는 것이다.

개를 싫어하는 사람을 좋아하게끔 바꿔주려 애써봤자 헛수고로 끝날 뿐이다. 오히려 개 주인은 자신에게 예쁜 애완견일지라도 개를 싫어하는 이에게 가까이 들이밀지 않으려는 배려가 필요하다.

다가오는 주민투표를 대비해 마지막으로 반대 의사를 확실히 표명하는 수단으로 쓴 글일까? 애견은 자폐증 환자, 개 주인은 자폐증 환자의 부모, 개를 싫어하는 사람은 반대파 주민을 나타낸다는 사실은 누구나 알 것이다. 즉, 자폐증 환자의 부모는 자식을 맹목적으로 사랑한 나머지, 그들이 남에게 피해를 끼칠지도 모른다는 사실을 잊고 있음을 비꼰 것이다. 왠지 떨떠름한 글이다. 자신은 환자를 동물로 비하하면서 타인에게는 자신을 향한 배려를 요구한다. 참으로 기괴하고 도착적(倒錯的)인 논리다. 더군다나 이 도착성은 전혀 자각되고 있지 않다.

'자폐증 환자는 개'라는 은유. 은유란 이미 알고 있는 사실을 이용해 미지의 것을 끌어내는 방법이다. 미지의 것을 미지의 상태 그대로 수용할 수 없으니 대상을 억지로 끌고와 팔을 세게 비틀어 누르는 것처럼, 억지스러운 수사법을 사용해 폭력을 행사하고 있다.

자폐증 환자의 부모들을, 기르는 개를 맹목적으로 사랑하는 주인에 비유했는데 이 칼럼을 쓴 익명의 투고자는 자신이 앞으로 그렇게 될지도 모른다는 생각은 미처 하지 못한 모양이다. 개를 키울지 말지는 어디까지나 그 사람의 자유로운 의지에 맡겨져 있다. 그렇지만 자식을 자폐아로 낳을지는 의지로 선택할 수 있는 게 아니다. 그것은 숙명이라는 이름의 우연이 주는 선물이다. 우리는 아무도 그 불행한 선물을 거부할 수 없으며, 그저 엄청난 놀라움 속에서 서서히 받아들여 갈 뿐이다.

우리에게는 자폐증에 대한 최소한의 이해가 필요하다.

미국의 정신과의사 레오 카너에 의해 1943년 처음으로 소아자폐증이라는 새로운 질병개념이 제창되었다. 그는 자폐증을 정신분열증의 최연소 발증양식(發症樣式)으로 보았지만, 현재는 정신분열증과는 별개로 다뤄지는 것이 통례이다. 오히려 질병으로서 파악하는 것 자체가 부정되고 있으며, 발달장애와 관련된 증후군으로서 이해되는 경우가 많다. WHO(세계보건기구)가 정의한 소아자폐증은 다음과 같다.

청각 및 시각적 자극에 대한 반응이 정상적이지 않고, 일반적인 이야기인데도 언어에 대한 이해에 어려움이 있다. 말의 발달은 더디며, 발달해서도 반향언어적 특징(상대의 말을 따라하는 행위. - 편집자주)을 보이고, 문법 구성이 미숙하며, 추상적 언어를 사용할 수 있는 능력이 없다. 전반적으로 언어 및 몸짓에 의한 언어의 사회적 사용에 장애가 있다.

사회적 발달과 관련해서는 상대와 눈 맞추기, 사회적 접촉이나 협동작업의 발달 장애를 포함하여, 5세 전후가 상태가 가장 나쁘다. 이상한 말이나 행동, 변화에 대한 저항, 특정 대상물에 대한 집착이 보이기도 한다. 추상적이고 상징적인 사고, 상상적인 놀이의 능력은 낮다.

지능은 보통 이하에서부터 보통 또는 그 이상까지다. 상징적 언어기능을 필요로 하는 과제보다 단순한 기억이나 시각·공간적 기능을 필요로 하는 과제를 더 잘한다.

자폐증의 원인은 여전히 수수께끼다. 부모의 성격장애설(비사회적이고 온화함이 결여되어 있거나 강박적이고 고립을 좋아하는 부모)이나 양육방식에 문제가 있다고 하는 설 등은 확실히 근거가 없는 편견으로 부정되고 있고, 현재로서는 출산시 받은 뇌장애를 원인으로 보는 설이 지배적이라고 한다.

그러나 이러한 자폐증에 관한 지식을 어느 정도 축적했다 하더라도 "생물학적으로 개에 대한 이해는 가능해도, 그리고 그 존재는 부정하지 않아도 절대로 좋아할 수는 없다"고 말하는 사람들에 대해서는 여전히 헛수고일 뿐이다. 그들은 실제로는 개에게 물린 경험뿐만 아니라 자폐증 환자를 제대로 접한 경험조차 없는 사람들이 대부분이다. 아예 처음부터 배제가 깔려 있는 것이다.

사전에 자폐증에 대한 편견이 공유되고 있던 것이 아니다. 자폐증이라는 말을 처음으로 듣게 된 사람도 개중에는 분명 있었을 것이다. 다만 한 가지 확실한 것은 자폐증 환자는 거울의 방의 주인과는 이질적인 존재라는 것이다. 초대받지 못한 이방인은 자폐증 환자 외에도 각성제 중독환자, 정신지체자에서부터 재일조선인이나 난민에 이르기까지 적잖이 사회적 소외성을 띤 이방인, 다시 말

해 거울의 방의 주인으로서 걸맞지 않은 존재이기만 하면 되는 것
이었다.

> 여기에 있을 수 있는 사람은 비슷한 부류여야 한다. 이질적인 사람이 보
> 금자리 안으로 들어오는 것은 막아야 한다. (중략) 살기 좋은 곳으로 만
> 들려는데, 아무도 달가워하지 않는 것이 들어온다니 바람직하지 않다.
> 자칫 우리의 보금자리에 문제가 생길 수도 있기 때문이다. (38세 남성)
> ─ 아사히저널, 1982년 2월 12일

  혹시나 해서 말해두는데, 시설 예정지는 '단지의 한 가운데'가 아
니라 신도시와는 300미터 이상 떨어진 삼림 안에 있었다. 그들이
물리적 거리가 아닌 심리적 거리로 시설을 인식하고 있다는 것은
두말할 것도 없다.

  자폐증이란 소위 치환 가능한 마이너스적 요소를 띤 기호에 지나
지 않는다. 다시 말해 그것은 존재적으로 이질적이고 기이한 이방
인에게 씌워진 우연적인 호칭일 뿐이다. 고로 나는 이 신도시 사건
에서는 우리가 예상하는 것만큼 자폐증이 갖는 의미는 크지 않다고
생각한다. 물론 자폐증은 현대 의학에서도 아직 해명되지 않은 부
분이 많다는 사실이 자폐증 환자를 이방인으로 보는 성향을 더욱
두드러지게 만들었고, 배제로 치닫는 충동을 집단적으로 조직해가
는 데 필요한 활력원이 된 것은 틀림없다. 그럼에도 불구하고 이 사
건을 자폐증에 대한 편견으로 파악하려는 시도는 근본적으로 타당

하지 않다는 것을 지적해두고 싶다.

거듭 말하지만, 처음부터 자폐증에 대한 편견이 존재한 것은 아니다. 그 편견 때문에 사건이 초래된 것도 아니다. 편견이란 이질적인 것을 우연히 맞닥뜨렸을 때 대상과의 차이를 자기와 관련지어 분명하게 파악하려고 애쓰기보다는 관계의 구축 자체를 단념하고 피하려는 심리적인 경직(메를로 퐁티『눈과 마음』)이다. 그런 의미에서 본다면 사건의 심층부에 있는 편견의 구조를 찾아내는 것이 가능한데, 그것은 자폐증에 대한 편견 같은 특수성으로서가 아니라, 거울의 방 주민들의 심리적 경직이라는 보편성으로 풀어내야 하는 주제인 것 같다.

심리적인 경직이란 모든 사상이 내포하고 있는 애매성과 다양성을 그대로 받아들이고, 거기서 발생하는 고통이나 불안감을 견뎌나가는 의지가 결여된 삶의 모습이다. 이처럼 심리적으로 경직된 사람들은 자기 및 세계에 대한 명확하고 논리 정연한 이미지에 적합한 것 외에는 배척한다. 새로운 현상이나 경험은 미리 존재하는 초지일관된 정형으로서의 가치규범을 유일한 척도로 삼아 측정하여 흡수할지 배척할지를 결정해버린다. 자기 및 세계에 관한 이미지는 동결되고 순수 배양적으로 카테고리 안의 도식으로 끼워 넣음으로써 몸과 마음을 척박하게 만든다.

외적 또는 내적 현상을 대할 때 다의적·상극적·혼합적인 성질을 뭐 하나 인정하려들지 않는, 즉 심리적으로 경직된 사람들은 자신의 내부에 매우 심한 갈등을 감추고 있다는 사실에 주목해야 한다. 이른바 그들은 내적 갈등(불안)으로 인해 심신 모두 경직된 상태로 외부세계와 마주하게 되는 것이다. 그것은 확실히 일종의 심리적 방어기제이고, 그들의 일상은 끝없이 위기에 처해 있음을 시사하고 있다.

균질화된 시공(時空)에서 서로의 차이를 소거하는 것은 암묵적인 계약이다. 겨우 획득한 평온한 생활, 그것은 마치 취약한 기반 위에 세워진 사상누각과 같은 세계이다. 자폐아 시설 건설에 반대하는 하토야마 뉴타운의 한 주민은 설명회의 질의응답 시간에 이렇게 말했다.

> 우리로서는 이런 시설만 들어오지 않는다면 껄끄러운 문제는 일어나지
>
> 않았다고 봅니다. 들어오지 않았으면 좋겠다…. 솔직히 말해 그렇습니
>
> 다. 그러니까 성가시게 굴지 말고 다른 곳으로 갔으면 좋겠습니다.
>
> – 중앙공론, 1982년 6월

이런 생각은 아마 시설의 건설에 반대하느냐 아니냐에 상관없이 하토야마 뉴타운 주민들에게 어느 정도 공유된 감출 수 없는 심정일 것이다. 자폐증 환자는 초대받지 않은 손님이고, 그들이 출연만 하지 않았다면 아무 문제도 일어나지 않았다. 뉴타운의 평화가 위협받는 일도 없었다는 것이다.

그러나 사실은 그때까지 껄끄러운 문제는 존재하지 않았던 게 아니라, 교묘하게 회피되고 있던 것에 불과하다. 이웃이 자신과 비슷

한 사람이라고 믿고 있는 한 서로의 차이를 애써 찾을 필요도 없이 오로지 상호이해가 맞닿아 있다는 환상 속에서 변함없이 안식을 취할 수 있었던 것이다. 껄끄러운 문제(다양성·상극성)가 드러나지 않은 채로 인간관계 속에서 자연스럽게 발생하는 의식의 표층에서 억압되고 있었던 것뿐이다. 이것은 사람들이 서로를 가장 효과적으로 은닉하는 방법이라 해도 좋을 것이다. 현실의 상황에 대한 끝없는 예속과 무관심, 우리는 거기에서 전형적인 심리적 경직의 징후를 발견하게 된다.

그렇다고는 하나, 심리적인 경직이 단순히 개인 내면의 성향을 나타내는 것만은 아니다. 오히려 뉴타운이라는 완전히 차이가 배척된 균질공간 그 자체에 파묻혀 있는, 배제의 구조의 경직성을 꼬집고 있는 것이다. 도시에서 멀리 떨어져 있는 하토야마 뉴타운이라는 이상향에 도달한 가족들에게 있어서는 차이가 없는 삶만이 이상향 환상의 버팀목이다. 이 이상향이 이상향으로 계속 남아 있기 위해 주민들에게 심리적 경직이라는 삶을 강요하고 있는 것이라고 말할 수 있다.

나와 다른 것에 대한
두려움

폐쇄적인 시스템을 이루는 공동체의 구성원들에게 있어서 그 바깥에 있는 사람들은 공동체에 의한 규제와 보호의 권역밖에 놓인 이방인이고, 금기의 대상이다. 공동체로 들어오는 방문객은 두려움과 경외라는 여러 갈래로 나뉜 마음으로 맞아진다. 그렇지만 그들이 멀든 가깝든 바깥에서 떠돌고 있는 한, 그들은 잠재적인 이방인인 것이다. 현실적인 이방인으로서 금기시되는 것은 공동체의 시공에 접촉한 순간부터라는 것은 말할 것도 없다.

공동체 사회와는 적잖이 이질적인 시민사회에 살고 있는 우리들로서도, 일상적인 접촉이 없는 사람들은 잠재적인 이방인이다. 그렇지만 시민생활의 윤리는 암묵적으로 이방인의 존재 자체를 부정한다. 우리는 서로 이방인으로서 대치하는 것을 금기하고 있다. 서로의 틈새기에 가로놓인 차이는 한없이 과소평가 받고, 오히려 있어서는 안 되는 악(惡)으로 간주된다.

그럼에도 불구하고, 이방인 표상(산출)을 부단히 촉진시키는 배제의 구조가 소멸해버린 것이 아닌 이상, 시민사회의 암묵적 계약에 바탕을 둔 마음의 부담이나 죄책감을 교묘히 빠져나가고 있고, 이방인 표상은 날마다 되풀이되고 있다. 그러한 표상의 구조가 몇 겹으로 은폐되어 있는 우리 시대는 이방인을 둘러싼 특이한 상황을 연출하고 있다.

일상적인 접촉의 기회가 부족한 사람들은 잠재적인 이방인이지만, 그런 그들과의 교류의 회로가 형성되지 못한 채로 공동적인 배제행위가 선행된다면, 그들은 가장 날카롭게 바르바로스적인 이방인으로서 우리에게 반격을 가할 것이다. 이렇게 배제의 논리가 일반화되면 그것은 표층적인 시민사회의 윤리를 넘어선 위상으로 기능하게 될 것이다.

차이의 표출이 사전에 거부되기 때문에 상호의 관계 속에 차이를 차이로서 수용하고 존재할 수 있는 위치를 마련해주는 배려가 나타나지 않는다. 세상에는 자신과 비슷한 얼굴을 가진 이웃밖에 존재해서는 안 된다. 이웃으로 허용할 수 없으면 바르바로스로서 바깥세계로 방출시킨다. 여기에는 이웃 아니면 야만인이라는, 각박한 양자택일밖에 존재하지 않는다. 하토야마 뉴타운에서 자폐증 환자는 그야말로 바르바로스적인 이방인이었던 것이다.

우리의 관계 세계는 일상적인 대면적(對面的) 상황에 근거한 직접적 접촉과 카테고리 안에 들어가는 지각·인식으로 매개되는 간접적 접촉에 의해 끊임없이 재편성되어간다. 일상적인 직접적 접촉의 영역에 들어오지 않는 사람들을 우리는 대개의 경우, 하나의 카테고리로서만 파악하려 든다. 그 카테고리에 해당하는 이들은 추상적인 그리고 비인격적인 존재로 머문다.

도시에서 사회적인 거리와 관계에 대한 의식은 촌락에서 평생 벗어나본 적이 없는 근세 이전의 사람들과 판이하게 다르다. 우리는 원근법 자체가 예전과는 이질적인 세계에 살고 있는 것이다. 가령 거리나 러시아워의 전철 안에서 아주 가깝게 접촉하는 사람일지라도, 바깥세계의 저편을 떠다니는 생물로 받아들이는 것. 그것이 바로 도시의 일상이다. 도시인들은 서로를 익명의 존재(이방인)로서 느끼며 일회성의 관계 속에서 망각해버린다. 이질적인 것은 배척당하는 일 없이, 이질적인 채로 희박한 관계 사이를 떠돌며 포섭되고 있다.

그러나 이러한 도시적인 일상은 뉴타운이라는 이식된 도시에서는 발견되지 않는다. 뉴타운에 있는 것은 직접적 접촉이 가능한 범위를 넘어서지 않으면서 친밀한 관계 세계를 조성하려는 성향을 갖고 있고, 그들이 이질적인 것으로 있으면서 더불어 살아가는 방법은 봉쇄되어 있다.

그리고 이질적인 것에 대해 열려 있고 흡수성이 높은 공간이던 도시의 안쪽에도 신도시와 아주 흡사한 현상이 일어나기 시작했다. 우연히 시공을 함께하는 익명의 타인들 속에 칼을 마구 휘두르며 공격하는 묻지마 범죄를 저지를 자가 숨어 있을지도 모른다. 역의 플랫폼에 서 있을 때, 인파 속을 가족과 함께 걷고 있을 때, 우리의 뇌리를 스쳐가는 희미한 불안감. 묻지마 범죄는 도시의 이곳저곳에서 간헐천(間歇泉)처럼 이따금씩 분출하는 혼돈의 상징이 되었다. 도시인들은 지금, 혼돈의 바다를 표류하면서 친밀한 관계로 회귀하는 방법을 찾고 있는 듯한 느낌이 든다.

80년대에 들어서면서 도심에서 역시 표면으로 떠오른, 원룸 아파트 건설에 반대하는 지역주민의 동향이 그것을 잘 보여주고 있다. 여기에 비교적 리얼한 주민의 목소리가 있다. 하나는 아사히신문 1983년 9월 20일자의 '목소리'라는 독자투고란에 실린 투고이고, 다른 하나는 그로부터 열흘 뒤 '잠깐 한마디'라는 전화란에 실린 것이다.

산림에 대한 환경파괴가 최근 크게 논의되고 있는데, 주택환경도 거기에 사는 사람들이 오랜 세월에 걸쳐 조성해온 것이라고 생각합니다. 지금 주택지를 훼손하려는 원룸 아파트는 그야말로 관련 기업이 만들어 낸 환경파괴의 산물이 아닐까요? 주택지의 한가운데에 있던 빈터가 어느 날 갑자기 생활 시간대가 다른 사람들이 사는 건물로 바뀌어버립니다. 당신이 살고 있는 집 주변이 이렇게 된다면 어떻겠습니까? (중략) 지금, 이 주택환경을 파괴시키는 원룸 아파트를 몰아내지 않으면, 결국 우리 모두를 지킬 수 없게 됩니다. 한 번 파괴된 환경은 돌아오지 않으니까요. (34세 주부)

원룸 아파트라면 대부분이 임대겠죠? 정체를 알 수 없는 젊은 입주자들이 일대를 어슬렁어슬렁 배회하는 꼴은 못 봅니다. 게다가 원룸 아파트 주변은 차나 오토바이의 소음도 심하다고 합니다. 지금까지 잘 살아왔던 환경이 파괴되는 것은 원하지 않아요. (51세 주부)

여기에도 배제의 구조가 선명하게 노출되어 있다. 배척의 표적으로 여겨지고 있는 것은 생활 시간대가 다른 사람이나 정체를 알 수 없는 젊은 입주자와 같은 가정을 꾸리지 않은 독신자들이다. 원룸 아파트 건설을 둘러싼 공방이 단순히 새로 들어오는 주민에 대한 토박이들의 경계심이라고 단정지어서는 안 된다. 배제의 화살 끝이 독신자를 향해 있다는 것을 응시한다면 확연해진다.

가족이 비가족(독신자)을 배척하고 있다. 가족이라는 정착이 독신자라는 표류를 꺼리고 있다고 해도 좋을 것이다. 정착성이 희박한 독신자들을 정체를 알 수 없는 이방인으로서 배제하려고 하는 도시 주민의 운동은 뉴타운 사건과도 일맥상통한다고 봐야 한다.

주택환경 파괴란 무엇인가? 오랜 시간에 걸쳐 조성되어온 지역의 직접적 접촉에 근거한 친밀한 관계란 주민들이 지키려고 하는 지금까지의 살기 좋은 환경일 것이다.

생활양식이 완전히 이질적인 젊은이나 독신자들은 안정된 히에라르키(피라미드꼴의 계급제도, 상하관계가 엄격한 조직. - 편집자주)에서 친밀성을 파괴하는 존재이기 때문에 환경을 파괴하는 이물질로서 예민하게 기피의 대상이 되는 것이다.

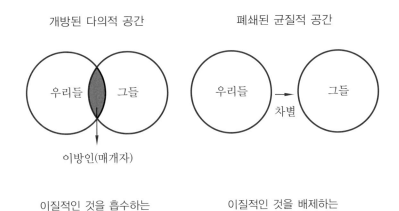

개방된 다의적 공간   폐쇄된 균질적 공간

우리들   그들   우리들   그들

이방인(매개자)   차별

이질적인 것을 흡수하는   이질적인 것을 배제하는
흡수형 사회   구토형 사회

    교외의 뉴타운을 무대로 자폐증 환자 시설건설에 반대하는 운동. 원룸 아파트의 건설저지를 위해 집결하는 도심부 주민의 움직임. 표면적으로는 관련성이 없는 것처럼 보이지만 현대적인 사회현상의 저변을 응시해 보면 우리는 같은 빛깔로 물든 풍경을 발견하게 된다. 폐쇄된 친밀관계의 세계로 너나할 것 없이 회귀해가려고 하는 도시민들의 풍경이 바로 그것이다.

    이방인의 표상은 의미적으로는 차별의 시선을 뜻하지 않는다. 자기와는 이질적인 것(이방인)을 기이하게 느끼는 시선과 자신보다 낮은 위치에 있는 사람을 천시하는 시선은 엄밀히 구별할 필요가 있다.

    어떤 의미에서 이방인이란 이질적인 것, 고로 다른 세계를 향해 열려 있는 창이다. 이방인이라는 창 또는 통로가 없는 경우, 우리는 이질적인 것과 노골적인 상태에서 접촉하게 된다. 그때 이질적인 것은 차별의 대상이 되고, 바르바로스적인 이방인으로서 접촉 자체를 꺼리게 된다. 세계가 다양한 차이를 가진 사람들로 구성되어 있는 한, 그들과의 관계의 매개자로서 우리는 이방인을 필요로 하게 된다.

우리는 이방인과의 만남을 통해 내재되어 있는 타인을 발견하면서 살아간다. 그것을 정신분석학적으로 말하면, 무의식의 발견과 비슷한 것인지도 모른다. 이름 붙여지지 않은 채로 우리의 깊은 내면에 가라앉아 있는 타인에게 숨을 불어넣고, 우리는 그것을 미래를 향해 나갈 가능성으로 삼고 살아간다. 그런 까닭에 이방인과의 만남은 관계 세계의 폭을 넓히고, 자신의 삶의 틀을 뛰어넘어 새로이 관계 세계를 재편성하는 기회라고 할 수 있다.

유토피아에서 쫓겨난
이방인

거듭 말하지만, 하토야마 뉴타운 주민들이 시설 건설에 반대하는 것은 자폐증에 대한 사회적 편견 때문이 아니다. 균질화된 시공에 자폐증 환자라는 이름의 이방인이 들어옴으로써 좋든 싫든 자신에게 내재된 타인과 대치해야하는 두려움이 아마도 반대운동을 일으킨 숨겨진 기폭제였을 것이다.

그렇게 해서 자폐증 환자를 배제한 뉴타운은 배제를 위해 행사된 전원일치의 폭력에 의해 비로소 집단적 아이덴티티를 확립했다. 집단의 평화를 유지하기 위해 배제를 필요로 하는 주민들의 정통화 논리는 그런 의미에서는 완전히 전도된 논리에 불과하다. 오히려 하토야마 뉴타운의 경우에는 자폐증 환자 시설의 배제를 통해 비로소 집단의 평화가 성립한 것이다.

　모든 질서의 기원에는 감춰진 죽음의 형태가 존재한다. 원초적 공공의 희생양, 또는 질서 창출의 메커니즘. 공동체는 이방인이라는 내재된 타인을 살해함으로써 공동체 안으로 자신을 향하게 한다. 바꿔 말하면 우리는 이방인 살해라는, 현실 또는 상징극에서 내면화된 공동행위를 매개로 하여 스스로를 그들과는 다른 우리로, 자기 동일화(自己同一化)하는 것이다. 그것은 예를 들면 이형이류(異形異類)의 존재를 살해 내지 추방하는 테마로 그려진 민담 등에 흔히 나타나 있다. 이와 관련해 『도노이야기습유(遠野物語拾遺)』(『도노이야기』는 국학자 야나기다 구니오가 도노 지방에 전해 내려오는 전설이나 설화 등 119가지의 이야기를 정리한 작품. 『도노이야기습유』는 『도노이야기』의 속편으로 229개의 이야기가 실려 있다. - 편집자주)에 나오는 이야기를 하나 살펴보자.

> 옛날 한 마을에 소년이 살고 있었는데, 그 아이는 의붓자식이었다. 말을 풀어놓고 오라고 아이를 산으로 보낸 뒤 사방에서 불을 피웠다. 소년은 피리 부는 것을 좋아했는데, 불길 속에서도 피리를 불면서 죽어갔다. 그곳이 바로 '피리꾼 고개'다.
> - 『도노이야기습유』 제2화

　민담은 많은 얘기를 하지 않는다. 다만 의붓아들이라는 이름의 이방인이 무참히 살해당한 사실만을 이야기할 뿐이다. 즉 문화질서의 기원에는 늘 인간의 죽음이 있고, 결정적인 것은 그 공동체 구성원의 죽음이다. (르네 지라르, 『폭력과 성스러움』)

피리꾼 고개라는 지명의 유래가 이방인 살인사건과 겹쳐진다. 이에 대해서는 『도노이야기』 제5화에도 등장한다.

> 요즘 이 고개를 넘는 사람은 산속에서 반드시 몽달귀신과 처녀귀신을 만난다. 그 때문에 사람들이 고개를 두려워하게 되었고, 점차 왕래도 드물어져 결국 다른 쪽으로 길을 텄다.

귀신이 출몰하는 금기된 공간으로서 피리꾼 고개가 마을 사람들에게는 두려움의 대상이었다는 것을 알 수 있다. 물론 그것이 의붓아들 살해와 어떻게 관련이 있는 것인지 명확하지 않다. 다만 나는 의붓아들인 이방인이 살해된 장소가 산속의 이방인인 귀신과 맞닥뜨리는 장소라는 점에 관심이 간다. 이방인 살해라는 공동화된 기억이 마을 사람들의 사회적 아이덴티티를 형성하는 한 부분이었던 것이 아닐까 하고 상상해본다.

이방인의 살해·방출을 둘러싼 민담이 의미하는 바는 촌락 공동체의 기원에 있어서 행사된 전원일치의 폭력이 내면화된 기억이다. 원초적 공공희생물의 성육신(成肉身)이라고 해도 좋다. 그것은 시간을 거슬러 올라간 끝에 나타나는 기원이 아니라, 공동체가 공동체로서 스스로를 동일화한 내재된 근거로서의 기원이다. 이른바 공동체의 현재를 계속해서 부활하는 것으로서 상징화되는, 기원의 기억 즉 전승(傳承)인 것이다. 온갖 원시적인 것에 얽힌 신화가 역사적 시간의 시작이 아니라, 공동체의 현재를 부단히 갱신하고 재생시켜야 하는 상징적 위상으로서의 시작인 것과 마찬가지로, 공동체의 죽음과 재생의 연극으로서 이방인 살해와 방출을 둘러싼 설화는 계속 반복되는 것이다.

과도기 또는 형성기에 있는 어떤 사회는 이질적인 것(혼돈)에 대한 보루가 될 만한 공통적인 자기 및 세계에 관한 이미지를 산출하려고 한다. 그것은 날마다 공유되는 경험의 축적에 의해 점차적으로 배양되는 것이 아니라 현실적인 사회관계에 앞서 의지적으로 선택되는 '우리는 어떤 사람들인가?'라는 질문에 대한 해답이다. 초지일관 정형으로까지 순화된 우리들의 초상은 집단 구성원들의 환상적인 유대 즉 집단적 아이덴티티로서 기능한다.

이러한 우리들의 초상 창출의 과정은 이방인의 분비(分泌)라는, 감춰진 과정을 내포하고 있다. 우리들의 초상에서 소외된 타인(부정적 아이덴티티)은 사회질서의 주변부 내지 외부에 있는 사람들에게 투영된다. 그렇게 해서 집단의 평화를 어지럽히는 파괴자의 이미지를 부여받은 이방인들은 질서의 중심에 마련된 공공의 희생의 제단으로 바쳐지는 것이다. 그리고 의례가 클라이맥스에 도달했을 때, 이질성·일탈성·반사회성 등이 온몸에 배어 있는 희생양으로서 질서의 저편으로 사라져 가는 것이다.

이 희생의 제단에 분출하는 비일상적인 시공은 전원일치의 폭력이라는 환상으로 지탱됨으로써 침범하기 어려운 성스러운 옷을 두르고 집단의 구성원들을 묶어놓는다. 공공의 희생양의 성스러움에 대한 위배는 즉각 우리들의 초상을 공유하는 집단으로부터 추방을 초래한다. 이러한 이방인 배제가 나타나지 않는 과정이야말로 우리가 만들어야 하는 모든 관계의 바탕에 있는 메커니즘인 것이다.

심리적으로 경직된 사람들은 자기 및 세계를 시인하고 허용할 수 있는 영역(善)과 시인도 허용도 할 수 없는 영역(惡)으로 확연하게 나뉘어져 있다. 내가 지금까지 내재된 타인이라 불러 온 것은 자기 및 세계의 표층에서 소외되고, 무의식의 깊은 곳에 잠겨 있는 부분이나 명명되지 않는 것들을 가리킨다.

우리가 다양성(혼돈)을 내포한 존재인 한, 자신의 깊은 곳에 타인이 존재하도록 만드는 것은 보편적인 일이다. 선과 악이라는 윤리적인 이원론을 끌고 들어가 내재한 타인을 악의 성향으로 물들이는 것은 심리적으로 경직된 사람들에게 나타나는 특징적인 경향이다.

신도시라는 균질공간에서 공동적으로 배척되고, 사람들의 무의식 속을 떠도는 내재된 타인은 눈앞에 우연히 모습을 나타낸 자폐증 환자에게 전가된다. 하토야마 뉴타운이라는 형성과정에 있는 사회는 커뮤니티로 자기생성을 이루기 위해 산 제물이 되어야 할 이방인의 출현을 기다리고 있었다. 거기에 적당한 표적으로서 나타난 것이 다름 아닌 자폐증 환자였던 것이다. 질서 창출을 위한 폭력으로서의 공공의 희생양, 그것이야말로 모든 질서의 기원에 예외 없이 놓여 있는 피투성이의 한 장면인 것이다.

일단 공공의 희생양으로 지목되면 부정적인 강박에 의해 자폐증 환자는 '왠지 기분 나쁘다'는 감정이 점점 확대되어 간다. 자폐증이라는 이물질의 출현이 집단의 평화를 침해했다는 논리로 방향이 바뀌는 것이다. 처음부터 배제가 존재했음에도 불구하고 말이다. 그리고 이 허구적인 인식론적 전도야말로 공공의 희생양 혹은 배제의 구조의 핵심을 이루는, 눈에 보이지 않는 메커니즘인 것이다.

시설 건설의 찬반을 둘러싸고 3회에 걸쳐 열린 주민설명회는 대체 무엇이었을까? 그것은 아마 산 제물인 자폐증 환자를 끌고 와 마침내 제단에 바칠 희생양으로 만드는 의례 과정이었다고 할 수 있다. 회를 거듭할수록 험악해지고 긴장감을 높여가는 설명회는 결국 찬반의 결말을 무기명 주민투표로 결정하는 방향으로 결론지어졌다. 주민투표란 게 마치 현대 스타일로 가장되어 있지만, 희생양을 방출하기 위한 의례 장치인 것이다.

그렇지만 그것은 결국, 정치 쪽의 요청에 의해 회피된다. 근대 시민사회의 암묵적 계약 즉 이방인을 표적으로 삼은 배제의 구조가 사회의 표층에 노출되는 것을 허용할 수 없었다고 해야 할까? 그리하여 공공 희생양의 의례는 극적으로 막을 올리지 않을 수 있었다. 희생양 방출이라는 목적만이 달성되었다.

시설 건설의 저지가 전원일치로 나타나지 않는 것은 '느티나무골을 지원하는 모임' 같은 일부 주민의 움직임 때문이다. 이방인 배제라고 하는 전원일치의 폭력으로서 행사되어야하는 메커니즘은 전원일치라는 환상을 갖고 있지만, 현대에서는 완전 합일의 커뮤니티 성립에는 곤란함이 따른다. 뒤집어 말하면 새로운 가능성이 희미하게 보인다고 말할 수 있는 지도 모른다.

이질적인 것을 끝없이 배척하는 폐쇄된 집단에서 벗어나 이들을 너그럽게 포섭해가는 열린 집단으로 나가야 한다. 그러나 대부분의 관계에서는 인간의 숙명에 저항하는 이율배반적인 난관으로밖에 생각하지 않는다.

느티나무골, 가와고에시(川越市)에 8월 개원

아사히신문 1985년 4월 2일자 지면에 느티나무골 개원에 관한 작은 기사가 실렸다. 하토야마 뉴타운에서 배제되고, 여기저기를 방황하던 자폐 환자 시설은 마침내 가와고에시에 안주할 땅을 얻고 개원한 것이다.

마침 같은 시기에 나는 하토야마 뉴타운과 재회했다.

딱 한 번 방문한 적이 있는 아름다운 동네가 쥐 죽은 듯이 멈춰있었다. 공공 희생양의 흔적도, 추방된 이방인들의 그림자도 물론 비치지 않았다. 사람들이 보이지 않는 단정하고 깨끗한 가로수길. 그곳은 우리가 말해왔던 사건의 현장이다.

책의 한 구절이 마치 환청처럼 스쳐 지나간다.

우리네 도시의 모든 곳은 범행현장이 아닐까? 그곳을 통행하는 모든 사

람은 가해자가 아닐까?

— 벤야민, 『기술복제시대의 예술작품』

차가운 도시의 범죄, 묻지마 살인

묻지마 범죄는 이제 남의 나라 이야기가 아니다.
범죄자의 급작스러운 공격에 우리 모두 노출돼 있다.
이런 묻지마 범죄의 언론 보도에는 판에 박힌 듯
매번 등장하는 요소가 있다. 다름 아닌 범인이 정신병자
내지는 이상성격자라는 것이다. 과연 그럴까.

당신도 범죄의
표적이 될 수 있다

묻지마 범죄라는 것이 있다.

우리의 평범한 이해 코드에 위배되고 있는, 왠지 싸한 기분마저
들게 하는 범죄자들. 일상에서 갑자기 벌어지는 침범자에 관한 기
사 몇 개가 여기에 있다. 모두 80년대 중반의 일이다.

한 남성(33세, 도쿄대 약학과 출신)이 세타가야(世田谷)에 있는 슈퍼
마켓에서 간식을 사러 온 3세 여자아이의 오른쪽 눈을 바느질용 바
늘로 찔렀다.

— 아사히신문, 1986년 1월 29일

신바시역(新橋驛) 지하도에서 통근중이던 미용사가 괴한에게 습격을 당했다. 괴한은 스쳐지나가면서 면도칼 같은 것으로 미용사의 어깨를 그어 전치 일주의 부상을 입혔다.

— 아사히신문, 1986년 4월 26일

요코하마에서 밤 11시 30분경 고등학교 동창회를 마치고 귀가하던 20세 여성이 뒤에서 따라온 남자가 휘두른 칼에 왼쪽 배와 가슴, 그리고 어깨 등 4군데를 찔렸다. 근처에 있던 행인의 도움으로 병원으로 옮겨졌으나 중태에 빠졌다.

— 아사히신문, 1986년 4월 27일

범행현장은 어째서 슈퍼마켓의 계산대 앞이었을까? 왜 피해자는 어린 여자아이였을까? 남자는 바느질 세트를 구입한 뒤 가게 안을 어슬렁거리고 있었다. 흉기는 왜 바늘이었을까? 그것은 처음부터 흉기로 사용할 목적으로 구입했던 것일까? 그렇지 않으면 수선할 게 있었던 것일까? 어느 쪽이든 거기에 어린 여자애가 있었고, 남자는 뒤에서 아이를 잡아채 돌려 세우고는 눈을 찔렀다. 왜 눈을 찌른 것일까? 이런 범죄를 목격했을 때 우리는 화가 치밀고 정체를 알 수 없는 불안감에 사로잡힌다.

가해자와 피해자 사이에 어떤 관계라도 있는 것일까? 전혀 없다. 낯선 타인에게 이유도 모른 채 바늘로 눈을 찔린 아이. 면도칼로 어깨를 베인 미용사. 칼로 배·가슴·어깨를 찔린 젊은 여성. 그들에게 있어서 그 사건은 무서운 악마를 만난 것과도 같은 경험이었을 것이다. 도시의 혼잡함 속에서 이름 모를 이방인들과의 맞닥뜨림이라 표현해도 좋다. 이방인이란 공동체의 이해 코드를 공유하지 않은, 그런 까닭에 혼돈을 떠안고 있는 다른 세계로부터의 방문자다. 묻지마 범죄는 모자이크로 이루어진 도시의 여기저기서 어떤 조짐도 없이 분출되는 혼돈의 상징이라고 할 수 있지 않을까?

도시의 혼잡함 속에서는 타인의 시선이나 흔하디흔한 소지품조차 흉기가 될 수 있다는 것을 잊어서는 안 된다. 전철 안에서 치근덕거리는 젊은 남자를 피해 도망가던 중 심장발작으로 급사한 여고생이 떠오른다. 남자의 눈빛은 광기가 서린 무서운 눈빛이었을까? 아니면 소녀에게 자신을 어필하려는 욕망의 눈길이었을 뿐인데 아직 여학생에게 이에 대한 면역이 없었던 것일까? 나로서는 판단이 서지 않는다. 그러나 젊은 남자의 눈길이 소녀에게 흉기였던 것은 의심할 여지가 없다.

어떤 주부는 아침에 러시아워로 꼼짝 할 수 없는 전철 안에서 등을 몇 번이나 찔리는 봉변을 당했다. 블라우스에는 구멍이 났고, 세 군데에서 피가 흘렀다. 만약 이 범인이 여성이 들고 있는 봉투 안에서 금속제 뜨개바늘을 발견하지 못했다면 범죄로 번지지 않았을지도 모른다. 그녀는 낯선 장소에서 자신의 바늘이 흉기가 될 줄은 몰랐을 것이다.

도시는 다양한 형태의 이야기를 쏟아낸다. 끊임없이 기존의 이야기를 일탈하여 상상을 넘어서는 묻지마 범죄라는 이름으로 피를 묻힌다. 병들어 아파하는 도시를 상징하는 듯하다. 어떤 말로 표현한들 묻지마 범죄의 뿌리까지는 도달하지 못한다.

그리고 이런 종류의 묻지마 범죄의 보도에는 판에 박힌 듯 거의 매번 덧붙여지는 것이 있다. 그것은 다름 아닌 범인이 정신병자 내지는 이상성격자라는 정형화된 틀이다. 앞에서 예로 든 도쿄대학 출신의 젊은 남자도 예전에 정신병원에 1년 가까이 입원한 과거가 있었다. 정신병원에 입원했던 이력은 침묵의 10년이란 세월을 훌쩍 뛰어넘어 범죄를 일으켰다. 묻지마 범죄의 까닭을 알 수 없던 불안감의 일부는 이렇게 해서 풀리게 된다.

정신병이라는 개념이 여기서는 우리의 불안을 해소해 주는 해석 장치가 되어버렸고, 그것이 사회문화의 메커니즘으로 자리 잡아 가고 있는 것이 분명하다. 묻지마 범죄가 사법과 정신의학의 접점에서 이야기될 때 뭔가 미덥지 못한 해석은 한 순간일 뿐, 결국은 우리에게 안도감을 준다. 그렇지만 유감스럽게도 소위 묻지마 범죄의 범인 대부분은 정신병자가 아닌 것으로 알려져 있다. 이로 인해 잠깐의 안도는 순식간에 사라져버린다.

묻지마 범죄의 범인은
모두 정신병 환자?

　범죄의 유형이 달라지고 있다. 일찍이 범죄는 사회관계나 집단으로부터 소외된 사람들의 원한을 동기로 삼고 있었다. 그나마 그 범주 내에서 범죄는 가시적이고 이해하기 쉬운 것이었다. 그러나 점차 욕망과 이해타산 같은 주제가 교착하게 되었고, 현재는 대상ㆍ동기ㆍ배경이 더욱 확산되어 무차별적이고 충동적인 공격의 형태로 불특정 다수를 향하는 경향이 짙어지고 있다. 길모퉁이에 독극물이 든 캔 음료를 놓고 사라진 사건만큼 비뚤어진 악의의 익명성ㆍ무방향성을 상징적으로 나타내는 것도 없을 것이다. 가해자와 피해자의 관련성이 희박하고, 그 배경이 참으로 이해하기 어렵고 불투명한 묻지마 범죄야말로 현대를 붉은 피로 선명하게 물들이고 있는 괴이한 광경의 하나인 것이다. 이와 관련한 기사를 살펴보자. 요코하마에서 고등학생 4명을 살상한 범인이 정신감정에서 정신분열증으로 진단받아 심신상실을 이유로 불기소 처분을 받았다. 묻지마 범죄의 하나의 전형이라고도 말할 수 있는 것이다.

1984년 3월 요코하마시에서 하교하던 고등학생 네 명이 차에 치인 후 칼에 찔려 한 명이 사망, 세 명이 중상을 입은 사건이 발생했다. 범인은 같은 지역에 사는 A(26세, 무직)로 밝혀졌다. 이 사건을 조사하고 있는 요코하마 지검은 범인이 정신분열증을 앓고 있고, 범행 당시 심신상실 상태였다고 판단, 불기소처분으로 처리하고, 같은 시내의 모 정신병원에 입원시켰다.

요코하마 지검은 A가 정신병원을 다닌 통원 이력이 있었던 것과 이유를 알 수 없는 진술을 되풀이하는 점을 이상하게 여겨, 사건 후 전문가에게 정신감정을 의뢰했다. 전문가는 "A는 범행 당시 파과형(破瓜型) 정신분열증(정신분열증에는 여러 유형이 있는데 그 중 파과형은 원시적인 언어와 행동이 특징이며 환청이나 환시 증상을 보인다. - 역자주)을 앓고 있어 자신의 행위를 제어할 능력이 없었다"라는 감정 결과를 내놓았다. 요코하마 지검은 이 감정을 참고로 하여 A의 범행동기, 진술내용 등을 종합적으로 판단해, 범행당시 심신상실 상태였기에 책임능력이 없다고 판정했다.

– 아사히신문, 1984년 7월 14일

고대에는 범죄를 질서에 생긴 상처나 균열이라고 보았다. 거기에 맞춰 범죄자 또한 질서의 균열을 치료하는 속죄의 희생양이 되었다.

어떠한 의례를 통해서도 정화하기 어려운 더러운 범죄자는 질서의 저편이나 국경의 바깥으로 추방되었다. 그러나 현대에는 범죄가 질서에 생긴 상처나 균열로서 설명되는 일은 없다. 형벌도 범죄라는 행위에 대한 윤리·도덕적인 비난으로서 부과되는 것일 뿐이다.

그런데 '범죄 발생 → 정신감정 → 강제입원'이라는 과정을 통해 시민사회의 표층 내지는 틀로부터 배제되는 범죄자들이 있다. 범죄 동기가 없는 이들은 접촉 자체가 기피되어 형법체계에서는 면책을 받고, 일상에서는 감옥이나 정신병원에 갇히게 된다. 그들은 대개 정신분열증이라는 암울한 칭호를 부여받는다.

정신감정이란 단적으로 말하면 피고인 또는 피의자의 정신상태가 어떠한 카테고리(정신병·이상성격 또는 정상 등)에 속하는가를 정신의학적으로 진단하는 것이다. 정신감정은 재판 과정에서 적합한 정신과 의사에게 의뢰하여 이루어지는데, 형사책임능력의 유무를 판정하기 위해 필요한 의학적 소견을 제공받는다.

근대법에서는 형벌이 도의적 비난의 의미를 갖고 있는 것에 대해 언급했다. 형벌은 범죄 행위자의 명예를 실추시키고, 그 사회적 지위를 저하시킨다. 따라서 그 범죄에 대해 행위자를 도의적으로 비난할 수 없는, 다시 말해 책임을 물을 수 없는 경우에는 논리적 귀결로서 형벌을 부과하는 것이 불가능해진다. 14세 미만의 아이가 형벌의 대상에서 빗겨나 있는 것은 그 때문이다.

80년대 일본의 형법 제39조에는 '❶ 심신상실자의 행위는 벌하지 않는다 ❷ 심신모약자의 행위는 본래의 형을 경감한다'고 되어 있었다. 심신상실이나 심신모약이 구체적으로 어떠한 상태를 나타내는가에 대한 규정이 형법에는 없다. 그러나 통례적으로 대법원 판례에 따라 정신적 장애 때문에 옳고 그름과 선악을 인식할 능력이 없거나 또는 인식에 따라서 행동할 능력이 없는 상태를 심신상실, 그러한 능력이 약화된 상태를 심신모약(心神耗弱)이라 칭하고 있다. 심신상실자는 무죄, 심신모약자는 형을 경감 받는다. 요코하마에서 4명의 고등학생을 살상한 남자는 정신감정에 따라 정신분열증이라는 진단이 내려졌고, 감정서를 받은 지검은 범행 시 심신상실 상태로 책임능력이 없다고 간주하여 불기소처분한 것이다.

그렇지만, 형벌상으로는 면책을 받았어도 형무소 대신 정신병원으로 강제 입원하게 된다. 이것이 과연 인도주의적인 처우인지 아닌지 판단하기는 어렵다. 입원 즉 수용 기간이 얼마나 될지는 재판을 통해 선고되는 형벌과는 달리 일정치가 않다. 2~3년의 형기로 끝날 범죄가 정신병원에 입원하는 것이라면 10년 내지 20년으로 늘어나는 경우도 많고, 죄를 저질러서 마땅히 사형을 선고받았어도 정신병의 치료 여하에 따라서는 겨우 몇 년 입원해 있다가 다시 사회에 나올 가능성도 있다. 그것이 이른바 부정기형(不定期刑)이라는 것이다.

정신병원이 병자의 치료를 위한 시설이라고는 도저히 말할 수 없는 경우가 있는데, 형무소와 마찬가지로 사회로부터 배제된 사람들의 수용과 감시를 위한 시설이 많다. 나중에 얘기할 라이샤워 사건이 바로 그것을 말해주고 있다.

1984년 7월 29일 오후, 나하(那覇)의 시영단지에서 과도를 든 젊은 남자가 유아와 여중생을 포함한 주민 7명을 연달아 찔러 1명이 사망했다. 남자는 같은 단지에 사는 B(22세, 무직)로 출동한 경찰에 의해 현행범으로 체포되었다. 조사에서 B는 "텔레비전이 나를 바보로 보는 것 같았다. 그래서 누군가를 죽여야겠다고 생각했다"라고 진술했다. B는 4년 전부터 정신분열증을 앓아 정신병원에 입원했었고 지금도 통원치료 중이라고 한다.

– 아사히신문, 1984년 7월 30일

1985년 9월 19일 이른 아침. 시모노세키(下関) 교외의 한적한 단지에서 농업에 종사하는 C(37세)가 모친을 살해한 뒤, 인근의 주택가로 침입해 통행인에게 칼을 휘둘러 3명을 죽이고, 8명에게 중경상을 입혔다. C는 소년시절에는 성적이 우수했지만, 대학 입학 즈음부터 머리가 아프다고 호소하기 시작해, 10년 전에는 병원에서 정신분열증 진단을 받고 투약치료를 했다. "늘 내가 먼저 공격하지 않으면 당할 거라고 생각했다", "어머니와 지역 주민들에게 냉대 받는 것이 분해서 범행을 저질렀다"고 진술하고 있다. 범행 순서나 칼부림 횟수는 정확히 기억하고 있지만 언동에 이상한 점이 있어 감정보류 중이다. 불기소 처분될 가능성이 높다.

– 아사히신문, 1985년 9월 19일

두 기사에는 몇 가지 흥미 있는 공통점이 있다. 충동적인 무차별 대량살인이라는 점 · 범인이 정신병자라고 간주되는 점 · 미혼 남자인 점·현장이 단지인 점·주변의 냉대를 받았다는 것을 동기로 내세운다는 점 등이다. 그리고 사실은 이들 사건이 러닝아모크(running amok, 살상욕을 수반한 심한 정신착란. - 역자주)라 불리는 정신병리학적인 현상과 흡사하다는 점에서 한층 우리들의 관심을 끈다.

아모크는 지금까지 말레이시아·인도네시아·필리핀의 회교도에 한해 발견되는, 전혀 동기가 없는 폭발적인 살인충동으로 설명되어 왔다. 이들은 아모크 증상 외에는 정신병적인 증상도 신체적인 증상도 일체 보이지 않고, 회복 후에는 그 기억을 완전히 떠올리지 못한다. 이것에 대해 파푸아 뉴기니아에서 정신과 임상에 참여했던 버튼 브래들리는 아모크를 특수한 문화권에서만 보이는 정신병으로서가 아니라 심인성(心因性) 정신병으로서 진단했다. 아모크의 전 단계에서는 본인으로서는 떨쳐낼 수 없는 모욕으로 느껴지는 사건이 일어난다는 것, 기억상실이 그리 완전한 것이 아니라는 것을 지적하고 있다.

아모크는 심한 모욕을 받은 사람이 그 상황으로부터 탈출하기 위해 보이는 흔한 정서반응의 형태로, 공동사회도 어느 정도 이해해주는 분위기다. 아모크를 절망에서 다시 회복되기 위해서 피하기 어려운 행위로 간주하는 사람들은 그런 연유 때문이다. 그 일례로 아모크 러너인 한 청년이 사람들을 도끼와 창으로 연달아 습격하고 돌로 내려치다가 경찰관에게 연행된 사건에 대해서, 이해할 수 있다고 대변하는 것처럼 말이다. 이 청년은 거식상태에 빠져 정신병원에 입원하였고 치료를 받고 마침내 퇴원했다. 정신질환은 발견되지 않았고, 청년은 단지 어렴풋한 기억밖에 나지 않는다고 주장했다. 그는 다시 공동사회로 통합된다. 이렇게 해서 아모크는 견디기 힘든 수치심과 모욕을 받은 남자에게 일어나는 하나의 전통에 기인한 이야기(해석장치)로서 수용되고 있다. 사람들은 때때로 이런 이야기에 빠져 살인을 포함한 공격충동을 폭발시키는 것을 허락해주고 있는 것이다.

우리는 고전적인 아모크의 배경으로 균질적이고 소규모적이며 대면적(對面的)인 정착사회일 것, 그리고 혈연을 기초로 하여 사람과 사람과의 강한 유대가 존재할 것을 들고 있다. 앞서 든 두 가지의 사건도 어느 정도 해당되는 것 같다. 다만 너무 동떨어진 지대에 있는 촌락이 아니라, 새로이 생긴 단지가 무대라는 점엔 주의해야 한다. 거기에는 공동체의 유대나 혈연관계에 의한 책무의 중압감은 없지만, 균질적이고 소규모적인 대면 상황이 점점 강해지는 숨쉬기 힘든 폐색감은 분명 존재한다.

모친을 살해한 사건의 경우에는 더 직접적으로 "어머니와 지역 주민들에게 냉대 받는 것이 분해서 저질렀다"라고 말한다. 그러한 말의 이면에는 분명히 아모크의 전단계에 해당하는 참기 힘든 수치와 모욕감을 체험했으리라 예상된다. 그들은 독신이고, 일정한 직업도 없이 빈둥대는 데다가 분열병이라는 암울한 칭호를 부여받은 남자들이다. 그들을 바라보는 소규모 단지 주민들의 눈길이 호의적이었을 리가 없고 거기서 오는 소외감은 '바보취급 당한다', '냉대 받는다'와 같은 르상티망(원한·증오·질투 등의 감정이 반복되어 마음속에 쌓인 상태. - 역자주)으로 인해 상당히 울적했을 것이다.

막다른 지경에 내몰린 남자들이 르상티망을 폭발시키고 무차별적인 대량 살인사건을 일으킨 것이다. 당연한 말이겠지만 이제는 그들의 절망적인 시도를 승인하고, 아모크로서 포용해줄만한 공동사회는 존재하지 않는다.

아모크라고 하는 이야기 또는 해석 장치 대신에 분열병이라 불리는 타이틀 내지는 해석 장치가 있을 뿐이다. 우리는 두 가지 사례를 통해 아모크와 묻지마 범죄의 과도기적 형태를 포착할 수 있을지도 모른다.

　　1985년 9월 2일 저녁, 삿포로의 쇼핑센터 입구에서 쇼핑하고 돌아가던 여중생이 지나가던 남자에게 가방을 빼앗기지 않으려고 저항하다가 그만 칼로 가슴과 복부를 찔려 즉사했다. 5일 밤 체포된 D(42세, 무직)는 소녀와는 일면식도 없는 사이로 "누구든 상관없었다"라며 묻지마 범죄를 인정하는 진술을 했다. 그는 또 "우주에 대해 생각하고 있었더니 누군가가 내 머리에 전파를 쐈다. 누구든 죽이면 분이 풀릴 거라 생각했다", "무서운 짓, 나쁜 짓을 저질렀다는 생각이 들어 사람을 만나는 게 무서워졌다. 문을 잠그고 집에 틀어박혀 있었다"라고 무덤덤하게 진술했다. D는 20년 전 정신분열증이 발병하여, 두 번 입원한 적이 있고 범행 당시에도 통원치료를 계속 받고 있었다. 감정보류 중으로 기소 여부는 미정이다.
　　- 요미우리신문, 1985년 10월 23일

이 사례를 보면 공격충동이 가족이나 얼굴을 아는 이웃, 지역 사람들에게는 향해 있지 않다는 걸 알 수 있다. 혈연적인 유대도 없고, 대면적 접촉이나 관계도 전혀 없다. 그렇지만 공격은 더욱 고도로 추상화되어, 거리의 인파 속에서 스쳐지나가는 낯선 타인을 대상으로 선택했다. '누구라도 상관없었다…' 이 돌발적인 폭력의 분출로밖에 비쳐지지 않는 무차별적인 충동살인을 우리는 묻지마 범죄라고 부르게 되었다.

원한은 분명한 대상을 상실하고 목적 없이 허공을 떠돈다. 세상으로부터 바보취급을 당해온 한 노숙자는 어느 날 깔보지 말라며 분노의 신호를 보내고는 버스 안에 가솔린을 뿌리고 불을 질렀다(20명 사상). 회사에서 해고된 38세의 남자는 도금공장에 숨어들어 염소가스 탱크의 밸브를 열었다(몇백 명 사상). 역시 해고된 분풀이로 44세 남자가 아파트에 가솔린을 뿌리고 방화했다(범인을 포함하여 3명 사상). 이들의 범죄에서 원인과 결과 또는 동기와 대상을 떼놓고 살펴보면 한동안 어이가 없어 말문이 막힐 정도다.

고전적인 아모크에서는 그 동기가 적어도 공동사회의 내부에 있는 한 이해가능한 것이었고, 그런 까닭에 사람들은 그들의 문화적 전통에 기인한 사건의 문맥에 따라서 그것을 수용할 수 있었다. 아모크는 비일상적인 사건에서는 있을 수 있어도, 이상한 범죄는 아니다. 아모크로 치닫는 사람들은 일시적인 착란이 사그라지면 정신적으로나 육체적으로나 건강한 보통 사람으로 취급된다. 나하와 시모노세키에서 발생한 사건은 현상적으로는 아모크와 거의 유사한 형태로 발생했지만, 그것을 허용할만한 사건의 문맥이 결여되어 있기 때문에 일상으로부터는 단절된 무시무시한 범죄로 간주되는 것이다. 더구나 추상화의 정도를 높이고 공격충동이 확산되어 가면 삿포로 쇼핑센터 사건에서 보여지는 묻지마 범죄로 나타나게 되는 것이다. 동기나 배경이 불투명하고 일반적으로 이해할 수 있는 선상에서 훨씬 벗어나는 범죄는 분열증이라는 이야기로 완전히 가려지기도 한다.

이따금 정신분열증과 관련된 사례가 속속 이어지는데, 실제로도 묻지마 범죄와 분열병은 매우 밀접한 관계가 있다. 일상적 이해의 코드에 위배되는 사회현상으로서의 묻지마 범죄와 이해하기 어려운 심적 현상으로서의 정신분열증은 상호보완적으로 연결되어 있다. 거기에는 일상에서의 두 가지 외부성(카오스)이 서로 겹쳐 있고, 이해의 지평을 형성하고 있는 것처럼 보인다. 물론 묻지마 범죄를 이해하기 어려운 것은 그것이 정신병 특히 분열증에 걸린 이상자에 의한 동기나 의미의 맥락에서 단절된 행위이기 때문이다.

정신분열증을 둘러싼
난센스

1964년 3월 23일, 미국 주일대사 E.O.라이샤워는 대사관에 침입한 한 소년에게 왼쪽 대퇴부를 찔려 중상을 입었다. 이 사건은 내외적으로 큰 충격을 주었고, 얼마 지나지 않아 소년이 정신분열증을 앓고 있고, 그 범행도 정치·외교와는 전혀 상관없는 기괴한 망상에 기인한 것이라는 사실이 밝혀졌다. 정신병자를 풀어놓지 말라는 정치사회적 캠페인이 대대적으로 연출되었고, 이듬해는 정신장애자에 의한 중범죄의 발생을 미연에 방지하자는 목적으로 정신위생법이 개정되었다. 정신장애 때문에 자상타해(自傷他害)의 우려가 있다고 인정되는 사람들을 예방구금적인 목적으로 정신과 병동으로 보낼 수 있는 현행 시스템은 이렇게 해서 확립되었다. 라이샤위 사건이 일본의 정신장애자들에게 끼친 영향은 매우 크다는 것을 알 수 있다. 그리고 이 사건은 동기가 없는 범죄와 분열병과의 상호보완적이라 할 수 있는 관계에 관한, 하나의 원형이 되는 사건이기도 했다.

소년에 대해서는 2회에 걸쳐 정신감정이 이루어졌다. 그 결과 소년은 심한 정신분열증을 앓고 있다, 범행시에는 형사책임 무능력 상태에 있었다, 앞으로 장기간에 걸쳐 입원치료가 필요하다, 사회복귀는 어렵다는 결론이 났다. 우리는 『일본의 정신감정』을 통해 첫 번째로 실시한 도쿄대학 의학부 교수 아키모토 하루오(秋元波留夫)에 의한 감정의 전체 내용을 알 수 있었다. 여기서는 그의 감정을 텍스트로 삼아 범죄와 분열병을 둘러싼 주제를 조명해보고자 한다.

아키모토 교수는 「정신분열증과 범죄」라는 제목을 붙여 다음과 같이 말하고 있다.

> 정신분열증자는 종종 분열병의 증상으로서 반사회적인 행동을 한다. 피해망상이나 환각에 지배되어 살인 · 방화 같은 중대한 범죄를 저지르거나 흥분해서 기물을 파괴하거나 충동적으로 가출 · 도주 하는 등 갖가지 탈선행위를 저지른다. 게다가 인간관계가 유지되지 못하고 사회적 적응성을 잃어 부랑 · 매춘 · 절도 · 무전취식 등에 빠지는 경우도 적지 않다.

범죄나 반사회적 행동 · 일탈행위 등 시민사회의 온갖 악(惡)이 정신분열증으로 귀속되는 것이다. 더군다나 앞서 말한 것들은 분열병의 증상으로 여겨지는 것들이다. 분열병자는 이제 범죄의 주체 자리에서 추방되어, 병(病)을 넣은 용기(容器)로 환원되었다. 그래서 범죄를 저지르는 것은 병이지 분열병자 자신은 아니라는 것이다.

범죄라는 악을 병으로 환원하는 것은 범죄가 갖는 오쌈함을 무마시키려는 시도이기도 하다. 범죄를 단순한 병에 지나지 않는다고 단정하면, 범죄는 결코 메시지 내지는 의미 있는 행위로서 해독되지 못할 것이다. 범죄라는 거울의 표면에 비쳐진, 인간이라는 이해하기 어려운 존재를 찬찬히 들여다보는 작업은 주도면밀하게 회피되는 것이다.

우리는 이에 의문을 던져야 한다. 사람이 분열병 또는 노이로제나 알코올 중독이기 때문에 낯선 타인을 찔러 죽이고 불을 지르는 범죄를 저지르는 것일까? 그러한 노이로제나 분열병을 범죄의 주체라고 여기는 사법정신의학적인 해석에 우리의 안전을 맡길 수는 없다. 거기에는 분명히 우리를 현혹시키는 속임수가 숨겨져 있다. 범죄가 정신장애(망상·환각 등)의 영향을 받고 있다는 것은 인정한다 해도, 병이 범죄의 원인이고 주체라고는 할 수 없다. 기껏해야 그것은 범죄의 계기가 되고 배경이 되고 일부를 이루는 것에 불과하기 때문이다.

예를 들어 알코올중독자가 묻지마 범죄로 주부와 아이를 살해했다고 하자. 망상에 지배된 범행으로 인정된다면 그는 형벌을 면하거나 경감 받게 될 것이다. 그러나 알코올 중독증이라는 병도 결국은 그가 선택한 스스로의 아이덴티티가 아니던가? 살인이 알코올 중독으로 인해 직접적으로 망상에 기인한 것이라고 해도 또 그것을 기억 속에서 완전히 상실했다 해도 망상을 살려두고 있는 주체인 그 사람은 여전히 살인행위의 주체이기도 하다. 심신상실자로서 무죄를 선고받고 혹은 심신모약자로서 형을 감면받을 때 사람은 스스로의 아이덴티티를 뿌리째 뽑히고 박탈되는 위기에 처해지게 된다.

일본의 대표적인 정신의학자로서 다수의 정신감정을 맡고 있는 나카타 오사무(中田修)에 따르면, 정신분열증이나 우울증 같은 소위 내인성정신병(內因性精神病)을 확실히 증명할 수 있다면, 초기 단계일지라도 즉시 책임무능력이라고 해야 할 것이고, 이 원칙은 일반적으로 지배적인 것이라고 한다.

분열병으로 진단받는다는 것은 정신과의라는 권위자에 의해 너는 너의 행위(범죄)에 대해서 책임질 능력이 결여되어 있다고 선고받는 것을 의미하는 것이다. 분열병자의 행위라면 그것은 모든 의미의 연쇄에서 해방된 난센스로 엉터리 병리현상이라는 인식이 전제가 되어 있는 것이다.

아키모토 교수는 분열병의 이해 불능성에 대해 다음과 같이 말하고 있다.

정신분열증은 지(知) · 정(情) · 의(意)의 전면에 걸쳐, 즉 인격 전체가 근본에서부터 장애가 있는 병이며, 이 병이 현재진행중인 한 아무리 경증일지라도 환자의 전인격은 병적 변화의 힘의 지배하에 놓이게 된다. 그리고 이때 환자의 마음은 정상적인 심리로써는 이해할 수 없는 부분이 있다. 이 이해불가(理解不可)야말로 분열병을 진단하는 중요한 근거이고, 정신과의가 분열병으로 진단했다는 것은 그 환자의 심리가 근본적으로 이해불능인 것을 의미하고 있는 것이다. 이 이해불가라는 것은 그 마음의 변화에 대해 예측할 수 없다는 뜻이다. 즉 환자에게는 정상적인 동기에 따라서 정상적으로 의지를 결정하는 것은 기대할 수 없는 것이다.

분열병은 인격 그 자체를 근본에서부터 침범당하고, 완전히 병의 비합리적인 힘의 지배하에 놓이게 된다. 그 때문에 그들은 정상적인 심리·동기·의지로부터 동떨어진 충동적인 행위에 이르는 경우가 종종 있고, 그것은 정상적인 인격의 모습과는 거리가 멀다. 이해불가야말로 분열병을 진단하는 중요한 근거이고, 정신과의가 분열병으로 진단했다는 것은 그 환자의 심리나 행위가 근본적으로 이해불능이라는 것이다. 어쩌면 이 토톨로지(동의반복[同義反復]. 명제의 진위와 관계없이 전체로서 항상 참이 되는 복합 명제. - 역자주)야말로 분열병이라는 병에 대한 정신의학적 시선이 숨겨진 바탕을 이루는 것일 게다.

한 번 범죄자는
영원한 범죄자?

이 토톨로지(同義反復)의 연쇄에는 사법정신의학이 곧잘 주장하는 정형적인 해석, 즉 분열병 환자가 저지르는 범죄에 살인·방화 같은 중대 범죄가 많다고 하는 해석이 가세한다. 어떤 범죄가 동기도 배경도 불투명하고, 이해가 곤란하다면 거기에는 분열병이 감춰져 있음을 예상할 수 있다. 동기가 불명확한 중대 범죄의 경우에는 우선 정신분열증, 특히 전구기(前驅期, 조짐기)를 의심하여 신중하게 진단해야 한다는 원칙이 감정에 관여하는 정신과의 사이에서는 상식이 되어 있다고 한다. 범죄 행위자의 과거에서 어렴풋하게 분열병의 그림자라도 발견되면 그 외의 일체의 조건은 도외시되고 범죄는 분열병으로 직결된다. 그리고 '분열병 → 이해불능성 → 범죄'라는 해석 장치에 포섭됨으로써, 범죄가 갖는 외부성(혼돈)의 힘은 가까스로 무마되고, 우리는 그것을 일상적인 의식의 안쪽에 감춰둔다.

당연한 말이겠지만, '범죄 → 이해불능성 → 분열병'이라는 역방향의 이해도 성립한다. 내성적인 청년이 어느 날 세상을 놀라게 할 만한 큰 사건을 일으킨다. 그 동기가 이해하기 어려운 것이라면 우선 분열병의 전구기 내지는 병의 초기로 보고 정밀한 정신감정이 필요하다는 원칙이 도입될 것이다. 동기가 없는 범죄자의 과거에서 분열병의 그림자를 찾아내지 못하고, 범행시에도 분열병의 조짐을 인정하는 것이 곤란한 경우라도 분열병을 의심하면서 정신감정을 진행할 필요성이 있다고 한다. 범죄와 정신분열증은 이렇게 해서 이해불능성이라는 공통항으로 매개되어 하나의 현상의 표면과 이면을 이루는 관계로 간주되는 데에 이른다.

그런데 이와 같은 사법정신의학적인 이해의 지평이 사실은, 여전히 증명된 적이 없는 내인성(內因性)을 둘러싼 신화적 가설에 기초를 두고 있다는 점에 충분히 주의를 기울여야 할 것이다. 내인성 신화란 간단히 말하면 분열병은 유전적 원인에 기초한, 대뇌의 기질적 변화 내지 생화학적 변화 때문에 발현하는 병이라는 가설이다. 이 가설 하에서는 예를 들면 진행마비(進行痲痺, 매독에 감염된 뒤 10~20년에 걸쳐 발병하는 진행성 질환. 진행성 치매가 특징이며 안면의 이완, 언어 장애, 손 떨림 증상이 있다. - 편집자주)라 불리는 정신병의 원인이 매독의 병원체인 스피로헤타였던 것처럼 분열병의 경우에도 아직 발견되지 않았지만 신체에 생기는 병적인 변화가 원인으로 숨겨져 있다고 믿는 것이다. 19세기 말 분열병이 발견된 이래, 분열병의 생물학적 연구가 진행되었다. 그리하여 뇌 안의 대사이상 같은 생화학적 병변이 반드시 밝혀질 것이라는 자연과학적 낙관주의가 내인성의 신화를 지탱해 왔다. 이러한 가설의 영역을 벗어나지 않는 내인설(內因說)이 신화 같은 주술의 힘을 갖고 근대의 형법체계에 접목되면서 그것은 분열병자의 책임무능력론으로 흘러들어 갔다.

그런데 아키모토 교수의 감정은 그 말미에서 피의자 소년의 책임능력에 대해 다음과 같이 진술하고 있다.

> 피의자의 행위는 분열병의 소산이다. 따라서 피의자에게 의료와 보호를 부여하는 것이 피의자를 위해서도 혹은 사회 안전상으로도 가장 의미있는 처치라고 생각된다. 피의자는 분열병 때문에 올바른 감수성을 상실하였고, 또한 사물을 정당하게 평가하는 정신기능도 결여되어 있어 형벌의 의미를 이해하고, 형벌의 효과를 받아들일 능력이 없다고 판단된다. 피의자의 치료를 위해서는 정신병원 입원이 필요하다. 앞으로도 그 분열병은 호전될 가능성이 낮기 때문에, 장기간에 걸쳐 병원의 보호가 필요한 것으로 사려된다.

그의 감정에 의해 심신상실로 진단받은 소년은 불기소 처분을 받고 도내의 한 병원에 입원했다. 이러한 조치가 인도주의적인 겉모습과는 정반대로 무엇보다도 사회 안전상 필요에 따라서 요청된 것이라는 점은 명백한 사실이다. 특히 이 사건의 경우, 재판에서 소년의 언행 여하에 따라서는 미일관계(美日關係) 외에도 정치·외교상의 문제에 미묘한 파문이 일 우려가 있다고 예상되었다. 소년을 정신병자로 말살하는 것이 아마도 이미 짜여진 각본의 최선책이었을 것이다. 분열병의 치유가능성을 부정하고 장기간에 걸쳐 병원에서 보호되어야 한다고 설명하는 아키모토 교수의 감정에 '피의자를 위해'라는 식의 발상은 추호도 없었다는 것 역시 명백한 사실이다.

소년은 아키모토 교수의 감정에 대항이라도 하듯 점차 쾌차해갔다. 폐쇄 병동에서 개방 병동으로 옮겨졌고, 마침내 사회에 복귀할 가능성도 보이기 시작했다. 정신의학계의 최고 권위자인 아키모토 교수는 단 63일간의 감정에서 무엇을 근거로 소년의 분열병이 '앞으로도 호전될 가능성이 낮다'라고 판정한 것일까? 그런데 여기서 소년에게 너무나 불행한, 예측하기 어려운 사건이 발생했다. 미국대사관에서 방화사건이 일어났는데, 하필 그 시각에 소년이 무단 외출중이었던 것이다. 아니나 다를까? 소년이 혐의자로 선상에 올라 경찰의 취조까지 받게 되었다. 다행히 혐의는 이튿날 벗겨졌지만 소년은 재차 폐쇄 병동으로 옮겨졌고 옥외에서 실시하는 작업활동도 중단되었다. 이 작은 사건이 소년에게 어떤 그림자를 씌웠는지 그것은 확실치 않다. 다만 사건 후 쾌차해 가던 소년의 병세는 완전히 반전되어 점점 악화되어 갔다. 자폐성향이 더욱 심해지면서 인격은 황폐의 일로를 걸었다.

그리고 어느 새벽녘, 소년은 병동의 화장실에서 목을 맸다. 라이샤워 대사 사건 이후 7년의 세월이 흘렀고, 소년은 더 이상 소년이

라 불릴 나이가 아니었다. 향년 26세. 자살의 동기는 분명치 않다고
한다.

심신상실자로서 무죄를 선고받은 소년은 왜 미국대사관에 침입
했고 라이샤워 대사의 대퇴부를 찔렀는지 법정이라는 공개된 장소
에서 이야기할 기회를 빼앗긴 채 정신병동의 후미진 곳에 유폐되었
다. 살해가 목적이 아니었다는 것을 소년은 분명히 말했다. 그렇지
만 유감스럽게도 우리는 아키모토 교수의 감정을 통해서만 소년이
말하는 메시지를 수신할 수 있었다. 사법과 정신의학이 뒤섞인 손
에 잡히지 않는 아지랑이 같은 언어들 속에서 소년이 전하려는 메
시지는 병적망상으로 결론지어져 끝나버렸다. 소년의 행위는 어찌
되었든 정신감정이라는 밀실의 작업을 통해서 분열병이라는 병력
의 소산으로 결론지어진 것이다. 소년은 불행히도 범죄라는 행위의
주체임을 부정당했고, 이해불능의 세계를 방황하는 외부인으로 전
락하여 자신의 생각을 피력할 기회조차 얻지 못한 채 끝나버린 것
이다.

이렇게 정신감정에 매개됨으로써 범죄라는 '표현'은 범죄라는 '병
리'로 변환된다. 심신상실자로 선고받을 때, 사람은 자신의 아이덴
티티를 뿌리째 뽑혀 박탈당하는 위기에 처한다. 이른바 제도로서의
정신감정이란, 우리 시민으로부터 합법적으로 아이덴티티를 벗겨
내는 이데올로기 장치라고 말할 수 있는지도 모르겠다.

변명할 기회조차
빼앗긴 그들

1934년에 발행된 범죄심리학 책에 이런 구절이 있다.

> 일반적으로 신체와 더불어 정신이 건전하고 원만한 생활을 하고 있는 사
> 람은 특수한 경우를 제외하고는 범죄를 저지를 가능성이 거의 없다. 바
> 꿔 말하면 범죄자의 다수는 정신이상에 기인하는 경우가 많다는 것이다.
> — 고미나미 마타이치로(小南又一郎),『실례범죄심리강화』

범죄자와 정신이상자를 거의 동격으로 연결 짓는, 범죄관에 대해
이만큼 노골적으로 단언하는 책은 현재로서는 없을 것이다.

범죄학의 개척자인 이탈리아의 롬브로소가 주창한 선천성 범죄

자설은 부정되었지만, 나중에 그것을 이어받은 범죄생물학에서는 범죄자 특히 상습 범죄자의 대부분은 바람직하지 않은 유전적 소질을 가진 인간(이상성격자)이라고 주장했다. 선천성 범죄자 대신에 범죄자가 되기 쉬운 소질을 가진 인간의 유형이 새로이 발견된 것이다. 범죄와 정신의학의 접점에서는 이러한 이상성격 내지는 정신병질의 문제가 가장 날선 논쟁의 테마라는 것은 잘 알려져 있다.

그런데 범죄자는 당연하다는 듯 이방인이다. 건전한 일상생활을 영위하는 시민의 반대쪽에 위치한 범죄자라는 이름의 이방인. 그렇지만 이방인이 선천적으로 범죄에 친화성이 있는 것은 아니다. 대개의 경우, 범죄자가 이방인화 되는 것은 범죄의 이후이지 이전은 아니기 때문이다.

우리는 범죄라는 결과에서부터 거슬러 올라가기 때문에 그가 평소 범죄자로 숙명 지어진 이방인이었다는 것을 발견하는 것이다. 비일상적인 사건으로서의 범죄는 그렇게 해서 이야기의 정형에 포섭되는 것이고, 일상적인 의식의 저편으로 방출되는 것이다. 매스컴이 유포하는 태반의 범죄 보도는 그야말로 과잉된 이야기를 만들어내기 위한 욕망에 지배되어 방향을 결정짓는다. 부정적인 모습을 추구하는 강박에 의해 범죄자는 더욱 범죄자답게 만들어지게 되는 것이다.

그러한 범죄자의 이방인화 과정은 역시 공공의 희생양을 만들어내는 배제의 구조에서 관철되고 있다. 공공의 희생양인 산 제물이 절대적 차이를 보이는 것은 배제에 수반되어 나타나거나 또는 배제의 뒤에 나타난다. 사전에 예정되고 조화된 배제의 기호 같은 것은 본래 존재할 수 없다. 범죄자에 관해서도 마찬가지다. 범죄를 이해하기 위해 가상으로 꾸며진 이상성격이나 정신병질이라는 이름의 절대적 차이는 범죄가 일어나기 훨씬 전단계부터 존재했던 것은 아니다. 범죄를 둘러싼 매스컴 보도나 재판과 병행하는 형태로, 배제 그 자체를 합리화하는 절대적 차이가 발견되고, 점차적으로 선명하게 윤곽을 가다듬어 가는 것이다.

　정신감정은 은밀하게 범죄자의 절대적 차이를 드러내는 역할을 한다. 혈연관계·가족력·양육력 등의 철저한 세탁을 통해서 부정적 이미지를 띤 차이 내지 스티그마가 두드러지게 발견된다. 그때 정신병의 그림자나 이상 징후가 가장 주도면밀하게 파헤쳐지는 것은 당연하다. 부모·형제를 비롯한 친척 중에 정신병자·정신박약자·이상성격자 또는 자살자나 범죄자는 없는지, 피고인 본인의 출생에서부터 현재에 이르는 역사 속에 정신병이나 이상한 그림자는 발견되지 않는지 파악한다. 범죄의 가능성이 있다고 간주되는 정신분열증이 가장 설득력이 높은 스티그마인 것은 말할 것도 없다. 정신감정은 그렇게 해서 정신의학의 가장을 바탕으로 발견된 차이를 인과의 연쇄 위에 겹쳐 쌓으면서 하나의 범죄를 둘러싼 이야기를 산출해낸다.

　여기서 방화범으로 체포된 한 소년에 관한 정신감정을 예로 들어보자. 그는 상습 본드 흡입자로 다음과 같이 진술되고 있다. 감정자는 이미 언급했던 나카타 오사무다.

피고인은 바람직하지 않은 유전적 부정 요인을 갖고 있고, 비정상적인 가정환경에서 자라났으며 조부모의 죽음을 계기로 한층 가정 내에서 고립되었다. 또한 학업에서도 뒤쳐졌고 장래에 대한 희망도 꺾여 비행그룹에 들어가 본드를 흡입하는 등 생활태도가 크게 흔들리면서 비행 · 범죄를 저지르게 되었다.

피고인은 초등학교 시절에 이미 자기중심성 · 비협조성 · 의지박약 경향을 보였다. 이것은 선천적으로 열등한 기질과 더불어 유소년 시절의 열악한 가정환경(교육 · 예의범절 · 애정 결핍)이 크게 관여했기 때문으로 성격적으로는 의지박약형 · 자기과시형 · 폭발형 · 무정형(無情型) 등의 유형을 복합적으로 갖고 있다. 이는 매우 비정상적인 성질이라 할 수 있다. 게다가 허언, 기만적 경향과 피영향성, 피암시성의 항진이 두드러진다.

– 사토 도모유키(佐藤友之), 『다큐멘트 정신감정』

나카타 교수는 피고인 소년의 감정에서 바람직하지 않은 유전적 부정 요인이 무엇인지 일체 밝히지 않았다. 또한 무척 평범한 가정을 열악한 가정으로 만들어 버렸다. 이는 위태로운 픽션에 지나지 않는다.

그는 소년의 모친에 대해서 '인간적인 감정, 온화함, 소위 어머니다움이 결여된 성격'이라고 결론내리고 있는데, 20명의 종업원을 거느리고 가게를 척척 꾸려나가야 하는 사장으로서 여장부 같은 대찬 기질이 있다고 해서 통념상의 어머니다운 역할을 다하지 못했다고 진단할 수 있는가?

그는 조부모의 권위가 매우 강하고, 부모가 가정 내에서 역할을 다하지 못했다고 말한다. 피고인 소년의 집안은 대대로 다방면에 걸쳐 장사를 해온 큰 자산가이고, 소년의 외조부는 시의회 의원을 몇 차례나 지냈다. 아마 가문에 대한 자부심이 강한 가정 속에서, 데릴사위인 아버지는 아버지답게 행동하지 못한 점도 있었을 것이다. 그렇다고 '이 가정은 따뜻한 인간적 교류나 친밀감, 연대감이 결여되어 있다'고 진단하는 것은 무리가 아닐까?

단 몇 차례의 상담을 통해 얻은 위와 같은 가족의 모습이 단순한 감상 수준을 넘지 못하는 것은 명백한 사실이다. '바람직하지 않다', '열악하다'라는 꼬리표가 붙은 소년의 가정환경이 우리의 그것과 동떨어진 열등한 것이라고는 나는 도저히 받아들일 수 없다. 결국 감정자의 극히 사적인 감정, 즉 가정이나 모친에 대한 본인만의 이미지를 유일한 규준으로 삼아, 피고와 그 가족을 판단한 것이다. 재판관에 의해서가 아니라 정신과의에 의해서 말이다.

또한 피고인 소년은 '의지박약형 · 자기과시형 · 폭발형 · 무정형 등의 유형을 복합적으로 갖고 있다'며 이상성격자로 감정되었는데, 나카타 교수는 이 판단에 있어서도 충분한 근거를 내놓지 못했다. 특히 폭발형과 무정형에 대해서는 그것을 암시하는 진술조차 발견되지 않는다. 이상성격자라는 판단은 그저 소년의 범죄자 이미지를 자극하는 소도구 역할만 되풀이하고 있을 뿐이다.

게다가 나카타 교수는 피고인 소년이 범죄에 이른 동기와 과정을 다음과 같이 말하고 있다.

가정환경과 양육력 분석을 통해 범죄를 일으키기 쉬운 선천적 기질을 갖고 있음이 밝혀져 이상성격자로 판단했다. 소년이 저지른 6건의 방화 사건은 이 판단을 더욱 뒷받침해 준다.

범행의 동기에 대해서는 경찰조서 및 검찰조서에 언급된 '마음이 황폐하다', '부모와 사회에 반항하고 싶었다', '방화범이라고 냉대를 받았다', '본드를 흡입하고서 문득 불을 지르고 싶어졌다', '집에서는 재미가 없다, 엄마가 나한테 화를 내서 분풀이로 방화를 하게 되었다' 등의 진술을 인용하고 있다. 이것들은 피고인이 범행 당시 일상생활 속에서 혼란을 겪었다는 점과 피고인의 성격을 놓고 봤을 때 충분히 이해 가능한 것이다. 피고인은 가정의 불화, 학업 스트레스, 대인관계의 어려움, 자기 성격의 약점을 고민하면서 이 갈등상황에서 벗어나려고 본드를 흡입한 것이다. 본드에 취해 판단력과 의지의 제어가 흐트러졌고 그 결과 소년은 불만을 발산하기 위해 방화를 저질렀다고 보아도 될 것이다. (니시야마 아키라[西山詮], 「정신감정서의 감정」 『정신의료』)

피고인 소년은 사실 경찰진술에서는 범행을 자백했지만, 검찰진술 때에는 이것을 뒤집었고 그 이후로는 감정과 재판에서도 일관되게 방화를 부인했다. 따라서 감정 단계에서는 아직 소년의 범죄사실은 기소상태 안에서만 사실이었던 것이다. 소년 자신은 범죄사실 인정을 거부하였고, 맞서 싸울 자세를 보였다. 여기에 대해 나카타 교수는 재판에서 결론을 내리지 못한 소년의 범죄사실을 자명한 전제로 깔고, 동기에서부터 범행에 이르는 빈약한 이야기를 짜맞췄다. 정신과의(감정사)는 재판관이 아니다. 그럼에도 불구하고 그는 피고의 범죄사실을 둘러싼 재판까지 진행하고 있었던 것이다. 변호인은 부재하고, 검찰과 판사를 겸한 정신과의에 의한 인격재판….

범죄사실이라는 불확실한 결과를 전제로 하여 과거로 거슬러 올라가 발견한 절대적 차이(열악한 유전적 부정 요인 · 가정환경 · 이상성격)와 동기(불만의 누적)를 기반으로 범죄가 재구성된다. 부정적 이야기를 산출하는 메커니즘으로서의 정신감정. 범죄사실이 무너졌을 때, 이 부정적 이야기는 스스로의 사상누각을 드러내다가 와해될 것이다. 그때가 되면 단순히 범죄사실에 봉사하기 위해서만 발견되고 조직된, 절대적 차이 · 동기 · 이상성격 전부 이야기의 주술로부터 해방될 것이고, 아주 평범한 일상의 모습을 회복할 게 틀림없다. 정신감정이란 무엇인가? 감정에 따르는 정신과의란 어떤 사람인가?

정신감정이라는
이데올로기 장치

에일리어네이션(aliénation, 일시적 또는 지속적인 정신 이상, 이성의 상실)이나 디멘스(démence, 발광·정신착란), 그리고 인세니티(insanity, 미친짓)와 같은 광기나 정신착란을 나타내는 단어가 사실은 법률용어였다는 점이 흥미롭다. 에일리어네이션은 원래 양도·할양(割讓), 즉 법적인 권리주체를 타인에게 양도하는 것을 나타내는 말이었다. 디멘스는 종교·시민생활·재판에 있어서 공적인 행위를 금지당해 자격을 빼앗긴 사람들의 상태를 나타내는 용어였다. 인세니티 역시 의학용어가 아니라 단순히 법률개념으로서 범죄자의 행위에 대한 형사책임을 면제하는 정신장애의 정도를 의미했다고 한다.

단적으로 말하면 광기란 형법체계의 외부에 옭아매진 카테고리를 가리키는 법제용어였다. 근대의 형법은 이성적인 존재로서의 인간, 다시 말해 도리에 합당함과 어긋남을 분별할 줄 아는 책임 있는 주체로서의 인간을 전제로 하고 있다. 형벌이 도의적 비난으로서 부과되는 것임은 이미 언급했는데, 도의적 책임을 물을 수 없는 사람 예컨대 어린아이나 자신의 행위를 이해하지 못하는 정신박약자나 정신병자 등은 형벌의 대상 외로 빠지게 되었다. 범죄는 행위자의 자유로운 결정능력 하에서 이루어질 때만 책임을 지고 처벌되어야 하는 것으로 간주된 것이다. 형법체계 밖으로 배제된 심신상실자 즉 책임무능력자의 상징이라고도 할 수 있는 것이 정신분열증자임은 말할 필요도 없을 것이다.

이렇게 해서 근대의 형법체계가 예외 규정으로 어린아이나 정신병자를 형벌의 면책 대상이라 간주하게 된 것은 아마 본질적인 의미를 내포하고 있을 것이다. '모든 폐쇄된 체계적 질서는 그 외부로 배제되는 제3항에 의해 이면에서 지탱되고 있다'는 근원적인 위치로 되돌아가 생각해보면, 근대 형법은 그 외부에 있는 어린아이·정신박약자·정신병자들에 의해 비로소 사리분별을 할 수 있는 책임 있는 주체로서의 인간이라는 관념을 유지할 수 있다고 할 수 있다. 고로 책임 무능력이라 여겨지는 사람들에 대한 형벌의 면책 내지 경감이라는 것은 법(국가)이 그들에 대한 형벌권을 갖고 있음에도 불구하고, 이 권한의 행사를 인도주의적으로 유예한다는 것을 의미하는 것은 아니다.

바꿔 말하면 근대 형법은 책임 무능력자를 쉴 새 없이 분비하지 않고서는 존립 자체가 허용되지 않는다. 이성적인 존재라는 근대의 인간관이 존립할 수 없는 것이나 마찬가지다. 법은 스스로 포기하고 외부로 던져놓았던 사람들에게 형벌권을 행사할 자격 내지는 근거가 없다. 그래서 그들, 배제된 이방인들을 위해 형법 체계와는 위상을 달리 하는 정신의학의 체계가 요청되는 것이고, 수용과 구금을 향한 방법이 열린 것이다. 이 지점에서 정신의학이 형법 체계의 보완 장치처럼 기능하고 있다는 것을 부정하기 어렵다.

법의 외부로서의 어린아이 내지는 정신병자라는 주제. 그것은 거듭 말하지만 권리를 가진 책임자 · 인식하는 개인 · 도의적 책임을 져야 하는 주체로서의 근대적 인간이라는 이데올로기를 이면에서부터 보완하고 있다. 이것은 획기적인 이방인들의 풍경이다. 이 책임 무능력자들을 둘러싼 부정적 이야기의 성립 없이는 근대의 형법체계, 더 나아가 근대의 인간관 그 자체가 불가능했다고 말할 수 있다.

그런데 우리는 지금까지 정신감정이 범죄자의 절대적 차이를 만들기 위해 이야기를 만들어내는 것으로, 시민으로부터 합법적으로 주체를 박탈하는 이데올로기 장치로서 기능할 수 있다는 것을 봐왔다. 심신상실이나 심신모약이라는 주장은 가끔 피고 · 변호인 측에서 무죄 혹은 형의 경감을 노린 법정 전술로서도 선택된다. 형법체계가 그 존재를 위해 불가결한 것으로서 분비한 외부, 이 외부로 슬쩍 빗겨나 있음으로써 형벌의 대상 밖으로 탈출하는 것이 거기서의 목적이었다. 그것은 말하자면 제3자 개입의 배제를 위한 부정적 이야기의 주인공으로 스스로를 던져버리는 의도였다고 말할 수 있다.

매우 드물지만, 이와 같은 부정적 이야기의 수용을 거부하는 범죄자들도 존재한다. 예를 들면 신주쿠 버스 방화사건의 피고 M이 그 예외적인 경우에 해당한다.

1980년 8월 19일, M은 신주쿠역 서쪽 출구에 정차중이던 버스 안에 불이 붙은 신문지를 집어던지고 가솔린을 뿌렸다. 6명의 승객이 사망하고, 14명이 중경상을 입었다. 피고·변호인 측은 버스에 방화한 사실은 인정했지만, 범행시에는 심신상실 상태였고 옳고 그름을 판단할 능력이 결여되어 있었다며 무죄를 주장했다. 이에 맞서 검찰 측은 정상적인 판단능력을 갖고 있었다며 사형을 구형했다. 재판의 최대 쟁점은 범행시 M의 책임능력 유무로 좁혀졌다.

변호인 측이 내세운 무죄변론서에 따르면 M에게는 버스 안에 사람이 있을지도 모른다는 인식이 없었고 살의도 없었다. 버스의 존재는 인식하고 있었지만, 방화할 때 심신상실 상태에 있었기 때문에 책임능력이 없다. 그것을 뒷받침할 만한 것으로 복지사가 M을 계속 쫓아와 괴롭혔다는 피해망상을 강조했다. 그러나 빨리 재판을 끝내고 싶어 판결의 방향에는 거의 관심을 보이지 않았던 M은, 최종변론공판에서 이 무죄변론서 낭독을 거부했다. 복지사에게는 지금도 처자식이 돌봄 서비스를 받고 있는 상태로 늘 신세를 지고 있다. 고로 복지사에 대한 험담은 할 수 없다고 피고 자신이 직접 거절했다. (아사히신문, 1984년 2월 27일)

2개월 뒤에 제출된 판결은 정신분열증에 의한 것은 아니지만 범행 당시 피해망상이 있었고, 선악의 판단능력·행동제어능력이 현저히 저하되어 있었다는 정신감정결과를 받아들여 M이 범행 때 심신박약상태에 있었다고 인정했다. 법의 규정에 따라서 형을 경감하여 무기징역이 선고되었다. (아사히신문, 1984년 4월 24일)

M이 가령 사건이 발생하기 약 7년 전에 정신병원에 4개월간 입원했던 병력을 과대평가하여 재판 전에 심신상실자로 인정받고 불기소가 되었다면, 그는 결국 자신이 저지른 범행의 의미도 이해하지도 못한 채 어느 정신병원의 폐쇄병동 후미진 곳에서 폐인처럼 몸을 잔뜩 웅크리고 있었을 게 분명하다. 피해자의 유족을 포함한 세상을 향해 "용서해 주십시오"라고 외칠 기회도 없었을 것이고, 버스에 타고 있다가 중상을 입은 여성에게 서툰 사죄의 편지를 쓸 기회도 없었을 것이다.

재판이 어느 정도는 허구적이며 기만에 가득 찬 제도일지라도, 범죄자가 스스로 한 행위에 대한 주체자로 인정받고, 법제도의 레벨을 넘어 이른바 존재론적인 레벨에서 책임을 지기 위한 기회를 부여받는 것은 다행스런 일이다. 예단과 편견으로 가득찬 형편없는 자들에 의해 심신상실자 등으로 판정되고, 정신병원에 유폐되었다면 범죄자는 그야말로 자신의 행위(표현)에서 소외되고, 메워지지 않는 기억의 암울함을 부둥켜안고 살아갈 수밖에 없는 것이다.

아마 라이샤워 사건의 범인이었던 소년의 불행 또한 그러한 것이었으리라. 한 사람의 인간에게 심신상실자라는 딱지를 붙여, 자신의 행위·몸짓·발언의 주체 자리에서 쫓아내는 것은 매우 잔혹한 처사라고 생각된다. 일상의 질서를 지키기 위해 이해불능의 낙인이 찍힌 범죄자들이 스스로 저지른 범죄와의 거리를 줄이는 노력도 허락받지 못한 채, 정신병원이라는 시민사회의 외부로 방출되는 것이다.

라이샤워 대사의 대퇴부를 찌른 소년은 결국 자신이 저지른 범죄의 의미를 이해하지 못한 채 병동의 화장실에서 목을 매 죽었다. 그의 진료카드 맨 마지막에는 '완전한 자폐·고립·말수가 적어짐·식사 시간 외에는 자기 방에 틀어박혀 있음'이라고 기록되어 있다. 소년, 아니 26세 남성의 자살은 어느 누구에게도 이해받지 못하고 깊은 어둠 속으로 가라앉아 영겁으로 망각되고 말았다.

가상 세계에 빠진 젊은이들

판타지를 테마로 한 소설이나 드라마가 유행이다.
젊은 세대에게 최근 두드러지게 나타나는 신비주의에
대한 관심의 뿌리에는 깊은 고독과 그것을 치유하고 싶은
욕망이 담겨 있다. 반대로 누군가에 대한 처절한 거절의
의지도 발견된다. 일본에는 환생을 소재로 한 만화에 빠져
극단적인 선택을 한 소녀들이 있었다.

여기가 아닌
어딘가로의 여행

우리는 누구나 여기가 아닌, 어딘가라 부를 수밖에 없는 세계에 대한 동경으로 한두 번쯤은 애를 태운 적이 있을 것이다. '여기인가 저기인가'가 아니라 '여기인가 여기가 아닌가'라는 절체절명의 말로 형언할 수 없는 비명과도 같은 질문이다. 그런 양자택일을 종용해 오는 질문의 이면에는 지금·여기에 자신이 존재하는 것에 대한 괴롭고 애달픈 거절의 의지가 투영되어 나타난다.

여기가 아닌 어딘가로의 여행. 예를 들면 죽음으로의 여정을 더듬어가는 것. 그것이 이 여행의 궁극적인 목표다.

일찍이 도심 빌딩의 옥상에서 넓은 하늘을 향해 날아오른 아이돌 가수의 흔적을 쫓아 죽음이라는 이름으로 여기가 아닌 어딘가로의 여정을 더듬어간 소년과 소녀들이 있었다. 그 사건을 소재로 한 야마자키 테쓰(山崎哲)의 희곡『1/2의 소녀』에 이런 구절이 있다.

> 히로코는 어찌 된 일인지 자신을 매우 쓸모없는 인간으로 생각하고 있었습니다. 옛날의 기억이나 능력이 점점 사라져간다고…. 히로코라는 이름은 의도적으로 붙인 것이고 자신은 사실 자넷이라고 합니다.

소녀는 지진을 기다린다. 세계가 멸망할 정도로 큰 지진을. 그날이야말로 스스로의 초능력이 눈을 뜨는 날이라고 믿고 기다린다. 그렇지만 지진은 오지 않고, 소녀는 아파트 옥상에서 뛰어내린다. 자신이 싫어져서가 아니다. 초능력을 살리기 위해, 죽음 안에 살기 위해서다. 그 후 소녀의 능력과 옛날의 기억이 과연 눈을 떴는지 나는 모른다.

옛날의 기억이란 예를 들면 유년기의 천진난만했던 날들이 아니다. 적어도 거기에서 말하는 옛날은 현세의 시공을 뛰어넘은 또 하나의 세계, 즉 전생을 가리키고 있는 것이다. 소녀들이 회복되기를 바랐던 것은 초능력과 전생의 기억이었을 것이다. 물론 희곡 속의 이야기다. 그리고 자신의 전생을 들여다보기 위해 기이한 자살놀이를 연출하는 소녀들이 나타났다. 그들이 자신의 전생을 시공의 벽 너머로 엿볼 수 있었는지는 역시 알 방도가 없다.

전생이란 아마 소녀들에게 있어 여기가 아닌 어딘가, 어떤 응축된 이미지의 거점이었던 게 틀림없다. 우리네 시대에는 여기가 아닌 어딘가로 공간을 뛰어넘어 도달하는 것은 불가능하다고 여긴다. 여기와 저기를 가르는 문지방이, 벽이, 틈새기가, 강이, 경계가 이 세계에는 없다. 여기를 넘어 간 저편에는 여기와 완전히 똑같은 얼굴을 한 저곳이 있음을 누구나 믿고 있다. 그렇기 때문에 소녀들은 시간을 달려 전생이라는 이름의 다른 세계로 떠나는 여행을 떠나려는 듯하다.

측은함과 불쌍함. 그러나 그것도 여기가 아닌 어딘가를 향한 목숨을 건 여행인 것은 부정하기 어렵다. 여기가 아닌 어딘가를 중세 서양인들은 유토피아라고 명명했다. 죽음과 전생으로의 여행은 마치 우리의 세기말과 유사한 유토피아인지도 모른다. 유토피아가 한 조각의 역설로 추락해버린 시대… 라고 중얼거려본다.

만화 속으로
들어가버린 소녀들

　몇 년 전 여름, 도쿠시마(德島)에 사는 소녀 세 명이 연출해 보인 전생을 들여다보기 위한 기묘한 자살놀이가 우리에게 놀라움과 당혹감을 안겨주었다. 자신들은 고대의 왕녀가 환생한 것으로, 죽음의 직전까지 가면 전생을 볼 수 있다고 믿었다. 소녀들은 '해열제를 먹고 119에 전화를 걸어 구조를 요청한 후 정신을 잃는다'는 시나리오까지 만들어 두었다.

　전생에서 소녀들의 왕녀로서의 이름은 '에리나', '미르샤' 등 서양 스타일이었다. 중학생 두 명은 같은 동아리에 속해 있었고, 초등학생도 주변에 위치한 학교에 다니고 있었다. 평소부터 얼굴을 알고 있었고, "서로를 알게 된 것도 전생이 있었기 때문"이라고 말했다고 한다. 소녀들이 다니는 중학교 교장은 "유아기 때 하던 놀이를 여태껏 하는 것이다. 몸이나 머리에 비해 마음의 성장은 그 때에 멈춰버린 것 같다"고 말했다. 그렇게 생각하는 것도 무리는 아닌 듯싶다. 현대 사회를 사는 소녀들과 전생이라는 미신이 하나의 세트로 등장하다니…. 어른들로서는 생각도 못할 일이었다.

이 날 세 소녀는 시내에서 쇼핑을 하고, 만화영화『마녀 우편배달부』를 본 다음 약국에서 해열제를 샀다. 그리고 소녀들은 한 권의 만화책을 감싸 쥔 채 자전거 전용도로에 쓰러졌다. 미즈키 겐(みずき健)이라는 젊은 만화가의 데뷔 작품집인『시퀀스』가 소녀들의 전생으로 가는 여행의 동반자였다.

당시에는『마녀 우편배달부』와『시퀀스』의 조합에 관심이 쏠렸는데, 여기서는『시퀀스』에 수록된 동명의 작품에 집중해 보기로 하자. 전생으로 향한 소녀들의 여행을 이해하기 위한 단서를 얻을 수 있다는 생각이 든다. 「시퀀스」의 줄거리는 다음과 같다.

6세 때 사고로 기억을 잃은 소년 도시아키와 예전부터 이웃에 살던 소년 즈카사. 태어난 이후 6년간의 기억의 공백을 안고 있는 도시아키와는 반대로 즈카사는 전생의 기억을 갖고 있다. 도시아키가 꿈속에서 즈카사의 전생에서의 이름을 부른 뒤 두 사람의 전생이 교착하기 시작한다. 어느 날 학교 건물 벽이 무너져 내리는 사고가 일어나고 도시아키의 텔레파시로 PK(염동력)를 되살린 즈카사는 전생이 아닌 23세기의 기억을 되찾고 도시아키(내세의 이름은 사이란)에게 내세의 기억을 들려준다.

그때 갑자기 타임머신의 사고로 23세기 도시아키의 연인이 나타낸다. 도시아키는 자신(사이란)이 타임머신의 폭발로 1979년으로 날아갔고, 6세 소년의 몸에 들어감과 동시에 모든 기억을 잃은 사실을 떠올린다. 뒤쫓아 온 23세기의 사람들과 작은 전쟁을 벌이고 두 사람은 현대에 남기로 결심하며 작품은 막을 내린다.

　전생의 기억을 둘러싸고 전개되는 작품 「시퀀스」는 황당무계하지만 결코 고립된 작품은 아니다. 사실 대부분 대동소이한 틀을 갖고서 80년대에는 하이틴 만화가 많은 독자들의 열광적인 지지를 얻었다. 여기서는 「시퀀스」에서 발견되는 전형적인 요소를 몇 가지 지적해보기로 하겠다. 우선 전생의 기억을 잃게 하거나 되살리는 사고, 전생 내지는 내세의 이름에 보이는 엑소시즘, 전생과 내세에 대한 기억의 부활, 매우 가까이서 전생을 공유하는 사람, 의식과 신체의 이원론 등을 들 수 있다. 아마 도쿠시마 소녀들의 자살 모방에는 이처럼 선행하는 전형적인 요소가 짙게 그림자를 드리우고 있었을 것이다.

달라이 라마의
전생

아시아에서는 전통적인 환생 신앙이 옛날부터 존재했지만, 최근에는 서구사회에서도 널리 찾아볼 수 있게 되었다. 전생에 대한 이야기가 다양한 미디어를 통해 유포됨으로써 천국과 지옥이라는 그리스도교적인 내세관을 믿어온 서양인들 사이에서도 환생에 대한 관심과 신앙이 급속도로 퍼져나갔다.

일본의 젊은이들, 특히 사춘기 소녀들 사이에서 당당하게 환생과 전생에 대한 관심이 부각되기 시작한 것은 80년대 초다. 전생과 초능력을 테마로 삼는 SF소설이나 하이틴 만화가 이룬 역할은 우리가 상상하고 있는 것보다 훨씬 더 큰 것으로 보인다. 도쿠시마 소녀들이 『시퀀스』라는 전생에 관한 만화책을 갖고 있었던 것은, 단언컨대 우연이 아니었던 것이다.

이러한 매스 미디어로 매개된 환생·전생에 대한 관심의 확대는 전통적인, 예컨대 불교의 윤회사상 같은 것과는 직접적인 관계가 없고, 오히려 서구형에 가까운 것이라 할 만하다. 적어도 그것은 전통적인 풍속 안에서 종종 나타나는, 예를 들면 조부모나 요절한 형·누이 등이 환생했다고 보는 전생관과는 다른 성질의 것이라고 말해두고 싶다.

하나의 예로 『도노이야기습유』에서 인용해보겠다.

> 다시 태어난다는 것도 이따금 있는 일이라고 한다. 몇 해 전 어느 마을에서 태어난 아이는 오랫동안 손을 꼭 쥔 채로 펴지 않았다. 집안사람들이 억지로 떼놓고 보니 아기의 손에 종이조각이 쥐어져 있었다. 거기에는 집안 어르신인 타로(太郎) 옹의 환생에 관한 이야기가 적혀 있었다. 이 얘기를 타로 할아버지의 가족들이 듣더니, 할아버지가 죽은 지 1년도 지나지 않아 환생했다며 기뻐했다. 더구나 묘석 위에 버드나무와 수목들이 자연스럽게 돋아나고 있으니, 묘의 주인은 벌써 어딘가에서 환생했을 거라고도 했다.

이러한 환생담은 일본의 민속사회에서는 매우 흔한 것이었다. 태어난 아이가 그 손바닥 안에 전생을 암시하는 증표를 쥐고 있었다는 민담은 고대 또는 중세의 불교설화집을 보면 이미 전형적인 형태로 존재하고 있음을 알 수 있다. 불교적인지 아닌지는 둘째 치고,

그러한 환생신앙이 소위 민속사회에서 커다란 우주관에 감싸여 그 일부로서 존재했다는 것을 기억해두기로 하자.

전통적인 환생신앙으로 잘 알려진 예로는 티베트의 달라이 라마의 환생을 들 수 있다. 티베트에서는 영묘함이 높은 승려는 스스로의 내세를 자유자재로 바꿀 수 있고, 다시 태어난 뒤 전생의 자신을 밝히는 단서를 보여준다고 믿고 있다. 이 신앙 자체는 아주 오래된 것은 아니고, 11세기에서 15세기 사이에 성립되었다고 한다.

달라이 라마는 관음보살의 화신으로 사후 어린아이의 몸을 빌려 환생한다고 믿고 있다. 달라이 라마의 죽음과 더불어 환생아 찾기가 시작된다. 예를 들면 제14대 달라이 라마의 자서전『티벳, 나의 조국이여』를 통해 알 수 있는 환생아 찾기 과정은 다음과 같다.

우선 섭정(攝政)이 국민의회에 의해 임명되고, 예로부터 내려오는 습관과 전통에 따라서 신탁(神託)을 고하는 사람과 학식이 높은 고승이 모인다. 수도 라사에서 볼 때, 동북쪽의 하늘에 나타난 기묘한 형태의 구름, 시신이 안치된 성당의 동북쪽 나무 기둥에 갑자기 자라난 별 모양의 커다란 버섯이 새로운 달라이 라마를 찾아가는 방향을 가리킨다. 이듬해 섭정은 라모라초라는 성스러운 호수로 갔고, 호반에서 기도와 묵상을 하며 며칠을 지냈다. 수면에 나타난 티베트 문자의 환영과 절과 기와지붕으로 된 집의 풍경은 극비로 기록되었다. 그리고 이듬해, 호수의 수면에 비쳐졌던 장소를 찾기 위해 고승들이 티베트 전역으로 파견된다.

동쪽으로 향한 현자들이 마침내 극비의 기록과 딱 맞는 집을 발견하고, 그 집에 두 살 되는 남자 아이가 있다는 사실을 확인한다. 변장한 고승들이 집을 방문하여 남자아이와 질문과 답변을 나누며 시험을 거듭했다. 티베트 문자 환영의 수수께끼가 풀리고, 수색대는 환생아를 발견했다고 전적으로 믿는 데까지 이른다. 남자 아이는 호위를 받으면서 마침내 성스런 도시 라사로 향한다. 지나는 모든 마을과 동네에서는 많은 사람들이 피리와 북을 울리며 환영하고, 기쁨의 눈물을 흘린다. 라사에서는 장엄한 즉위식이 거행되었다. 4살 반이 된 남자아이는 이렇게 해서 티베트의 종교계와 세속계의 지배자인 제 14대 달라이 라마로서 승인된 것이다. 이후 철저한 교육이 이루어졌고 말 그대로 도덕과 지식 모든 면에서 뛰어난 신성왕(神聖王)이 탄생하게 된 것이다.

어찌되었든 종교와 세속 모든 면에 걸쳐 강대한 권력을 갖고 티베트를 지배하는 왕 달라이 라마는 화신환생(化身還生)을 둘러싼 전통적인 신앙을 배경으로 하여 탄생하는 것이다. 그것은 티베트 사람들이 의심의 여지도 없이 공동화하고 있는 신앙이고, 성스러운 왕은 그 이야기에 감싸여진다. 게다가 유년기부터 주어지는 최고의 교육을 통해서 비로소 티베트 전체의 운명이 맡겨지는 권력자가 되는 것이다. 어떤 의미에서 이것은 매우 합리적으로 구성된 신성왕 탄생의 과정이라 해도 좋다.

문화인류학자 G.발랑디에는 『무대 위의 권력』에서 왕의 탄생에 대해 이렇게 썼다. 내용인 즉 '왕위에 앉는 것은 변신이다. 왕은 만들어지는 것이다'. 나중에 다시 언급하겠지만 소녀들이 엮는 환생의 이야기에서 그녀들은 자신이 전사·무녀·천사 혹은 왕녀였다고 말한다. 그러나 전통적인 환생신앙에서는 본인이 직접 이야기하는 전생의 기억은 그것을 현실로 이어주는 환상의 공동체 없이는 의미를 이루지 못한다. 왕이 만들어지듯이 전사·무녀·천사·왕녀 역시 만들어지는 것이다. 물론 전생의 이야기를 품고 있는 환상의 공동체에 의해서 말이다.

태어나는 동시에 왕이나 전사였던 사람은 없다. 거기에는 보이지 않는 환상의 공동체가 일종의 매개자로서 존재해야 한다. 그리고 이제 우리의 시대는 이 매개자를 영원히 잃고 말았다. 그렇기 때문에 현대의 소녀들은 외톨이이고 전사나 왕녀로 다시 태어나지 않으면 안 되는, 아니 전사나 왕녀였던 전생을 직접 증명하지 않으면 안 되는 것이다. 하지만 소녀들이 엮는 전생의 꿈은 민속사회나 티베트의 환생담과는 거리가 멀다.

환생담의
정석

이안 스티븐슨의 『전생을 기억하는 아이들』이라는 책은 전생과 환생에 대해 흥미진진한 내용을 담고 있다. 저자의 입장은 유보되어 있지만, 환생 신앙에 대해서는 긍정적이다. 미국 초심리학회의 회장을 역임한 적이 있는 정신과 교수의 일련의 연구는 오히려 단정적으로 전생과 환생이 진실임을 증명하지 않겠다는 집요한 의지에 의해 지탱되고 있는 것처럼 보인다.

스티븐슨은 그의 저서에서 의도적으로 전생의 기억을 깨우려고 한 성인의 예보다도 우발적으로 발생하는 유아의 예를 중시하고 있다. 그에 따르면 인간의 마음은 성인에 달할 때까지 많은 정보원을 통해 얻은 다양한 지식들로 채워지게 된다. 이러한 지식의 대부분은 마음 속 깊숙이 담겨져 있기 때문에, 본인이 그 지식을 갖고 있다는 것조차 모른다고 한다. 무의식의 밑바닥에 축적된 탄생 이후의 기억은 전생의 기억을 의도적으로 이끌어낼 때 자신도 모르는 사이에 활용된다. 태어난 뒤에 다양한 미디어(텔레비전·영화·책 등)를 통해서 얻은 지식이 전생이라는 이야기를 위해 총동원되는 것이다. 그러한 예는 얼마든지 있다.

성인이 되고 나서 전생의 기억을 이야기하는 경우는 대개 최면·꿈·약물 등이 중요한 계기나 중개자가 된다. 거기서 얘기되는 전생은 역사상 큰 사건의 한가운데에 있고, 본인 또한 역사적으로 중요한 역할을 맡고 있는 경우가 많다. 서구인의 전생에 관한 이야기에는 십자군 원정이나 프랑스혁명, 미국의 남북전쟁 등 주요 사건이 주로 등장한다. 전생의 자신은 그렇게 장대한 이야기와 함께 그 역사적 주인공으로서 존재했다고 말하고 싶은 것이다. 스티븐슨은 그들 성인의 예를 환생의 증거로서는 채택하지 않았다. 그는 전생을 기억하는 아이들의 12가지 전형적인 예에 대해 상세히 전하고 있다. 여기서는 환생의 '완전형'이라 부르는 사례에서 나타나는 다섯 가지의 특징을 살펴보자.

❶ 예언

A라는 사람이 사후에 다시 한 번 이 세상에 태어난다고 예언하는 장면부터 시작된다.

❷ 예지몽

A가 죽은 후, B가 어느 가정에서 A가 환생하는 꿈을 꾼다.

❸ 스티그마

태어난 아이 C에게는 고인 A의 몸에 있었던 상처 등과 일치하는 신체적 특징이 있다.

❹ 이야기

C는 말을 할 수 있게 되고, 얼마 지나지 않아 A의 생애에 대해 말하기 시작한다. 처음에는 단편적이지만 점차 상세히 이야기하게 된다.

❺ 기이한 행동

C가 A가 했던 행동과 부합할 만한 특이한 행동을 했다고 정보 제공자 D가 증언한다.

이들 다섯 가지 특징을 전부 갖춘 사례는 거의 없고, 특히 예언은 드물다고 한다. 전생이야기의 등장인물은 복수고, 주위의 타인들을 대상으로 전개된다. 죽은 자 A와 환생한 아이 C를 이어주는 매개자 B나 D의 존재 없이 전생의 이야기는 불가능한 것이다. 분명한 것은 아이를 둘러싼 가족이나 친족이 모두 다 공동화(共同化)하고 있는 이야기라는 것이다.

이 외에 관심 가는 몇 가지 환생 이야기에 얽힌 흥미진진한 특징을 지적해 두기로 하자.

첫 번째로 인도나 티베트 등에서 전생을 이야기하기 시작하는 것은 2~5세이고, 기억이 소멸하는 것은 5~8세 늦어도 10세이다. 스티븐슨에 따르면 5~8세라는 연령의 단계는 언어습득이 급속히 진척되는 한편 시각적 이미지를 점차 잃게 되는 시기이다. 시각적인 전생의 이미지는 습득된 언어에 의해 망각된다는 것이다.

두 번째로 '꿈 속에서'라는 예외를 제외하면 전생의 기억이 나타나는 것은 대부분 각성상태일 때다. 또한 잠들려고 하거나 얕은 수면에 빠져 있을 때나 눈을 뜬 직후에 전생의 이야기를 하는 아이가 소수 보인다고 한다. 소위 입면환각(入眠幻覺, 각성 상태로 누워서 마비된 채로 꿈을 꾸는 현상. – 편집자주) 상태라는 것인가? 어찌 됐든 꿈속에서 전생을 엿보는 사례가 오히려 예외적이라고 여겨지는 것은 의외다.

세 번째로 아이의 기억은 전생에서 최후의 날에 일어난 사건에 집중되는 경향이 보인다. 전생에서의 죽음을 기억하고 있다고 말하는 아이가 4분의 3 가까이를 차지하고 있다고 한다. 아이는 그밖에 전생에서의 자기 이름은 물론이고 가족 · 친구 · 원수의 이름을 알고 있는 경우가 보통이다.

네 번째로 전생과는 다른 사회적 계층에 있는 아이들은 특이한 행동을 내비치는 경우가 많다. 현세에는 가난한 가정에서 태어났지만 전생에는 상류계급에 속해서 유복한 날을 보냈다고 말하는 아이가 특히 인도에서는 다수 보이며, 그 경우에는 지금의 부모를 진짜 부모가 아니라며 거절하는 아이도 드물지 않다(표 참고). 또는 전생에서는 지금과는 반대의 성별이었다고 말하는 아이는 전생의 성별에 걸맞는 복장·말씨·놀이 등을 즐긴다고 한다.

아이	현재의 가정	전생의 가정
프라카슈	진흙 집에 산다	유복한 점주의 가정
저스빌	하급 카스트 농민	상급 카스트 브라만
스크라	철도노동자	유복하고 유명한 집안
고팔 구푸타	주유소	억만장자의 아들
스닐	가난한 소매상인	매우 유복한 공장주
비센 찬드	철도원	유복한 지주
드론 미트라	비천한 양계업자	대부호
루비 쿠스마	가난한 채소장수	유복한 지주
인디카	가난한 소작인	유복한 건설업자

이안 윌슨 『사후 체험』에서 발췌. 스티븐슨의 저서를 바탕으로 작성됨.

가공의 세계에
빠져버린 아이들

도쿠시마 소녀들이 전생으로 가는 여행 동행자로『시퀀스』라는 환생을 주제로 한 하이틴 만화를 가지고 있었던 것은 앞서 언급했다. 셜리 맥클레인의『아웃 온 어 림Out on a Limb』이 서구에서 환생신앙의 가장 유력한 전도서(傳道書)였다면, 일본에서는 환생과 초능력을 그린 하이틴 만화가 그 역할을 담당했다고 할 수 있다.

솔직하게 말하면 나에게 있어 소녀라는 존재도 하이틴 만화만큼이나 미지의 세계에 속해 있다. 이제 막 소녀를 벗어난 지인 O양에게 도움을 청해보았다.

그녀의 말에 따르면 하이틴 만화가들이 제공하는 작품은 현대 소녀들의 바이블이라고 한다. 잠시 O양의 말에 귀를 기울여보자.

두려움도 따르지만, 소녀라면 누구나 신비한 것과 소통하는 능력을 남몰래 자랑으로 여기는 시기가 있다. 그런 심리가 강할 경우 하이틴 만화가의 눈에 띄기 위해 "우리 집에는 애기 동자가 있다"는 말까지 하게 된다. 하이틴 만화가에게 "심령 체험을 한 적 있다", "집안에 인간 외의 것이 살고 있다", "영적인 세계로 들어가는 입구가 있다"고 말하는 여자아이들이 의외로 많다. 일반적인 소녀가 어른이 되어 감에 따라 다른 세계에 대한 흥미를 잃어가는 데 반해, 이들은 여전히 소녀 감성을 유지하고 있다는 것을 강조하기 위한 행위라 할 수 있다.

애니메이션이나 만화의 패러디판은 다른 세계와의 교신 수단이라고 한다. 이차원 세계인 저편의 다른 세계는 본래라면 손을 댈 수 없는 세계이고, 거기서 활약하는 캐릭터와 접촉하는 수단도 당연히 없다. 그러나 자신의 손으로 그리면 그 세계로 들어가기 쉽고, 다른 세계의 인물들을 자유자재로 조종하는 것도 가능하다. 그러한 기성 작품을 패러디하는 소녀들이 다른 세계와의 교신자라고 한다면, 오리지널 작품을 제공하는 만화가는 결국 다른 세계 창조자라고 할 수 있다. 그녀는 '저쪽 세계 사람'에 대해 이런 말을 한다.

가공의 작품이나 인물에 지나치게 깊게 빠져 있는 사람에 대해 저쪽 세계 사람이라는 호칭이 주어진다. 일상적인 세계, 다시 말해 현세로부터 빗겨나 있는 사람을 가리킨다. 그 호칭에는 야유와 더불어 선망이 담겨져 있고, 불리는 쪽도 자부심을 갖고 받아들인다. 저쪽 세계 사람은 현세와 다른 세계 사이를 왕래할 수 있고, 다른 세계 사람과 접촉을 취할 수 있다.

O양의 의견에 입각해 생각해보면 『시퀀스』의 작가와 자살을 모방한 소녀들과의 관계는 그야말로 상부상조의 공범관계였다는 것을 알 수 있다. 즉, 작가는 다른 세계의 창조자이며 소녀들은 다른 세계와 접촉을 시도한 교신자이다.

만화 작가 히와타리 사키(日渡早紀)는 환생만화 『나의 지구를 지켜줘』에서 도쿠시마 사건을 의식한 것인지 다음과 같이 썼다.

『나의 지구를 지켜줘』라는 만화는 처음부터 끝까지 저의 무궁무진한 상상으로 구성된 픽션입니다. 실제 이야기를 만화한 것이 아닙니다. 픽션이기 때문에 가능한 이야기인 것이죠!

그는 이 책의 '작가의 말' 코너에서 작품의 임팩트가 약해지는 것도 개의치 않고 자신의 작품이 어디까지나 픽션임을 밝히고 있다. 『나의 지구를 지켜줘』라는 전생과 초능력을 테마로 한 이야기에 자극받아 '어린 학생들이 실제로 체험하려 들지도 모른다', '다소 위험하다'는 우려의 편지가 쇄도한 것이다.

어떤 의미에서 이것은 안타깝고도 우스꽝스러운 한 장면이다. 다른 세계의 창조자이고 제공자인 하이틴 만화가가 실제로 다른 세계와의 교신을 진지하게 시도하는 소녀들에게 당황하여 저쪽 세계의 사람이 되어서는 안 된다고 외치고 있다. 역으로 그런 광경 속에서 보이는 것이 있다. 소녀들 중에는 아무런 의심도 없이 야나기다 구니오가 말한 '따라 하기 쉬운 기질'을 농후하게 띠는 이들이 있다. 소녀들의 신비한 것에 대한 기호와 편애에 편승하여 하이틴 만화가가 의도했든 아니든 그들을 다른 세계로 여행을 떠나도록 유인한 꼴이다. 바로 그것이 하이틴 만화가 바이블이 되는, 이 시대의 소녀들을 에워싼 현실을 엿볼 수 있는 계기가 되는 것이다.

그렇기는 해도 히와타리 사키라는 작가는 왜 내막을 공개했던 것일까? '소녀들의 바이블'의 필자라는 아이덴티티를 지키기 위해서는 내막을 공개해서는 안 되고, 스스로가 엮어내는 이야기에 계속 빙의하는, 적어도 그 겉모습만큼은 그럴 듯하게 꾸며야 한다는 것 정도는 그도 잘 알고 있었을 것이다. 그럼에도 불구하고 금기는 깨졌고 전도자의 가면은 완전히 벗겨졌다. 작가의 성실함의 증거일까? 아니면 오히려 소녀들의 현실을 보고 어딘가 잘못되었다는 비명과도 같은 것일까? "이것은 픽션입니다!"라는 외침은 소녀들의 현실을 매우 강하게 암시하고 있다. 분명한 것은 이미 다른 세계는 무너졌다는 것이다. 그것은 이제 하이틴 만화라는 이야기 안에서만 존재하게 된 것이다.

오컬트 잡지사를
공포에 떨게 한 의문의 투고

다가올 아마겟돈(선과 악이 싸울 최후의 전쟁터)의 동지와 전생의 동료를 찾기 위해 오컬트(초자연적 현상) 잡지의 소식란에 이해가 안 되는 편지를 보내는 소녀들이 있다. 자신이 환생했다는 그 소녀들에 관해서는 「오컬트 잡지사를 공포로 떨게 한 의문의 투고 소녀들!」(별책보물섬92 『소문의 책』)이란 제목을 붙여 아사바 미치아키(淺羽通明)가 주도한 보고와 고찰이 있다.

현대의 환생담에 관한 일부분을 엿볼 수 있는 오컬트 잡지의 실제 투고문을 인용해 보겠다.

동료를 찾습니다!

구름과 바람, 청량한 방울소리, 흰 깃털…. 이런 것들에 기억이 있는 분이나 저를 동료로 느끼시는 분이 계시다면 도와주세요! 저는 외톨이입니다. 그리고 페디아, 이디스, 레오라, 파뮤, 프레드, 룻세, 티앙이라는 이름에 대해 뭔가 알고 있으면 가르쳐 주세요. 전사가 계신다면 모쪼록 제게 최종전쟁에 관해 자세히 말씀해 주세요. (중3 여학생)

최종전쟁의 전사에게

저는 세 살 때 운명의 계시를 받고 착실히 초능력을 길러온 전사입니다. 다른 사람들과는 상당히 다른 초능력을 갖고 있습니다. 저와 같은 전사이신 분, 함께 최종전쟁을 준비하지 않겠습니까? 그리고 에이, 레이, 유, 스나지라는 이름에 기억이 있는 분은 연락주세요. 저는 68년 2월에 태어났고 물병자리며, A형입니다. 아우라는 보라색으로 신탁을 받은 무녀이기도 합니다. 물론 다른 사람의 수호신이나 전생, 아우라 색깔도 알 수 있습니다. 특별히 훈련은 하고 있지 않습니다. 거의 알려지지 않은 신화를 선택된 분들에게 가르쳐드립니다. (햇병아리 간호사)

저를 도와주세요

인류가 시작된 이래 중요한 사명을 띠고 있는 사람입니다. 지금의 저는 에스파도 아니고 전사도 아닙니다. 저의 사명을 알고 싶으신 분, 저의 능력이 꽃피우는 걸 도와줄 ESP전사는 답장을 주세요. 제 이름은 인피나테이. 의미는 '무한'입니다. 매우 중요한 사명이라서 장난이나 흥미로

보내는 분에게는 답장을 하지 않겠습니다. (아이를 둔 주부)

　결코 특이한 내용을 선택한 것이 아니다. 비슷비슷한 정형을 갖춘 투고문이 대부분이다. 이렇게 끊임없이 정신병리의 세계에 근접하고 있는 듯한, 환상적인 세계에 빠져드는 소녀와 젊은 여성들을 보면 할 말을 잃는다. 그녀들이 의지할 사람이 없어 고독을 다독여줄 미지의 친구를 원하고 있다는 것을 확실히 짐작할 수 있다. 그 고독은 의외로 깊다. 그것이 대체 어디서 찾아오는 것인지 규정하기 어렵겠지만, 그 어두운 구렁 밑에서 들려오는 비명에는 가슴이 저리는 듯한 느낌이 든다.

　이것은 단순한 서신교환 상대를 바라는 투고가 아니다. 오컬트 잡지라는 특이하고 폐쇄된 미디어가 무대라는 점을 간과할 수 없다. 미디어 발신자 측의 의도를 훨씬 뛰어넘어 질주하는 소녀들의 과격한 선동은 결국 투고란에서 추방되었다고 한다. 젊은 세대에게 최근 두드러지게 나타나는 오컬트나 신비주의에 대한 관심의 뿌리에는 깊은 고독과 그것을 치유하고 싶은 욕망 또는 반대로 누군가에 대한 처절한 거절의 의지가 담겨 있다.

　오컬트 잡지의 한구석에서 쓸쓸한 메아리를 나누다 추방된 무리의 독특한 외침…. 전생과 초능력을 둘러싼 환상의 공동성을 갖고 살아가는 소녀들이 투고라는 형식을 빌려 이야기 세계로 참가를 표명한 것이라는 생각이 든다. 이야기론의 시선을 통해 보는 아주 작은 접근을 시도해보자.

이야기의 모티브로서 환생의 문제를 생각하는 한, 그 맡고 있는 역할은 무척 드러나기 쉽다. 일반적으로 장르를 불문하고 이야기적인 작품에서는 등장인물이 누구든 숙명(정형)을 무의식중에 반복한다. 그들은 스스로가 이야기의 포로라는 것을 대개는 자각하지 못한다. 볼 수 없는 신(작가), 등장인물, 그리고 독자 사이에서 주고받는 정형과의 투쟁/농담이야말로 이야기적인 작품의 밑바탕에 깔린 풍경의 핵이 되는 것이다.

　이에 대해 환생과 초능력을 주제로 하는 하이틴 만화의 경우에는 등장인물의 대부분은 숙명을 자각적으로 반복한다. 예를 들면 후유키 루리카(冬木るりか)의 『아리스』는 그리스 신화를 모태로 하여 신들이 현대에 환생해 고등학교를 무대로 애증의 드라마를 펼쳐나간다는 작품이다. 여기서 환생이라는 모티브는 이야기의 숙명을 지속적으로 순수하게 수용하고 반복하기 위한, 침범하기 힘든 근거다. 등장인물과 정형과의 교류에서는 일체의 갈등이나 어긋남이 사전에 배제되어 있다. 투쟁/농담은 존재하지 않으며, 정형은 어디까지나 분명한 것으로서 부여되어 있는 것이다.

　소녀들 앞에 펼쳐져 있는 것은 언제까지나 끝없이 이어지는 이야기(드라마성이 희박한 일상)에 불과하다. 그래도 신비적인 것을 동경하는 소녀들은 한결같이 다른 세계의 부름에 귀를 기울인다. 온 우주를 무대로 하여 신이나 영웅들이 활약하는 모습을 동경한다. 그래서 장대한 이야기가 매우 좁은 일상의 공간, 예컨대 학교나 인근의 장소 같은 아주 친숙한 곳으로 옮겨져 그녀들에게 제공된다. 메마른 일상과 현실에 숨을 불어넣고 그들을 구제하기 위한 주술적 장치로서 하이틴 만화 속에 환생과 초능력의 모티브가 삽입되는 것이다.

이것은 의심의 여지없이 이야기의 특권이라고 부를 수밖에 없는 것이지만, 사실은 특별히 내세워 논할 만한 사항은 아니다. 상황도 어느 정도 반전되어 소녀들의 현실과 이야기가 보조를 맞추는 방향으로 나가고 있다. 하이틴 만화의 세계를 현실과 혼동하는 것이 아니라 오히려 현실을 있는 그대로 이야기로서 재구성하기 위해 소녀들은 필사적인 모험을 하고 있는지도 모른다. 그리고 그 모험의 뒤에서는 아주 작은 환상의 공동체로 가려는 의향 내지는 욕망을 엿볼 수 있다는 생각이 든다. 유감스럽지만 현재는 그런 변변치 않은 상상을 해 볼 뿐이다.

여기서의 관심은 소녀들이 엮은 환생 이야기의 모티브와 구조이다. 이미 언급한 『전생을 기억하는 아이들』에서 논하고 있는 환생 이야기(환생담 Ⅰ)와 비교해 봄으로써 현재 소녀들의 이야기(환생담 Ⅱ)의 특징을 파악해보기로 하자.

몇 가지 분명한 차이가 있다. 스티븐슨이 다루고 있는 사례가 전생의 기억이 이야기되는 연령을 2~8세 사이의 몇 년간으로 한정한 것에 반해, 이쪽은 압도적으로 사춘기다. 환생담 Ⅰ과 환생담 Ⅱ 사이에는 이야기 당사자에 결정적인 차이가 있다. 스티븐슨이 인정하지 않는 예에 소녀들의 환생담 Ⅱ가 포함되는 것은 분명하다.

우리는 환생담 I 에서 환생의 정형적인 요소로 예언, 예지몽, 스티그마, 이야기, 기이한 행동 다섯 가지를 꼽았다. 여기에는 환생담 II 와 어울리기 어려운 단절이 있다는 점에 주의하고자 한다.

소녀들의 환생담 II 에는 그저 '이야기'만 있고 다른 요소가 빠져 있다. 동일한 이야기로 수렴되어 가는 이야기의 조각들이 없다. 구체적으로 말하자면 예지몽을 꾸는 B도, 전생의 A를 실제로 알고 있어 기이한 행동의 의미를 풀어내는 D 또한 존재하지 않는다. 아이 C의 이야기를 바깥쪽에서 보완하는 역할을 담당하는 타인이 존재하지 않는 것이다. 즉 이야기를 하는 복수의 C의 집합 안쪽에 소녀들의 환생 이야기는 사전에 봉인되어 있는 것이다.

그것은 다른 각도에서 바라보면 이런 것이다. 환생담 II 의 다수의 C사이에는 전생의 기억에 얽힌 비밀이 공유되고, 거기에 환상의 공동성이 간신히 성립하고 있다. 오히려 이 환상의 공동성을 만들고 유지해 나가기 위해서 전생의 기억이라는 위험한 비밀이 필요한 것으로 보인다. 그렇지만 환생담 I 의 경우에는 대조적으로 환상의 공동성은 자명한 것이고, 개방된 다수의 타인들 사이의 공동 작업으로서만 이야기가 생성된다. 전생의 기억은 비밀이 아니다. 반대로 보다 많은 타인이 참여함으로써 이야기의 확실성과 신빙성은 높아지는 것이다. 지금까지의 이야기를 도표로 정리하면 다음과 같다.

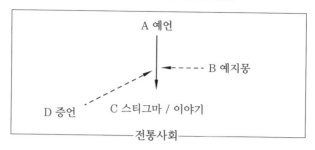

환생담 I (전통사회의 환생 신앙)

A 예언
B 예지몽
D 증언
C 스티그마 / 이야기
─전통사회─

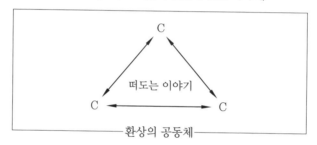

환생담II(현대 소녀들의 환생에 얽힌 이야기)

C
떠도는 이야기
C
C
─환상의 공동체─

환생담 I

A는 자신이 사후에 다시 태어날 것이라고 예언한다.

B는 A가 환생할 것이라는 예지몽을 꾼다.

C는 A가 환생한 아이로, 몸에 난 상처 등 A와 비슷한 신체적 특징이 있다. 또한 자신이 A가 환생한 것이라고 직접 이야기한다.

D는 객관적인 근거를 들어 A가 C로 환생한 것이라고 증언한다.

이처럼 환생담 I 은 환생담의 주인공 C뿐만 아니라 A, B, D 등 주변인들이 객관적인 근거를 들어가며 환생담을 만들어간다.

환생담II

C는 자신이 환생했다고 주장하지만 이를 뒷받침해 줄 근거(예지몽을 꿔주는 B나 증언자 D)가 전혀 없다. 또한 이러한 C가 여러 명 모여 그들만의 환생담을 비밀스럽게 공유한다.

전생의 인격으로 여겨지는 인물은 환생담 I 에서는 가족과 비교적 가까이 있는, 시간적으로도 아주 멀지 않은 실재 인물인 경우가 대부분이다. 전생은 역사상의 사건과는 관련이 없다. 거기에 반해 환생담 II 는 전생의 무대가 이국땅이나 달나라 등 SF나 판타지 소설에서나 존재할만한 딴 세계다. 전생의 인격 A를 그렇게까지 먼 저편으로 설정하는 것은 대체 무엇을 의미하는 걸까? 그것은 뒤집어 생각하면 소녀들이 이야기와 현실을 완전히 분절화하고 있다는 것을 알 수 있다.

욕망이 만들어낸
환생담

　우리는 환생담을 지탱하고 있는 심적인 기반을 응시하지 않으면 안 된다. 환생담 I 의 경우에는 크게 세 가지 주제가 보인다. 첫 번째로 신분적·경제적인 상승, 두 번째는 성(性) 전환, 세 번째는 사랑과 죽음이다. '지금보다 유복한 가정에 태어나고 싶었다', 또는 '지금과는 다른 성으로 태어나고 싶었다'라는 전환의식, 다시 말해 현재의 욕망이 전생에 투영되는 것이 첫 번째와 두 번째 주제에서 보인다. 세 번째 사랑과 죽음에 관한 주제는 환생 신앙이 없는 문화권에 많다. 죽은 애인이나 요절한 아이에 대한 사랑과 갈망이 태어난 아이와 죽은 자의 동일화로, 즉 다름 아닌 환생담으로서 실현되는 것이다.

소녀들의 환생담Ⅱ에도 과거에 대한 욕망이 스며 있다. 그녀들은 곧잘 전생의 자신을 전사·무녀·왕녀에 빗대어 이야기를 엮는다. 소녀는 누구나 환생한 귀족(선택된 자)이고, 각자가 세계를 구하기 위한 사명을 띠고 있다고 믿는다. 이 세상에 초라한 모습으로 태어나 유랑하고 있는 귀족이 시간이 흐르면서 본성을 깨닫게 되고, 마침내 아마겟돈을 위해 일어선다는 이미지를 갖추고 싶은 걸까? 『바람의 계곡 나우시카』(미야자키 하야오 감독의 SF 판타지 작품으로 과학 문명이 붕괴한 세기말을 무대로 하여 사람과 자연이 가야할 길을 찾는 소녀 나우시카의 모습을 그렸다. - 편집자주)라는 구세주 소녀의 아름다운 이야기를 간직하고 있는 우리들은 그것도 일률적으로 기상천외한 꿈 이야기로서 결말 지을 수밖에 없는 것인지도 모른다.

『네자메 이야기(寢覺物語)』의 주인공 나카노키미는 음악적 재능이 탁월하고 용모도 따라올 자가 없는 태정대신의 딸이었다. 13세와 14세의 8월 15일 밤 꿈에 하늘나라 선녀가 내려와 비파의 비곡(秘曲)을 가르쳐주며 고난 많은 전생을 예언하고 떠난다. 그녀는 그것을 계시로 받아들이고, 평생 동안 그것에 얽매이며 산다. 꿈인지 아닌지, 현실로 나타나는 것인지 아닌지도 알 수 없는 매우 애매하고 특이한 이질성에 대한 자각을, 국학자 나가이 가즈코(永井和子)는 '가구야히메 체험'이라 부른다. 자신이 이 세상에 존재하고 있지만 사실은 다른 세계로부터 계시를 받은, 이 세상의 인간과는 다른 존재일지도 모른다는 불안으로 흔들리는 체험인 것이다. 가구야히메 체험은 다수의 여성에게 공유되고 있는 보편적인 것이라고 나가이는 말한다.

『다케토리 이야기(竹取物語)』의 주인공 가구야히메는 달나라라는 다른 세계에서 죄를 범하여 추방되었고, 잠깐 동안 지상에 내려와 살다가 때가 되자 달나라로 돌아간다. 이는 귀족 유랑담의 하나의 원형을 이룬다.『네자메 이야기』의 나카노키미는 선녀가 내려온 꿈을 믿고 가구야히메로서, 다시 말해 다른 세계에서 이 세상으로 떠나온 귀족으로서 사는 것을 원하면서도, 현실에서는 그 사실이 오히려 자신의 삶을 지속적으로 침해해 결국은 인간으로서의 생애를 보내게 된다. 가구야히메와는 달리 나카노키미에게는 출생의 확고한 전제도 근거도 존재하지 않는다. 있는 것이라고는 단지 8월 15일 밤에 꾼 선녀의 꿈 그리고 욕망과 현실의 틈바구니에서 남몰래 고뇌하는 것 뿐이다. 가구야히메 체험에는 언제나 좌절이라는 두 글자가 붙어 있다는 것을『네자메 이야기』가 멋지게 얘기하고 있는 것이다.

정신의학에 관한 책을 한 번이라도 읽어 본 적이 있는 사람이라면 아마도 양자(養子) 망상이나 내력부인증후군(來歷否認症候群) 같은 병리 현상을 떠올릴 것이다. 대개는 사춘기에만 나타나는 것으로, 현실 속의 부모나 가족을 거짓으로 거부하고, 스스로의 출신이나 내력을 부인하는 망상의 일종이다. 소녀들의 전생 이야기를 병리현상으로 간주한다면 그야말로 이것은 양자 망상과 내력부인증후군에 매우 근접한 것이다.

그렇지만 그러한 망상 타입과는 달리, 현대의 환생담에는 구체적이고 생생한 부모나 가족 그리고 내력에 대한 혐오·거절·부인의 의지라고 할 만한 것은 어딘가 희박하다. 구세주 소녀의 가면 또는 의상을 벗겨보면 그것은 가구야히메 체험 같은, 사춘기에 겪을 수 있는 일시적이고 널리고 널린 경험에 속하는 것이다. 물론 일시적으로 끝나지 않는 가구야히메 증후군도 어쨌거나 나타나는 경우가 있을지도 모른다. 그것이 어떠한 경로를 거쳐 병리의 세계로 들어온 것인지 지금은 추적할만한 방법이 없고, 또한 관심 밖으로 밀려난 테마이기도 하다.

신비함을 추구하는 것에서도 점차 멀어져 소녀라는 계절의 황혼을 살고 있는 자들의 초조감은 한없이 깊다. 아무리 몸부림쳐도 황량한 현실밖에 남아 있지 않은 소녀들은 아마도 이야기적인 도약에 의해서만 일상으로부터 벗어날 수 있다는 걸 분명히 깨닫고 있다는 생각이 든다. 소녀라는 계절의 끝자락에서 전생과 초능력을 주장하는 무리들이여, 다른 세계가 존재할 거라는 허무한 꿈에서 이제 깨어나라!

에필로그

서민 영화를 가장한 잔혹한 왕따 이야기

불현듯 영화 『남자는 괴로워』(1969년부터 1995년까지, 약 27년간 총 48편
이 만들어진 세계 최장수 시리즈물이다. 영화의 패턴은 거의 일정한데, 주인공 도라
지로가 좌판 행상을 하며 전국을 떠돌다가 혹은 고향으로 돌아왔을 때 마음을 빼앗기
는 여인을 만나지만, 결국 그녀에게 사랑하는 사람이 나타나 낙심하여 다시 방랑의 여
행을 떠난다는 내용이다. 이 영화는 서민들의 따뜻한 정과 인간미를 느낄 수 있는 일
본 최고의 국민 코미디 영화다. - 역자주)가 생각나서 근처 비디오 대여점에
갔다. 『남자는 괴로워』 시리즈의 제 40부 「도라지로의 샐러드 기념
일」을 고른 데에는 이렇다할 의미는 없다. 도라지로가 변모해 온 흔
적을 보고 싶었을 뿐이다. 어떤 예감 같은 것은 분명히 있었다. 우리
사회는 무서운 속도로 변해가는데, 도라지로는 여전히 씩씩하게 이
시대에 적응하며 지내고 있을까? 사랑을 찾아 나서던 도라지로의
청춘은 이제는 과거사가 되었을까?

「도라지로의 샐러드 기념일」은 다와라 마치(俵万智)의 『샐러드 기
념일』(저자 다와라 마치가 20세부터 24세까지 쓴 시들 중에서 430여 편을 골라 엮

은 시집이다. 리듬감 있고 절제된 시어를 사용해서 사랑의 풋풋함과 일상의 경쾌함을 그려내 일본의 젊은이들과 여성들 사이에서 센세이션을 불러일으켰다. - 역자주)이라는 잘 차려진 밥상에 숟가락을 슬쩍 얹은 것이다. 도라지로와 베스트셀러와의 만남은 과연 무엇을 탄생시켰을까? 거기에는 평범한 삶에서 벗어난 도라지로라는 인간을 둘러싼 배제와 환대에 관한 이야기가 마치 살살 문질러줘야 하는 그리운 옛 노래의 레코드판처럼 반복되고 있었다. 도라지로는 역시 달라지지 않았고 완고하리만큼 변화를 거부했다. 그 결과 시대라는 것에 의해 매우 고독하고 공허한 곳에 내던져져 있었다. 나만의 예감이 무참할 정도로 적중한 것이다.

도라지로는 여행지에서 아름다운 여의사를 알게 된다. 그 후 그는 오랜만에 고향으로 돌아오는데, 그녀가 아이를 데리고 나타난다. 이렇게 재회한 두 사람 사이엔 묘한 사랑의 감정이 싹튼다. 그러나 여느 때와 마찬가지로 담백한 관계로만 있다가 그녀는 떠나버린다. 두 사람을 이어준 노파의 죽음이 도라지로와 여자에게 짧은 재회의 순간을 가져다주지만, 그는 그녀에게서 도망치듯 종적을 감춘다. 곁가지와 잎은 다 쳐내고 아주 간략하게 줄거리를 얘기하자면 대충 그렇다.

영화 『남자는 괴로워』는 방랑자 도라지로라는 우리가 사랑할 수밖에 없는 익살꾼을 주인공으로 내세워 서민 지역을 무대로 펼쳐지는 인간의 정을 그린 작품이다. 바로 거기에 시리즈 사상 최장수 기록을 자랑하는 대중적인 인기의 비밀이 숨겨져 있는 것이다. 다시 말해 『남자는 괴로워』는 자기 자신의 이야기처럼 자명성을 결코 의심받는 일이 없는, 이야기의 중의 이야기인 것이다.

관객들은 누구 하나 『남자는 괴로워』로 인해 배신당하거나 깊은 상처를 입는 일이 없다. 막이 내려지고 자리를 일어서는 관객이라면 누구나 촉촉한 물기를 머금은 안도감에 젖어들었을 것이다. 영화를 보기 전과 보고 나서의 틈 사이에는 일체의 변용도, 변신도, 변태도 존재하지 않는다. 끝없는 무(無)와 다름없는 영화체험이라고도 할 만하다.

속바지를 내리지 않는 주인공

방랑자 도라지로는 성적 발기불능(임포텐츠)임이 틀림없다. 그렇다. 나는 언제부터인가 그런 확신을 갖게 되었다. 선무당이 사람 잡을 수도 있겠지만, 정신분석학 지식을 심심풀이로 갖고 노는 내가 봤을 땐, 그는 유아기에 심적 내지는 성적인 외상(트라우마)으로 인해 성인이 되어서도 제대로 된 인간관계, 특히 여성과의 신체를 매개로 하는 관계형성이 불가능하다. 그렇지만 그것이 망상인지 아닌지의 판단은 결국 관객에게 맡겨져 있다.

어쨌든 내 기억 속에는 도라지로가 섹스를 하고 있는 장면은 물론이고 그것을 암시하는 장면조차 떠오르지 않는다. 방랑자인 그는 절대 속옷을 내리지 않는다는 것이다. 밑도 끝도 없는 확신이라 치더라도 도라지로는 발기불능 또는 극도의 여성 공포증이 있는 동정

남(童貞男)이라 할 수 있다.

예를 들면, 「도라지로의 샐러드 기념일」에 이런 장면이 나온다. 역의 플랫폼에서 아름다운 여의사와 헤어질 즈음 그는 이렇게 속삭인다. "저와 함께 있으면 자신이 여자라고 느껴지시나요?"라고. 아름다운 미녀를 만나게 된 행운을 거머쥔 보통의 남자라면 그녀를 그냥 보낼 수 없어 안절부절 못하거나 떠나려는 여인에게 뭔가 말하려고 머뭇거릴 것이다.

그렇지만 그는 그러지 못했다. 이웃 할멈의 죽음으로 인해 재회를 이루었을 때, 안기듯이 기대오는 여자의 손목 하나 잡지 못하고 오히려 자취를 감춰버리는 도라지로는 아무리 봐도 제대로 된 남자는 아니다.

도라지로 스스로가 성적 불능임이 드러나는 것이 무서워 여자 앞에서 도망친 것이라고 판단하는 것도 무리가 아니다. 상처받기 쉬운 자아를 끝까지 지키기 위함일지도 모르지만 어쨌건 성관계를 기피하고 있다는 것만큼은 부정하기 어렵다.

「도라지로의 샐러드 기념일」에서 정말로 세심한 주의를 기울였다고 느꼈던 것은, 살 냄새 풍기는 여인의 육체 앞에서 도망치듯 사라지는 도라지로의 뒷모습을 보여주며 '여행을 떠나는 것은 언제나 남자지. 너무 멋진 그의 등을 바라보고 있네'라는 노래를 흘려보낸 것이다. 확실히 그것은 거짓말이다. 우리는 떠나가는 도라지로의 등에서 성불능자, 개인파산자, 역마살이 낀 것처럼 여기저기 떠도는 유랑자의 슬픔을 읽어내지 않으면 안 된다.

나아가 『남자는 괴로워』라는 이야기 전체를 이런 식으로 보는 것도 가능하리라 본다. 예를 들면 아름다운 여인과의 만남, 이별, 모든 것이 성불능자이자 파산자인 도라지로가 엮어내는 백일몽 같은 것이라고 가정해보는 것이다.

충분히 있을 수 있는 일이다. 그렇게 하면 그의 행동 중 납득이 되지 않던 것이 사라지고, 모든 것에 수긍이 가면서 이해하기 쉬워질 것이다. 그렇지만 『남자는 괴로워』가 성불능자의 비애의 노래이고, 백일몽일지라도 누구 하나 눈치 채지도 인정하지도 않을 것이다. 그런 잔혹한 영화를 자지러지게 웃으며 보는 자신을, 착한 관객들은 허용할 수 없기 때문이다.

서민 영화가 감추고 있는 진실

이야기, 특히 사장될 이야기는 언제라도 우리를 둘러싼 현실의 일부 내지는 전체를 은폐하는 장치다. 모든 이야기는 의식적이든 무의식적이든 현실을 억압하고 재편성하고 그리고 교묘히 은폐하는 기능을 갖고 있다.

그렇다면 『남자는 괴로워』라는 이야기가 은폐하고 있는 현실은 대체 무엇일까? 하나는 앞서 말했던 것처럼 도라지로가 사실은 성불능자라는 것이고, 다른 하나는 서민 동네를 무대로 펼쳐지는 인정(人情)을 담은 영화라는 명목 하에 평범한 삶에서 뒤처진 사람이 공공의 희생양이 되어가는 과정이 그려져 있다는 것이다.

방랑자 도라지로는 영화 안에서는 분명 유머가 넘쳐 우리가 사랑할 수밖에 없는 익살꾼의 모습을 하고 있다. 그러나 현실에서의 도라지로는 고향에서 쫓겨나 튕겨져 나온 사람, 다시 말해 서민 동네(공동체)에 잘 길들여지지 않아 안식처를 확보하는 데 실패하여 행방을 감춰버린 이방인 바로 그것이다. 대를 이을 아들임에도 불구하고 집을 버리고 공동체를 떠나 "싸구려"를 외치면서 조악한 물건이나 파는 장사치로 어영부영 방랑을 이어가는 도라지로. 그래도 그는 자랑스럽게 "칡이 무성한 제 고향에서 만든…"이라며 자신을 추방한 공동체를 향해 충성과 사랑을 끊임없이 얘기한다.

영화는 웃음을 자아내는 이런 장면이 반복된다. 도라지로는 잊혀질만하면 훌쩍 고향으로 돌아온다. 가게 앞 문간에 서 있는 그의 모습을 보고, 가족이나 점원이 으레 깊은 한숨과 함께 "돌아온 건가"라며 혼잣말을 내뱉는다. 물론 무사함을 확인한 안도의 목소리다. 관객도 역시 따라서 안도의 웃음을 흘린다. 목소리도 웃음도 다정하여, 도라지로라는 익살꾼에 대한 사랑이 영화 안팎에서 은근슬쩍 확인된다. 그렇지만 그 목소리와 웃음이 과연 다정한 사랑으로 가득 차 있었을까? 독기가 없는 웃음을 유도하는 목가적인 표면의 밑바닥에는 잔혹한 또 하나의 이야기(현실)가 숨겨져 있는 것이 아닐까?

의심할 여지없이, 영화 『남자는 괴로워』는 방랑자 도라지로라는 이름의 이방인을 둘러싼 무서운 배제의 이야기다. 표면적으로는 드러나있지 않아도 그의 몸에는 어릴 적부터 상처로 인한 쓰라린 기억이 수없이 축적되어 있을 것이다. 도라지로는 태어나면서부터 배제가 숙명으로 주어진 이방인이다.

그럼에도 불구하고 『남자는 괴로워』는 철두철미하다고나 할까? 끝까지 서민들의 아름다운 인정(人情)을 담아낸 영화로 만들고 있으니 말이다. 친밀한 세계로부터 쫓겨나 방랑하는 신세가 되어야만 했던 이방인의 원망과 독기는 한없이 퇴색되어 가고, 이방인을 다정하게 감싸 안아 주는 서민 동네(공동체)야말로 은밀한 절대자의 자리를 차지하게 되는 것이다. 그렇게 해서 사랑할 수밖에 없는 익살꾼에 관한 한 편의 이야기는 완성된다.

튕겨져 나갔던 도라지로는 잠깐 고향으로 귀환했다가 결국 죽음에 이를 때까지 유랑하는 숙명을 짊어지고 산다. 그 숙명에 충실하는 한 고향 사람들은 그를 따뜻하게 맞이할 것이다. 방랑자 도라지로가 소극적이고 수동적인 이방인이기 때문에 이 서민 동네의 인정을 다룬 영화의 주인공이 될 수 있는 것이다. 이것이 은폐된 현실의 또 하나의 얼굴이라고 말할 수 있지 않을까?

주인공을 바라보는 관객의 이중성

평범한 삶에서 동떨어진 사람을 품어 주는 서민 동네(공동체)도, 그리고 성불능자이며 파산자인 도라지로의 나사 풀린 행동거지에 배꼽잡고 웃는 관객도 사실은 무서우리만큼 잔혹한 존재다. 익살꾼의 웃음 뒤에 감춰진 깊은 체념과 슬픔을 떠올려보라. 방랑자 도라지로에게 비애의 표정은 어울리지 않지만 말이다. 그에게는 소위 무대를 내려오는 것 그 자체가 허락되지 않는 것이다.

예를 들면 우리는 도라지로가 아름다운 여의사와 결혼하여 늦었지만 아이도 낳고 행복하게 가정생활을 영위하는 모습을 여간해서는 상상할 수가 없다. 좀 더 정확히 말하자면 도라지로에게는 그런 평범한 시민이 걸어가는 인생길이 허락되지 않는다. 허락하지 않는 쪽은 물론 서민 동네이며, 우리네 관객들이다.

도라지로는 성불능자라고 언급했다. 어쩌면 그를 성불능이나 동정남 상태로 놔두는 것이 공동체와 관객이 의식하지 못하는 암묵적 강요인지도 모른다. 도라지로가 러브호텔의 회전침대 위에서 여자의 부드러운 몸에 그 울툭불툭한 손가락을 뻗어 타고 올라가는 모습 따윈 결단코 상상할 수가 없다.

그는 섹스가 금기시되고 평생 동안 순애와 실연만이 허용되는 존재인 것이다. 어쩌면 성불능 덕분에 도라지로가 가까스로 세상에 사랑을 받을 수 있는 것인지도 모른다. 성(性)이 금기로서 봉인된 도라지로의 내면을 알게 된다면 더 이상 순진무구한 웃음은 띠지 못할 것이다.

그건 그렇고, 도라지로는 늙었다. 생기 있는 여성의 육체를 만지는 것이 금기시된 채로 늙고 말았다. 가엾다는 생각도 든다. 그에게 아직 청춘의 잔향이 감돌고 있었을 때조차 관객들은 그것이 결코 허락되지 않을 거란 걸 잘 알고 있었고, 언젠가 도라지로의 사랑이 보상받을 날이 오리라 기대하면서도 두려워했는지도 모른다. 그러나 이제 도라지로의 청춘은 끝났다. 조카의 사랑을 돕는 수호자가 더 어울리게 된 그가 늘그막에 사랑으로 내달릴 낌새는 전혀 보이지 않는다.

방랑자 도라지로의 삶은 은근히 향수를 자아낸다. 게다가 신화 세계 안의 익살꾼이나 광대라도, 도라지로가 연기하는 삶에는 숨길 수 없는 리얼리티가 농밀하게 내포되어 있다. 이 남자에게는 이런 삶의 방식밖에 있을 수 없다는 불가피한 느낌은 이야기에 대한 강한 설득력의 원천이 될 것이다.

방랑자 도라지로라는 삶의 방식을 또 하나의 현실로서 수용하는 감성의 태반(胎盤)이 조금이라도 관객의 마음에 남아 있다면 『남자는 괴로워』라는 이야기로서의 찬란함이 사라지는 일은 없다. 어쩌면 우리 시대의 가속도적인 변형, 바로 그것이 어느새 『남자는 괴로워』를 고색창연한 곳으로 몰아 넣은 것이다. 이 영화는 현재 진행형을 선택했다. 현재 진행형으로 이야기되는 한, 시대에 바싹 붙어서 혹은 계속 맞버텨야 하는 것은 분명한 사실이다.

좌판 행상이라는 직업, 그리고 정처 없이 떠도는 방랑이라는 생존의 형식은 아마 급속하게 우리들 일상에 뿌리내린 리얼리티로 인해 불가피한 느낌을 잃어가고 있는 것 같다. 향수나 로망을 불러일으키는 힘을 상실해가고 있다고 바꿔 말해도 된다. 그리고 무엇보다 그것과 쌍을 이루는, 예컨대 도라지로라는 이름의 이방인을 배제·환대하는 공동체, 특히 서민 동네라는 친밀한 인간의 유대로 지켜졌던 세계가 이미 뿌리에서부터 무너져버린 것이 결정적인 이유일 것이다. 이 시대의 변모야말로 『남자는 괴로워』의 이야기로서의 긴 장감과 리얼리티를 빼앗았다고 할 수밖에 없다.

향수로 가득 찬 떠돌이 생활도 애착과 증오로 찢겨진 인간(공동체) 도, 도라지로의 청춘과 함께 과거가 되었다. 이 시대는 지금 어디로 향하는 것일까? 혼란스럽고 희뿌연 시야의 끝에서 마침내 무언가가 떠오를 것이다. 어쨌든 표류와 공동체는 어디까지나 쌍을 이루면서 예스러운 풍경의 저편에서 새로운 시대의 모습으로 맺어질 것이다. 그것만은 분명하다. 나 자신은 다만 예스러운 풍경의 마지막을 끝까지 지켜보고 싶다고 간절히 바랄뿐이다.

이제 도라지로의 청춘에 이별을 고할 때가 찾아온 것 같다. 석별의 아쉬움을 담아 중얼거려본다. 잘 가요 도라지로의 청춘….

성장의 챔피언

- 저자 : The Growth Agenda
- 자기계발 / 경영 · 경제
- 신국판 · 368쪽
- 정가 17,000원

삼성전자, 애플, 구글, 아마존 등 글로벌 기업 20곳의 성공비결을 다양한 자료와 인터뷰로 꾸몄다.

행운을 잡는 8가지 기술

- 저자 : 소어 뮬러
  레인 베커
- 자기계발 / 경영 · 경제
- 신국판 · 352쪽
- 정가 15,000원

우리가 어떻게 해야 운 좋은 사람이 될 수 있는지를 과학적으로 논했다.
뉴욕타임스 베스트셀러

리퀴드 리더십

- 저자 : 브래드 스졸로제
- 자기계발 / 리더십
- 신국판 · 376쪽
- 정가 15,500원

버르장머리 없는 Y세대와 잔소리꾼 베이비부머가 함께 어울리는 법이 담겼다.
아마존 베스트셀러

마피아의 실전 경영학

- 저자 : 루이스 페란테
- 자기계발
- 신국판 · 376쪽
- 정가 14,500원

〈비즈니스위크〉가 말하는 암흑가의 경영 구루가 쓴 현대판 군주론이다.

병법에서 비즈니스 전략을 읽다

- 저자 : 후쿠다 고이치
- 자기계발 / 리더십
- 신국판 · 336쪽
- 정가 15,000원

더 이상의 병법서는 없다. 현존하는 주요 병법서를 종합한 현대판 손자병법이다.

마음을 흔드는 한 문장

- 저자 : 라이오넬 살렘
- 경제 / 경영
- 신국판 · 448쪽
- 정가 20,000원

2200개 이상의 광고 카피를 분석해 글로벌 기업의 최신 슬로건을 정리했다.

세종처럼 읽고 다산처럼 써라

- 저자 : 다이애나 홍
- 인문 / 에세이
- 신국판 • 248쪽
- 정가 14,000원

책 읽기와 글 쓰기는 최고의 자기계발법이
다. 세종과 다산, 두 위인의 발자취를 에세
이 형식으로 풀어냈다. 저자인 다이애나 홍
은 한국독서경영연구원을 이끌며 대한민국
1호 독서 디자이너로 활약 중이다.

내 안의 겁쟁이 길들이기

- 저자 : 이름트라우트 타르
- 자기계발 / 심리
- 신국판 • 236쪽
- 정가 13,500원

심리치료사이자 독일의 유명무대 연주자가
쓴 무대공포증 정복 비법. **이달의 읽을 만
한 책**(한국출판문화산업진흥원)으로 선정
된 바 있다.

량원건과 싼이그룹 이야기

- 저자 : 허전린
- 경제 / 경영
- 신국판 • 320쪽
- 정가 14,500원

〈포브스〉〈후룬바이푸〉가 선정한 중국 최
고의 중공업기업 '싼이그룹'과 그 창립자
'량원건 회장'에 관한 이야기다.

깐깐한 기자와 대화하는 법

- 저자 : 제프 앤셀
  제프리 리슨
- 자기계발 / 언론
- 신국판 • 272쪽
- 정가 14,000원

기자 출신으로 세계적인 커뮤니케이션 컨
설턴트가 말하는 실전 대언론전략서다. 기
업 임원, 홍보 담당자, 정계 인사라면 꼭 읽
어야 할 책이다.

내 안의 자신감 길들이기

- 저자 : 바톤 골드스미스
- 자기계발 / 심리
- 신국판 • 316쪽
- 정가 13,800원

도전에 맞서기가 두려운 이유는 자신에 대
한 믿음이 부족하기 때문이다. 이 책은 자
신감이 부족한 당신의 삶을 바꿀 수 있는
계기가 될 것이다.

벤츠 • 베토벤 • 분데스리가

- 저자 : 최연혜
- 인문 / 에세이
- 신국판 • 328쪽
- 정가 14,000원

코레일 CEO 최연혜 씨가 들려주는 독일 이
야기. 독일의 교육 · 문화 · 사회 · 정치 · 통
일 등 독일의 모든 것을 담았다.

세상에 쓸모없는 사람은 없다

- 저자 : 웨이완레이, 양셴쥐
- 경제 / 경영
- 신국판 ·368쪽
- 정가 15,000원

전 세계에서 《성경》과 《공산당선언》 다음으로 많이 보급된 《노자》. 이 《노자》에 담긴 경영 사상을 도(道), 덕(德), 유(柔), 무(無), 반(反), 수(水)로 종합해 설명했다. 이 시대 리더들을 위한 노자의 경영학 강의라 할 수 있다.

서로를 사랑하지 못하는 엄마와 딸

- 저자 : 호로이와 히데아키
- 인문 / 에세이
- 국판 ·236쪽
- 정가 13,000원

서로를 사랑하지 못하는 모녀들의 이야기. 겉으로는 화기애애해 보여도 속으로는 곪고 있는 엄마와 딸들이 의외로 많다. 실제 상담 사례를 각색해 그들이 상처를 치유해 가는 과정을 보여주었다.

반성의 역설

- 저자 : 오카모토 시게키
- 교육 / 사회
- 국판 ·264쪽
- 정가 13,800원

'죄를 저지른 사람에게 억지로 반성시키면 더 큰 범죄를 일으킨다' 오랜 시간 교도소에서 범죄자들을 상담해온 범죄 심리 전문가가 몸소 깨달은 교훈이다. 반성의 모순을 넘어 진정한 반성이 무엇인지 생각해 볼 기회를 준다.
아마존재팬 교육 분야 1위